책의 우주

책의 우주

세기의 책벌레들이 펼치는 책과 책이 아닌 모든 것들에 대한 대화

움베르토 에코, 장클로드 카리에르 대담

장필리프 드 토낙 사회

임호경 옮김

N'ESPÉREZ PAS VOUS DÉBARRASSER DES LIVRES
by UMBERTO ECO & JEAN-CLAUDE CARRIÈRE

Copyright © Grasset & Fasquelle, 2009
Korean translation copyright © The Open Books Co., 2011
All rights reserved.

This Korean edition is published by arrangement with Grasset & Fasquelle through Shinwon Agency.

일러두기
- 저자가 단 각주는 〈원주〉라고 표기했다. 나머지 각주는 모두 옮긴이가 달았다.
- 본문 가운데 대괄호 ( ) 안의 글은 옮긴이가 독자의 이해를 돕기 위해 쓴 것이다.

이 책은 실로 페매어 제본하는 정통적인 사철 방식으로 만들어졌습니다.
사철 방식으로 제본된 책은 오랫동안 보관해도 손상되지 않습니다.

차례

책은 죽지 않는다	7
영구적인 저장 매체? 그것만큼 일시적인 것도 없다	15
닭들이 도로를 건너지 말아야 한다는 것을 배우는 데에는 한 세기가 필요했다	42
워털루 전투 참전자들의 이름을 모두 대기	68
여과된 것들의 복수	87
오늘날 출판되는 모든 책은 포스트-인큐내뷸러이다	122
기어코 우리에게까지 도달하려 하는 책들	165

과거에 대한 우리의 지식은 천치들, 멍청이들, 혹은 우리의 적들이 준 것이다	194
그 무엇도 허영을 막을 수는 없다	210
바보 짓에 대한 예찬	229
인터넷, 혹은 〈담나티오 메모리아이〉의 불가능성	255
불에 의한 검열	269
우리가 읽지 않은 모든 책들	294
제단 위의 책, 〈지옥〉의 책	316
죽고 나서 자신의 서재를 어떻게 할 것인가?	353

369	대담을 정리하며
379	찾아보기

권두 대담
책은 죽지 않는다

카리에르 지난 2008년에 개최된 다보스 포럼에서는 향후 15년간 인류에게 대변혁을 가져올 현상들에 관한 논의가 있었습니다. 여기에서 질문을 받은 한 미래학자는, 그가 생각하기에 확실한 것으로 보이는 네 가지 주요한 현상만 언급해 보겠다고 했죠. 첫째는 석유 가격이 배럴당 무려 500달러에 달하게 되는 일입니다. 둘째는 물이 석유처럼 교환 상품이 되는 일입니다. 이제 우리는 물의 시세도 알게 되겠죠. 셋째 예측은 아프리카에 관한 것입니다. 이 대륙은 몇십 년 후에는 강력한 경제 세력으로 부상한다고 합니다. 이는 우리 모두가 바라는 일이기도 합니다.

이 전문가가 예언한 넷째 현상은 바로 책의 소멸입니다.

그렇다면 문제는 책의 — 그것이 정말로 사라진다면 — 결정적인 소멸이 이를테면 물의 예정된 희소화나 말 그대로 황금이 되어 가는 석유가 초래할 것과 같은 결과를 인류에게 가져올 수 있느냐를 아는 것입니다.

에코 인터넷의 출현으로 인해 과연 책이 사라지게 될까요? 이 주제에 대해 나는 제때에 글을 쓴 바 있습니다. 여기서 〈제때〉란 이 질문이 상황적으로 적절하다고 느껴진 시점을 말하죠. 이후 나는 이 문제에 대해 의견을 밝혀 달라는 요청을 받을 때마다 똑같은 글을 다시 쓰고 있을 뿐입니다. 이처럼 나는 일관되게 같은 주장을 펼치고 있습니다만, 사람들은 그 사실을 알아차리지 못하고 있어요. 그것은 무엇보다도 내가 쓴 첫 번째 글의 내용이 너무도 새로운 것이기 때문입니다. 또 사람들은 (최소한 기자들은) 책은 언젠가 사라지리라는 고정 관념에 사로잡혀 있죠 (혹은 기자들은 자신들의 독자들에게 이런 고정 관념이 있다고 믿고 있어요). 그래서 마치 내가 이 주제에 관해 아직 아무 말도 하지 않은 듯이 줄기차게 똑같은 질문을 해대는 겁니다.

사실 이 주제에 대해서는 말할 것이 별로 없어요. 인터넷 덕에 우리는 알파벳의 시대로 되돌아왔습니다. 한동안 우리는 이미지의 문명으로 진입했다고 믿고 있었죠. 그런데 컴퓨터로 인해 우리는 다시 구텐베르크의 우주로 들어왔고, 이제 모든 사람은 글을 읽지 않을 수 없게 되었어요. 읽기 위해서는 매체가 있어야 해요. 물론 컴퓨터도 이 매체가 될 수 있죠. 하지만 두 시간 동안 컴퓨터 앞에 앉아 소설을 읽노라면 두 눈이 테니스공처럼 부풀어 오를 겁니다. 우리 집에는 이러한 모니터를 장시간 사용할 때 눈을 보호해 주는 안경까지 있지요. 또 컴퓨터를 사용하기 위해서는 전기가 필요해요. 그래서 욕조 안에서 읽을 수도 없고, 침대에 누워 읽을 수도 없지요. 이런 점들을 감안해 본다면 책은 컴퓨터보다는 훨씬 더 유연한 도구입니다.

다음의 둘 중 하나가 될 거예요. 책이 독서의 주요 매체로 남게 되든지, 아니면 책과 비슷한 무언가가 존재하게 되겠죠. 다시 말해서 인쇄술이 발명되기 전부터 책이 항상 지녀온 특성을 지닌 무언가가 존재하게 된다는 말입니다. 지난 5백 년 동안 책이라는 물건의 형태에는 이런저런 변화가 있었을지 모르지만, 그 기능과 구성 체계에는 변함이 없었습니다. 책은 수저나 망치나 바퀴, 또는 가위 같은 것입니다. 일단 한번 발명되고 나면 더 나은 것을 발명할 수 없는 그런 물건들 말이에요. 수저보다 더 나은 수저는 발명할 수 없습니다. 예를 들어 디자이너들은 코르크 따개를 개선해 보려 시도했지만 결과가 신통치 않았어요. 또 그렇게 나온 대부분의 물건은 제대로 기능하지도 않았고요. 예를 들어 필립 스탁은 레몬 압착기를 혁신해 보려고 시도했었죠. 하지만 그가 만든 기계는 지나치게 미학적 순수성에 집착한 나머지 레몬 씨를 제대로 걸러내지 못했어요. 책은 자신의 효율성을 이미 증명했고, 같은 용도의 물건으로서 책보다 나은 것을 만들어 내기는 힘듭니다. 어쩌면 책을 이루는 각각의 구성 요소들이 변할 수는 있을 거예요. 예를 들어 책장이 더 이상 종이로 만들어지지 않을 수도 있겠죠. 하지만 책은 지금의 그것으로 남아 있게 될 겁니다.

카리에르 전자책의 최근 버전들을 보면 이제는 전자책이 인쇄본들과 정면으로 경쟁하게 되겠구나 하는 생각이 듭니다. 예를 들어 〈리더Reader〉라는 이름의 전자책 모델에는 그 안에 160개의 작품이 포함되어 있죠.

에코 어떤 관리가 계류 중인 소송에 관련된 서류 2만 5천 개를 자기 집에 가져가야 할 일이 있다고 합시다. 이것이 전자책에 저장되어 있다면 가져가기가 훨씬 쉬울 것임은 말할 나위가 없겠죠. 많은 영역에서 전자책은 엄청난 편리함을 가져다줄 거예요. 하지만 나는 여전히, 독서의 모든 요구 조건에 가장 잘 맞는 기술을 갖춘 전자책이라 할지라도, 그것으로 『전쟁과 평화』를 읽는 것이 과연 적절한가라는 의문은 들어요. 그 답은 나중에 가면 알게 되겠지만요……. 어쨌든 우리는 톨스토이의 작품이 담긴 종이책들, 그리고 펄프에 인쇄된 모든 책들은 언젠가는 더 이상 못 읽게 될 겁니다. 그 이유는 간단한데, 이 책들이 우리의 서재와 도서관에서 이미 분해되기 시작하고 있기 때문이죠. 1950년대에 출간된 갈리마르 출판사와 브랭 출판사의 책들은 대부분 사라져 버렸어요. 예를 들어 박사 논문을 준비할 때 내게 아주 큰 도움을 주었던 질송의 『중세 철학La philosophie au Moyen Age』은 지금은 더 이상 손에 들 수조차 없는 상태이지요. 손이 닿으면 책장들이 말 그대로 바스러져 버리거든요. 아마 새 판본을 사는 것은 가능할 겁니다. 하지만 내가 애착이 가는 것은 옛날 판본이에요. 여러 가지 다른 색깔의 메모가 적혀 있어, 내가 만든 다양한 참조의 역사를 보여 주고 있는 책 말이에요.

토낙 요즘 보면 백과사전이나 인터넷 소설을 막론한 모든 종류의 독서의 필요성에 부응하는 편리한 매체들이 개발되고 있습니다. 이러한 상황에서, 결국 전통적인 형태의 책은 서서히 사라지게 되리라고 상상해 볼 수 있지 않을까요?

에코 그 어떤 일도 일어날 수 있어요. 그래요. 미래에는 몇 안 되는 절대적인 신봉자들만이 종이책에 관심을 가질 수 있어요. 그들은 자신들의 과거 지향적 호기심을 채우기 위해 박물관이나 도서관을 찾게 되겠죠.

카리에르 거기에 아직 책이 남아 있어야 하겠죠.

에코 하지만 반대로, 미래에 인터넷이라는 놀라운 발명품이 사라진다고 상상하는 것 역시 똑같이 가능해요. 하늘에서 비행선들이 사라져 버렸듯이 말이에요. 제2차 세계 대전 직전에 뉴욕에서 힌덴부르크호가 폭발했을 때, 비행선의 미래는 죽어 버렸어요. 콩코드 여객기도 마찬가지죠. 2000년도에 고네스에서 일어난 추락 사고는 이 비행기의 운명에 있어 치명적이었죠. 하지만 이 콩코드란 비행기의 역사는 굉장하지 않았던가요? 사람들은 여덟 시간이 아니라 단 세 시간 만에 대서양을 횡단할 수 있는 비행기를 발명해 냈던 기예요. 이런 진보의 가치에 대해 누가 이의를 제기할 수 있었겠어요? 하지만 고네스의 사고 이후 콩코드는 폐기되었어요. 제작과 유지에 돈이 너무 많이 들어간다는 이유 때문이었죠. 하지만 그게 과연 설득력 있는 이유가 될 수 있을까요? 원자 폭탄도 돈이 그만큼 들어가지 않습니까?

토낙 나는 헤르만 헤세가 한 다음의 말을 인용하고 싶어요. 그가 생각하기에 기술적 진보가 가져오게 될 책의 〈재(再)정당화〉에 대한 발언이었죠. 그는 이 말을 1950년대에 했답니다. 〈시간이 지날수록 새로운 발명품들은 오락과 대중 교육의 필요를 더 많이 채워 줄 수 있게 될 것이며, 또 그럴수록 책은 더욱 그것의 존엄성과 권위를 되찾게 될 것이다. 하지만 아직까지는 라디오, 영화 등과 같은 어린 발명품들은 위에서 말한 기능, 즉 책이 잃는다 해도 별다른 타격을 입지 않을 그런 기능을 책에서 빼앗을 수 있을 만큼도 성장하지는 않았다.〉

카리에르 이런 의미에서는 그의 생각이 틀리지 않았네요. 영화와 라디오, 심지어는 텔레비전조차도 책에서 아무것도 빼앗지 못했어요. 그래요. 책은 〈별다른 타격 없이〉 잃을 수 있는 것조차도 전혀 뺏기지 않았어요.

에코 어느 순간, 사람들은 글을 발명합니다. 글은 손의 연장으로 간주될 수 있고, 이런 의미에서 글은 거의 생물학적인 것이라고 할 수 있어요. 그것은 신체와 직접 연관된 소통 기술입니다. 일단 한번 발명되고 나면 우리로서는 결코 포기할 수 없는 것이지요. 다시 한 번 말하지만, 이것은 바퀴를 발명한 것과도 같아요. 오늘날 우리가 사용하는 바퀴는 선사 시대의 그것이에요. 반면 영화, 라디오, 인터넷 같은 현대의 발명품들은 생물학적인 것이 아니지요.

카리에르 맞아요. 정말 이 점을 강조할 필요가 있습니다. 오늘날만큼 쓰기와 읽기에 대한 필요성이 절실한 때는 없었어요. 읽고 쓸 줄을 모른다면 컴퓨터를 사용할 수가 없으니까요. 그리고 요즘 요구되는 글쓰기의 방식은 새로운 기호들과 암호들이 편입되었다는 점에서 옛날보다도 한층 복잡하다고 말할 수 있어요. 우리의 알파벳이 확장된 셈이죠. 읽는 법을 배우는 것은 점점 더 어려워지고 있어요. 만일 컴퓨터가 우리가 말하는 것을 직접 옮겨 적을 수만 있다면 우리는 구술성(口述性)으로 회귀할 수 있겠죠. 하지만 이는 또 다른 문제를 제기합니다. 즉 우리가 읽고 쓸 줄 모른다면 과연 자신의 생각을 제대로 표현할 수 있을까 하는 문제이지요.

에코 호메로스는 분명히 〈표현할 수 있다〉라고 대답하겠죠.

카리에르 하지만 호메로스는 어떤 구술적 전통에 속해 있어요. 그는 그리스에서 아직 아무것도 쓰여 있지 않았던 시대에 이 전통을 통해 지식을 얻을 수 있었습니다. 하지만 오늘날, 글의 중개 없이 소설을 구술하며, 이전의 문학에 대해 전혀 모르는 작가를 상상할 수 있을까요? 그의 작품은 순진함의 매력, 발견의 매력, 다시 말해서 전적인 새로움의 매력을 가질 수는 있겠죠. 하지만 거기에는 이른바 〈교양〉이라고 하는 것이 결여되어 있을 거예요. 랭보는 모방할 수 없는 시들을 지은, 엄청난 천재의 젊은이였어요. 하지만 그는 결코 〈독학자〉는 아니었죠. 열여섯 살 때, 그는 벌써 견고한 고전 교양의 소유자였어요. 그는 라틴어 시도 지을 줄 알았던 겁니다.

영구적인 저장 매체?
그것만큼 일시적인 것도 없다

토낙 문화가 어쩌면 더 효율적일지도 모르는 다른 도구들을 선택하고 있는 듯이 보이는 이 시대에, 우리는 책의 영속성에 대해 의문을 품지 않을 수 없습니다. 하지만 디스켓, 카세트테이프, 시디롬 같은 매체들, 즉 정보와 개인적 기억들을 영구적으로 저장한다고 여겨지는, 하지만 우리가 벌써 등을 돌려 버린 매체들에 대해서는 과연 어떻게 생각해야 할까요?

카리에르 1985년, 문화부 장관 자크 랑이 영화 및 텔레비전 학교, 즉 페미스Fémis[1]를 창설하여 맡아 달라고 내게 요청해 왔어요. 이를 위해 나는 매우 훌륭한 몇몇 전문 기술자들을 모아 그 지휘를 자크 가조에게 맡겼고, 1986년에서 1996년까지 10년 동안 이 학교를 이끌었죠.

---

1 시청각 및 영화 분야의 전문가들을 양성하기 위해 1986년 프랑스 문화성이 창립한 프랑스의 대표적인 영화 학교인 페미스는 영상 및 음향 관련 일들을 위한 유럽 재단Fondation européenne pour les métiers de l'image et du son의 약자이다.

이 10년 동안, 난 우리의 분야에서 나오는 모든 새로운 것들에 대해 당연히 알고 있어야 했어요.

당시 우리가 해결해야 했던 가장 큰 문제 중의 하나는 아주 간단히 말해서 영화를 학생들에게 보여 주는 일이었어요. 우리는 어떤 영화를 보면서 그것을 연구하고 분석했죠. 그리고 이를 위해서는 이미지를 하나하나 검토해야 하는데, 영사(映寫)를 중단하고 필름을 앞이나 뒤로 돌리거나 멈춰야 할 필요가 있었지요. 이러한 탐색 작업은 고전적인 필름 복사본으로는 불가능했어요. 그래서 비디오카세트를 사용했는데, 이것들은 아주 빨리 닳아 버렸지요. 2, 3년만 사용하면 전혀 쓸모가 없어졌어요. 프랑스 파리에 관한 모든 사진과 영화 자료의 보존을 목적으로 하는 파리 비디오테크Vidéothèque de Paris가 창설된 것도 바로 이 무렵이에요. 당시 우리는 영상물을 문헌화할 수 있는 방법으로 전자 카세트와 시디 중에서 하나를 선택할 수 있었어요. 당시에는 이것들을 〈반영구적 저장 매체〉라고 불렀답니다. 파리 비디오테크는 DLT 테이프를 선택했고, 이 방향으로 돈을 투자했지요. 또 우리는 판촉업자들이 갖가지 놀라운 장점들을 약속하는 플로피디스크도 실험해 보고 있었습니다. 2, 3년 후에는 캘리포니아에서 시디롬이 나왔어요. 우리는 마침내 해결책을 얻게 된 거죠. 여기저기에서 굉장한 시범이 줄을 이었어요. 나는 우리가 처음 본 시디롬을 잘 기억하고 있습니다. 고대 이집트에 관한 것이었죠. 우리는 입이 딱 벌어졌고, 완전히 마음을 뺏겨 버렸습니다. 그것은 영상물과 문헌화의 전문가인 우리가 오래전부터 부딪혀 온 모든 어려움을 일거에 해결해 줄 수 있는 혁신으로 보였고, 그 앞에서 모든 이들이 무릎을 꿇었죠. 그런데 어떻게 됐는지 아세요? 이 놀라운 것들을 제조해 내던 미국 공장들은 이미 7년 전에 문을 닫았답니다.

또 요즘은 휴대 전화나 아이팟 같은 기기의 기능이 갈수록 확장되어 그것들로 별의별 걸 다 할 수 있어요. 들리는 말로는 일본 사람들은 그런 것들에다 소설을 쓰기도 하고 또 독자들에게 제공하기도 한다는군요. 인터넷은 모바일이 되어서 사방을 돌아다니고 있고요. 또 사람들은 VOD(Video On Demand, 주문형 비디오 조회 시스템), 두루마리 형태의 디스플레이, 그리고 수많은 다른 놀라운 것들의 세상이 올 거라고 장담하고 있어요. 정말로 그렇게 될지 누가 알겠어요?

지금 내가 수 세기에 걸친 시기에 대해 말하고 있는 것 같군요. 하지만 기껏해야 20년에 불과한 시기를 말하고 있는 겁니다. 원래 인간이란 빨리 잊어버리는 존재입니다. 그런데 망각의 속도는 점점 더 빨라지고 있는 것 같아요. 물론 이런 말은 다들 아는 진부한 얘기겠죠. 하지만 진부한 것이야말로 꼭 필요한 짐이죠. 어쨌든 여행이 시작될 때는 그래요.

에코 이건 불과 몇 년 전 일인데, 자크 폴 미뉴의 『라틴교부 집성 *Patrologie latine*』(총 221권!)을 담은 시디롬이, 내 기억이 맞는다면 5만 달러에 제공되었어요. 그 가격이라면 『라틴 교부 집성』은 대형 도서관에서나 구비할 수 있는 것이지, 가난한 학자들은 꿈도 꿀 수 없었죠(중세 연구 학자들은 그 시디롬들을 신나게 불법 복사하기 시작했지만요). 하지만 지금은 달라요. 그냥 간단히 유료 회원 등록만 하면 인터넷으로 제공되는 『라틴 교부 집성』을 얼마든지 열람할 수 있죠. 이전에 로베르 출판사가 시디롬으로 제공한 바 있는 디드로의 『백과전서』도 마찬가지예요. 하지만 지금은 인터넷에 들어가면 공짜로 찾아볼 수 있죠.

카리에르 DVD가 처음 나타났을 때, 우리는 자료를 저장하고 공동으로 감상할 때 봉착하는 골치 아픈 문제들을 완전히 끝내 버릴 수 있는 이상적인 해결책을 찾아냈다고 생각했었죠. 그 전까지 나는 개인적인 〈필름 보관 서재〉를 가져본 적이 없었어요. 그런데 DVD가 나온 후에 나는 드디어 나의 〈반영구적 저장 매체〉를 갖게 되었다고 생각했지요. 하지만 천만의 말씀이었어요. 이제는 크기는 아주 작지만, 수많은 책이 수록되어 있는 전자책처럼 상당한 수의 영화 작품을 넣을 수 있는 디스크가 나온다고 하는데, 이것을 사용하기 위해서는 새로운 디코딩 기기들을 구입해야 한다는 거예요. 다시 말해서 이제는 친숙해진 우리의 DVD들 역시 잊힐 운명이 된 거죠. 그것들을 돌려볼 수 있는 옛날 기기들을 함께 보존하지 않는 한 말이죠.

테크놀로지가 금방금방 구닥다리로 만들어 버리는 것들을 수집하는 것, 이것은 우리 시대의 특징적 경향 중의 하나이기도 합니다. 내 친구 중에 벨기에 영화인이 있는데, 이 사람은 자기 집 지하실 창고에 컴퓨터를 열여덟 대나 보관하고 있답니다. 왜냐고요? 간단히 말해서, 예전에 한 작업들을 보기 위해서예요. 이 모든 사실들을 볼 때, 이른바 반영구적 저장 매체만큼 덧없는 것은 없다고 말할 수 있어요. 요즘의 저장 매체들은 정말로 불안정하다는 것, 이건 지금 누구나 하고 있는 말이에요. 이런 말을 들을 때면 당신이나 나 같은 인큐내뷸러[2] 애호가들은 슬그머니 미소를 짓지요. 그렇지 않습니까? 나는 당신에게 보여 주려고 15세기 말에 라틴어로 인쇄된 이 소책자를 내 서가에서 꺼내 왔어요. 자, 보세요. 이 인큐내뷸러를 펼쳐 보면, 마지막 페이지에 프랑스어로 이렇게 인쇄되어 있어요. 〈로마인 용(用)의 이 기도서는 파리의 뇌브노트르담 가에 거주하는 서적상 장 푸아트벵을 위해 천사백구십팔년 구월의 스물일곱 번째 날에 완성되었다〉. 여기서 〈usage〉(용)는 옛날식으로 〈usaige〉로 쓰여 있고, 지금은 더 이상 사용되지 않는 연월일 표기 체계가 사용되고 있어요. 하지만 우리는 이 글의 의미를 아주 쉽게 이해할 수 있지요. 즉 우리는 지금부터 5세기 전에 인쇄된 텍스트를 아직도 읽을 수 있다는 뜻이지요. 하지만 만들어진 지 채 몇 년도 안 되는 카세트테이프나 시디롬은 더 이상 읽을 수도, 볼 수도 없어요. 지하실에 낡은 컴퓨터를 보존하고 있지 않는 한.

2 구텐베르크가 인쇄술을 발명한 1450년에서 1500년까지 유럽에서 활자로 인쇄된 서적.

토낙 이런 새로운 매체들은 바로바로 구식이 되면서 우리로 하여금 작업이나 저장에 필요한 기기들, 나아가 사고방식까지 끊임없이 재정비하게 만들고 있습니다. 그리고 이것들이 이렇게 구식이 되는 속도는 점점 더 빨라지고 있고요. 그렇습니다. 이러한 현상은 특별히 강조할 만한 점입니다.

에코 이러한 가속화 현상은 기억의 소멸에 일조하고 있어요. 이것은 아마도 우리 문명이 안고 있는 가장 골치 아픈 문제 중 하나일 겁니다. 한편으로 우리는 기억을 보존하기 위한 여러 가지 도구들과, 지식을 저장하고 운반할 수 있는 온갖 형태들을 발명해 내고 있어요. 이러한 점은 각종 기억술에 의지해야 했던 시대에 비하면 큰 장점이라 할 수 있지요. 그때의 사람들은 필요한 지식을 언제라도 꺼내어 사용할 수 있는 장치가 없었으므로, 믿을 수 있는 것은 오직 자신의 기억밖에 없었던 것이지요. 하지만 다른 한편으로는, 우리 시대의 도구들이 소멸되기 쉬운 성격을 지니고 있다는 점이 문제입니다. 그리고 문제는 이것만이 아니에요. 또 우리는 우리가 산출해 내는 문화물들에 대해 공정하지 못하다는 점도 인정해야 해요. 한 가지 예를 들어 봅시다. 위대한 만화 창작물들의 원본은 엄청나게 비싼데, 그 이유는 아주 희귀하기 때문이에요(지금 알렉스 레몽의 만화 원본 한 장의 가격은 엄청나답니다). 왜 그렇게 희귀할까요? 이유는 간단합니다. 그것들을 발행하는 신문사들이 일단 원판이 인쇄가 되고 나면 쓰레기통에 던져 버리기 때문이죠.

토낙 책이나 하드디스크 같은 인공적인 기억이 발명되기 이전에 사용된 기억술은 어떤 것들이었나요?

카리에르 알렉산드로스 대제는 후대에 엄청난 결과를 가져올 수 있는 또 하나의 결정을 내릴 뻔했답니다. 한번은 어떤 사람이 그에게 말했대요. 미래를 확실하게 예언할 수 있는 여자가 한 명 있다고요. 그러자 알렉산드로스는 그녀의 능력을 배워 보려고 그녀를 불러오게 했죠. 그녀가 말하기를, 불을 활활 지펴 놓고서 거기서 피어나는 연기 가운데서 마치 책을 읽듯 미래를 읽어 내야 한다고 했어요. 하지만 그녀는 정복자에게 한 가지 주의를 줬어요. 연기를 들여다보고 있는 동안, 절대로 악어의 왼쪽 눈을 생각해서는 안 된다고요. 악어의 오른쪽 눈은 상관없지만 왼쪽 눈만은 절대 안 된다는 거였죠.

이에 알렉산드로스는 미래를 알아야겠다는 생각을 포기해 버렸어요. 왜 그랬을까요? 우리는 무언가를 생각하는 것을 피하라고 강요받는 그 순간부터 오직 그것만을 생각하게 되기 때문이죠. 금지가 곧 의무가 되어 버리는 것입니다. 악어의 왼쪽 눈을 생각하지 않는 것은 불가능해지죠. 그 짐승의 눈이 당신의 기억과 정신을 사로잡아 버리는 겁니다.

알렉산드로스의 예가 보여 주듯이, 기억한다는 것, 다시 말해서 잊지 못한다는 것은 때로는 문제가 될 수 있어요. 아니, 큰 불행이 될 수도 있지요. 세상에는 아주 간단한 몇 가지 요령을 통해 모든 것을 기억해 내는 능력을 가진 사람이 있어요. 이른바 기억술사라고 하는 사람들이죠. 러시아의 신경 심리학자인 알렉산더 루리아는 이런 사람들을 연구했어요. 피터 브룩은 루리아의 한 저서에서 영감을 받아 연극 「나는 기인(奇人)이다」를 만들었죠. 기억술사는 어떤 얘기를 들으면 그걸 잊어버릴 수 없어요. 그는 완벽한, 그러나 미쳐 버린 기계와도 같죠. 그는 가리지 않고 모든 것을 머릿속에 기록해 버려요. 이 경우 기억은 장점이라기보다는 오히려 결점이라고 할 수 있어요.

에코 기억술의 방법은 모두가 어떤 도시나 궁전의 이미지를 사용합니다. 장소의 각 부분을 기억해야 할 대상과 연결하는 거죠. 키케로의 『웅변론』에는 이런 전설이 나와요. 시모니데스가 그리스의 귀족들과 함께 만찬을 하고 있었어요. 저녁 파티를 하다가 그가 잠시 자리를 비웠는데 집의 지붕이 무너져 내려 손님 모두가 압사해 버렸지요. 시모니데스는 다시 불려 와 시체들을 확인해야만 했대요. 이때 그는 이 일을 하면서 손님들이 앉았던 좌석을 모두 기억해 내어 사람들을 놀라게 했답니다.

따라서 기억술이란 공간적 재현물들을 기억해야 할 대상이나 개념과 연결해 그것들을 하나로 묶는 기술입니다. 조금 전 당신이 든 예에서 알렉산드로스의 정신이 더 이상 자유롭게 움직일 수 없게 된 것은, 그가 쳐다봐야 하는 연기에 악어의 왼쪽 눈을 결부했기 때문이지요. 기억의 기술은 중세에도 있었습니다. 하지만 인쇄술이 발명된 후로는 이런 기억술이 차츰 사라져 버린 것 같아요. 그래도 가장 훌륭한 기억술 관련 서적들이 나오고 있는 시대가 바로 요즘입니다. 나는 여기에 두 가지 이유가 있다고 생각해요. 첫째는 이러한 문제에 강한 흥미를 느끼는 사람들이 항상 — 오늘날까지도 — 존재하기 때문이지요. 또, 개인적인 용도로 쓰기 위해 자신만의 방법을 발명해 내는 사람들도 항상 존재하는 법이고요. 월드컵에 참가하는 축구팀의 선수 이름을 모두 외우고 있는 소년처럼 말입니다.

카리에르 당신은 위대한 만화 창작물들이 출간된 후에 쓰레기통에 던져졌다고 말씀하셨지요. 그건 영화도 마찬가지입니다. 정말이지 얼마나 많은 영화 작품들이 그런 식으로 사라져 버렸는지 몰라요! 영화가 유럽에서 〈제7의 예술〉이 될 수 있었던 것은 1920년대와 1930년대부터입니다. 그때부터 어떤 작품들은 예술사에 들어갈 수 있는 걸작으로 간주되었고, 그런 작품들은 보관할 만한 가치가 있다고 판단되었어요. 그래서 처음에는 러시아에서, 그다음에는 프랑스에서 최초의 영화 보관소가 설립되었습니다. 하지만 미국적 관점에서는 영화는 예술이 아니었어요. 오늘날까지도 그것은 얼마든지 다시 만들어 낼 수 있는 하나의 생산물로 여겨지고 있죠. 『조로』, 『노스페라투』, 『타잔』 같은 작품들은 끊임없이 리메이크해야 되고, 옛날 모델과 낡은 재고품은 헐값으로 처분해야 하죠. 옛날 작품은, 특히 그것의 질이 좋은 경우에는 신상품에 경쟁이 될 수 있거든요. 미국에서 영화 보관소가 처음 만들어진 게 언제인지 아세요? 놀라지 마세요, 1960년대랍니다! 이를 위한 정부 지원금을 타내고, 미국인들로 하여금 그들 자신의 영화사에 관심을 갖게 만드는 일은 참으로 길고도 험한 싸움이었지요. 세계 최초의 영화 학교가 생긴 곳도 러시아예요. 최고의 미술 학교나 건축 학교와 같은 수준의 영화 학교 건립이 반드시 필요하다고 생각한 예이젠시테인Sergei M. Eisenstein 덕분이었죠.

에코 이탈리아에서는 이미 20세기 초반에 가브리엘레 단눈치오 같은 위대한 시인이 영화를 위해 글을 썼어요. 그는 「카비리아Cabiria」의 시나리오 집필에 조반니 파스트로네와 함께 참여했죠. 미국에서였다면 이런 시도는 그다지 심각하게 받아들여지지 않았겠죠.

카리에르 그러니 텔레비전의 경우는 어떠했겠습니까? 텔레비전 자료를 보존한다는 것은 처음에는 말도 안 되는 일로 여겨졌어요. 이런 맥락에서 시청각 문헌을 보존하는 임무를 지닌 INA[3]의 창설은 근본적인 시각 변화를 의미하는 것이었죠.

에코 나도 1954년에 텔레비전 쪽에서 일한 적 있어요.

---

3 프랑스 시청각 연구소Institut National de l'Audiovisuel.

내 기억으로 그때는 모든 게 생방송이었고, 마그네틱 레코딩 같은 것은 사용되지 않았죠. 당시에는 〈트랜스크라이버transcriber〉라는 게 있었어요. 나중에 영미 쪽 텔레비전에서는 존재조차 하지 않는다는 사실을 발견하게 되었지만, 어쨌든 우리는 이 단어를 사용했지요. 그게 뭐였냐면, 간단히 말해서 텔레비전 화면에 카메라를 대고 장면을 일일이 촬영하는 거예요. 그것은 작업이 몹시 지루하고 비용도 많이 드는 장치여서 어떤 장면들을 찍을지 선택을 해야 했어요. 그런 식으로 많은 자료들이 소실되었죠.

카리에르 나는 이 분야에서 아주 멋진 예를 하나 알고 있습니다. 가히 텔레비전의 인큐내뷸러라고 부를 만한 것이죠. 1951년이었나 1952년이었나, 피터 브룩은 한 미국 텔레비전 방송사에서 오슨 웰스를 주연으로「리어왕」을 제작했어요. 그런데 이 프로는 생방송으로 방영되었고, 그 어떤 매체에도 저장되지 못했죠. 그런데 브룩의 이「리어왕」을 담은 필름이 존재합니다. 다시 말해서 이 작품이 방영되고 있을 때 누군가가 텔레비전 화면을 촬영한 거지요. 그리고 이것은 지금 뉴욕 텔레비전 박물관에서 가장 중요한 소장품이 되었지요. 이 이야기는 여러 가지 점에서 책의 역사를 생각나게 합니다.

에코 어떤 점에서는 그렇다고 할 수 있죠. 하지만 책을 수집하겠다는 생각은 아주 옛날부터 있었습니다. 따라서 영화 작품들에 일어난 일은 책들에는 일어나지 않았어요. 글이 쓰인 책장에 대한 숭배, 그리고 나중에는 책에 대한 숭배는 글 자체만큼이나 오래된 것입니다. 이미 로마인들은 두루마리 책을 갖고 싶어 했고, 또 수집하기 원했죠. 우리가 지금까지 많은 책들을 잃어 왔다면, 그것은 다른 이유들 때문입니다. 책들이 사라진 것은 종교적 검열 때문이었어요. 또 당시에는 도서관이라는 것이 성당과 마찬가지로 화재에 취약했기 때문이었죠. 도서관이나 성당이 대부분 목재로 지어져 있었거든요. 중세 시대에는 불에 타는 성당이나 도서관은, 이를테면 추락하는 전투기를 보여 주는 태평양 전쟁 영화 같다고 할 수 있어요. 즉 흔히 일어나는 일이었죠. 『장미의 이름』에서 도서관이 결국 불타게 되는 것은 그 시대에는 결코 특별한 사건이 아니었습니다.

하지만 책들이 불타게 된 이유들은 동시에 사람들로 하여금 그 책들을 안전한 장소에 두거나 책들을 수집하게끔 한 이유들도 되었지요. 그렇게 해서 수도원들이 생겨난 거랍니다. 야만인들의 빈번한 로마 침입, 또 떠나기 전에 도성을 불태우는 그들의 습관 등은 아마도 사람들로 하여금 책들을 보관할 안전한 장소를 찾을 생각을 하게 만들었을 겁니다. 그리고 이를 위해 수도원보다 좋은 장소가 어디 있을까요? 그래서 기억 위에 드리운 위협이 미치지 않는 곳에 어떤 책들을 갖다 놓기 시작했던 거지요. 하지만 동시에 구해야 할 책과 그렇지 않은 책을 선별하게 되면서 사람들은 여과 작업을 시작하게 되었던 것입니다.

카리에르 반면 희귀한 영화 작품에 대한 숭배는 갓 시작되었을 뿐이지요. 그런데 요즘은 시나리오 수집가들도 있답니다. 과거에는 영화 촬영이 끝나면 시나리오는 대부분 쓰레기통으로 들어갔지요. 앞서 말한 그 만화 원판처럼 말이에요. 하지만 1940년대부터 어떤 사람들은 영화가 완성되고 난 후에 시나리오가 어떤 가치를 갖게 되지 않을까 하고 생각하기 시작했어요. 최소한 상업적 가치라도 있을 거라고 생각한 거지요.

에코 지금은 예를 들어 「카사블랑카」 같은 유명한 시나리오들을 높이 평가하는 경향이 있죠.

카리에르 특히 — 당연한 일이지만 — 시나리오에 연출가의 자필 메모 같은 것이 적혀 있는 경우는 더욱 그렇습니다. 나는 자필 메모가 있는 프리츠 랑의 시나리오들이 거의 물신 숭배에 가까운 애서 취미의 대상이 되는 것을 본 적이 있어요. 또 어떤 애호가들에 의해 소중하게 제본된 것들도 보았고요……. 하지만 여기서 잠시 앞에서 내가 제기했던 문제로 되돌아가 봅시다. 즉 오늘날 어떤 식으로 영화 보관소를 만들어야 할 것인가, 어떤 저장 매체를 사용해야 할 것인가 등의 문제 말입니다. 자기 집에 은색의 필름통에 든 영화 복사본들을 보관한다는 것은 불가능한 일입니다. 이를 위해서는 영사실과 필름 보관을 위한 특별한 장소가 있어야 합니다. 비디오테이프는 우리가 알고 있듯이 색채와 선명도가 변질될 뿐만 아니라, 금방 닳아 버립니다. 시디롬은 이미 끝났습니다. DVD의 시대 역시 오래가지 못할 것입니다. 또 이런 문제도 있어요. 우리가 앞에서도 말했지만, 미래에 우리가 우리의 모든 기계들을 돌릴 수 있는 충분한 에너지를 갖고 있을지는 미지수입니다. 2006년 7월에 뉴욕에서 일어났던 그 대규모 정전 사고를 생각해 봅시다. 그런 사고의 범위가 확산되고 기간이 길어진다고 상상해 보자고요. 전기가 없으면 모든 것이 돌이킬 수 없이 사라져 버립니다. 하지만 그때에도 책은 계속 읽을 수 있습니다. 모든 시청각적 유산이 사라지고 난 후에도, 책은 낮에도 읽을 수 있고, 저녁에는 촛불을 켜놓고 읽을 수 있단 말이죠. 20세기는 그 자신의 역사를 포착한 움직이는 이미지들과 녹음된 소리들을 남긴 최초의 시대입니다. 하지만 그것들을 담은 저장 매체만큼은 아직은 믿을 만한 것이 못됩니다. 그런데 생각해 보니 참으로 기이하게 느껴지는군요. 과거의 소리가 우리에게 전혀 남아 있지 않다는 사실 말입니다. 물론 새들의 노랫소리는 예나 지금이나 같은 것이라고 상상해 볼 수 있겠죠. 그리고 시냇물 소리도…….

에코 하지만 인간의 목소리만큼은 그렇지 않지요. 박물관에 가면 우리는 우리 조상들의 침대가 작은 사이즈라는 사실, 즉 옛날 사람들은 더 작은 체구였다는 사실을 발견하게 됩니다. 이는 그들의 음성이 다른 음색을 지녔다는 사실을 의미합니다. 나는 카루소의 낡은 음반을 들을 때마다 자문하게 됩니다. 그의 목소리와 요즘의 위대한 테너 가수들 사이에 보이는 차이는 단순히 녹음과 저장 매체의 기술적 질의 차이 때문인가, 아니면 20세기 초반 사람들의 목소리가 우리의 그것과는 다르기 때문인가 하고요. 카루소의 목소리와 파바로티의 목소리 사이에는 수십 년 동안 쌓여 온 각종 단백질과 의학의 발전이 놓여 있습니다. 20세기 초반에 미국에 도착한 이탈리아 이민자들은 160센티미터밖에 안 되었다고 해요. 지금 그들의 손자들은 벌써 180센티미터에 도달했는데 말이죠.

카리에르 내가 페미스 영화 학교를 맡고 있을 때의 일입니다. 한번은 음향과 학생들에게 연습 삼아서 과거의 소리들, 어떤 음향적 분위기들을 재구성해 보라고 지시했어요. 학생들한테 부알로의 풍자시 『파리의 혼잡함 *Les embarras de Paris*』을 가지고서 사운드 트랙을 만들어 보라고 한 거죠. 당시의 포석(鋪石)은 나무였고, 마차 바퀴는 쇠였으며, 가옥은 지금보다 훨씬 더 나지막했다는 사실 등을 알려 주면서요.

그 풍자시는 이렇게 시작합니다. 〈아, 공기를 때리는 이 음울한 비명은 누구의 것인가?〉 17세기 파리의 밤에 울리는 〈음울한〉 비명이란 과연 어떤 것이었을까요? 소리를 통해 과거 속으로 침잠해 보는 이 경험은 정말이지 흥미로웠습니다. 하지만 어렵기도 했어요. 왜냐하면 확인할 길이 없으니까요.

어쨌든 어떤 어마어마한 정전 사고로, 혹은 다른 이유로 20세기의 시청각적 기억이 전부 지워져 버린다 해도, 책은 여전히, 그리고 언제나 우리 곁에 남아 있을 겁니다. 우리는 언제나 아이들에게 읽는 법을 가르쳐 줄 수 있을 겁니다. 〈문화가 사라져 가고 있다〉라는 생각, 혹은 〈기억이 위험에 처해 있다〉는 생각은 우리가 알다시피 아주 오래전부터 있어 온 겁니다. 아마도 글 그 자체만큼이나 오래되었을 거예요. 이와 관련하여 이란 역사에서 가져온 또 다른 예를 들려 드리겠습니다. 우리도 알다시피 페르시아 문화의 요람 중 하나는 오늘날 아프가니스탄에 위치해 있었습니다. 그런데 11세기와 12세기부터 몽고족의 위협이 나타나기 시작했고 — 몽고인들은 지나가면서 걸리는 것은 다 파괴해 버렸죠 — 이에 발흐[4]의 지식인들과 예술가들은 — 이들 가운데는 루미[5]의 부친도 있었습니다 — 가장 귀중한 필사본들을 챙겨서 고향을 떠났습니다. 그들이 향한 곳은 서쪽, 즉 터키 땅이었습니다. 루미는 당시의 수많은 이란 망명자들처럼 아나톨리 지방의 코냐에서 죽을 때까지 살게 됩니다. 그런데 한 일화에 따르면, 피난길에 극도로 비참해진 한 난민은 가져간 그 귀한 서적들을 그냥 베개로 사용했다고 합니다. 그 책들이 오늘날까지 남았다

---

4 Balkh. 현재 아프가니스탄의 북부에 위치한 고도(古都). 그리스인들에게는 박트라라는 이름으로, 페르시아인들에는 박트리, 혹은 바그디라는 이름으로 알려졌다.

5 13세기 페르시아의 시인.

면 엄청나게 비싼 물건이 되어 있겠죠. 나는 테헤란에 있는 한 애호가의 집에서 그가 수집한, 삽화가 곁들여진 고(古) 필사본들을 본 적이 있어요. 정말로 기가 막힌 것들이었습니다! 자, 이렇게 모든 위대한 문명에 대해서는 동일한 질문이 제기됩니다. 위협받는 문화를 어떻게 할 것인가? 그것을 어떻게 구해야 할 것인가? 또 무엇을 구할 것인가?

에코 그 구출 작업이 행해질 때, 다시 말해서 일정한 시간 내에 한 문화의 상징적인 것들을 안전한 장소에 갖다 놓아야 할 때, 조각품이나 그림보다는 필사본, 코덱스, 인큐내뷸러, 책을 구해 내는 게 훨씬 더 쉽지요.

카리에르 그렇긴 하지만 그 점에 대해서는 풀리지 않은 수수께끼가 하나 있어요. 바로 볼루멘, 즉 고대 로마의 두루마리 책들이 모두 사라져 버렸다는 사실입니다. 로마 귀족들은 수천 권의 저서로 채워진 서고를 소유하고 있었는데 말이죠. 그 볼루멘 중 몇 권은 바티칸 도서관에 가면 볼 수 있지만, 대부분은 오늘날까지 남아 있지 않아요. 우리에게 남아 있는 가장 오래된 복음서 필사본 조각은 벌써 4세기 것이니, 아주 오래된 것이라고는 할 수 없습니다. 나는 개인적으로 바티칸에서 4, 5세기경 베르길리우스의 『농경시 Georgica』의 필사본을 감상할 기회가 있었어요. 참으로 아름답더군요! 각 페이지의 위쪽 반이 삽화로 채워져 있는 것이었습니다. 하지만 완전한 형태로 남아 있는 볼루멘은 한 번도 본 적이 없습니다. 내가 본 것 중에서 가장 오래된 문서는 예루살렘의 한 박물관에서 본 사해 문서입니다. 그것이 그나마 보존될 수 있었던 것은 아주 특별한 기후 조건 덕분이었지요. 아마 세상에서 가장 오래된 문서 중의 하나일 이집트 파피루스 문서들의 경우도 마찬가지입니다.

토낙 지금 당신은 이런 글들의 매체로 파피루스, 혹은 종이 같은 것을 언급했습니다. 그렇다면 이런 저런 의미에서 책의 역사에 속하는 더 오래된 매체들에 대해서도 생각해 봐야 하지 않을까요?

카리에르 물론입니다. 글의 매체는 아주 많습니다. 비석, 서판(書板), 천, 등. 글은 여기저기에 많이 남아 있지요……. 하지만 사실은 이 매체보다도 더욱 흥미로운 것이 있습니다. 바로 이 매체의 조각들이 우리에게 전달해 주는 메시지, 우리의 관념으로는 거의 상상할 수조차 없는 어떤 과거에서 기적적으로 빠져나온 그 메시지입니다. 지금 두 분에게 보여 주고 싶은 게 하나 있는데, 내가 오늘 아침에 받은 경매 카탈로그에 들어 있는 어떤 이미지이지요. 무슨 이미지냐고요? 바로 부처의 발자국이랍니다. 자, 이게 무슨 뜻인지 잘 생각해 봅시다. 여기에 부처가 걷고 있다고 상상해 봅시다. 전설 속 그의 모습을 상상해 보자는 겁니다. 이 부처의 신체적 특징 중의 하나는 발바닥에 갖가지 상징들이 새겨져 있다는 점이지요. 이것들이 본질적인 상징임은 말할 필요도 없겠지요. 따라서 그가 걸으면 이런 상징들을 땅에다 찍게 되는 겁니다. 마치 한 걸음 내딛을 때마다 판화가 한 장 찍히듯이 말입니다.

에코 그거야 말로 시대를 앞선 할리우드 명예의 거리의 손발 도장이라 할 수 있겠네요!

카리에르 그렇다고도 할 수 있죠. 부처는 걸으면서 가르칩니다. 우리는 그가 남긴 흔적을 읽기만 하면 되는 거죠. 그리고 이 발자국은 물론 보통 자국이 아닙니다. 발자국 하나가 불교 전체를 요약하고 있습니다. 다시 말해서 모든 생물계와 무생물계를 나타내며, 불법(佛法)이 지배하는 백팔계(百八戒)를 요약하고 있는 거지요.

하지만 거기에는 이 백팔계 말고도 다른 것들도 있습니다. 불탑, 조그만 절, 법륜, 각종 동물, 물, 빛, 나가,[6] 공양물……. 이 모든 것들이 부처의 발자국 하나 안에 들어 있습니다. 이것은 인쇄술 이전의 인쇄술인 셈입니다. 인쇄의 상징이기도 합니다.

토낙 찍히는 자국 하나하나가 제자들이 해독하려 애쓰게 될 각각의 메시지가 되는 셈이군요. 그러니 어떻게 글의 역사적

---

6 Naga. 뱀과 사람의 모습이 섞인 반신(半神)으로, 부처의 수호신으로 여겨진다.

기원의 문제를 종교적 경전들의 형성의 문제에 연결 짓지 않을 수 있겠습니까? 위대한 신앙 운동들이란 결국, 우리로서는 알 수 없는 어떤 논리에 따라 형성된 이 문서들 위에 세워지는 것이니까요. 그런데 새로운 신앙은 이 문서들 가운데서 정확히 무엇을 기반으로 삼는 걸까요? 예를 들어 이 부처의 발자국들, 또는 우리의 〈네〉 복음서에 어떤 가치를 부여하는 걸까요? 왜 하필 〈사(四)〉 복음서일까요? 그리고 왜 하필 이 복음서들일까요?

카리에르 맞아요. 왜 네 개일까요? 사실 상당히 많은 다른 복음서들이 존재했었는데 말이죠. 심지어 교회 성직자들이 공의회에 모여 이 네 복음서를 채택하고 난 이후에도 계속해서 다른 복음서들이 발견되었지요. 〈도마 복음〉, 즉 마가, 누가, 마태, 요한의 복음서보다 오래되었고, 오직 예수가 한 말만을 담고 있는 도마의 복음서는 20세기에 와서야 비로소 발견되었어요.

또 오늘날 대부분의 전문가들은 〈원래의 복음서〉가 존재했었다는 사실을 인정하고 있지요. 이른바 〈Q 복음서〉라는 ─ 〈원천 복음〉이라는 뜻으로, Q는 〈원천〉이라는 의미의 독일어 단어인 〈크벨레 *Quelle*〉에서 따온 것입니다 ─ 것인데, 모두 동일한 출처를 암시하고 있는 누가복음, 마태복음, 요한복음을 가지고 재구성해 내는 게 가능하다고 보는 겁니다. 그런데 이 원래의 복음서는 완전히 사라져 버렸습니다. 하지만 전문가들은 그것이 존재했으리라는 예감에 따라 재구성해 보려고 작업해 왔지요.

그렇다면 〈신성한 텍스트〉란 과연 무엇일까요? 실체 없이 흐릿한 안개? 아니면 맞춰야 할 퍼즐……? 불교의 경우는 약간 다릅니다. 석가는 예수와 마찬가지로 아무것도 쓰지 않았습니다. 하지만 예수와는 달리, 훨씬 오랫동안 설법을 했죠. 예수가 설교 활동을 한 기간은 기껏해야 2, 3년에 불과했다고 합니다. 반면 붓다는 쓴 것은 아무것도 없지만 최소한 35년 동안 설법을 했습니다. 그가 죽은 후, 아주 가까운 제자였던 아난다는 생전에 부처를 따랐던 사람들의 도움을 받아 그의 말씀을 편찬하기 시작했다고 합니다. 『녹야원 설법』, 즉 붓다의 최초 설법을 사람들이 외워서 정성스럽게 옮겨 쓴 것으로, 그 유명한 〈네 개의 고귀한 진리〔사제법(四諦法)〕〉를 담고 있으며 모든 불교 종파의 기본 가르침이 된 법문은 종이 한 장 분량에 불과합니다. 이처럼 불교는 종이 한 장으로 시작되었습니다. 이 종이 한 장이 아난다의 옮겨 쓰기 작업에서 시작하여 수백만 권의 책을 낳게 된 거지요.

토낙 보존된 종이 한 장이라…… 그것은 어쩌면 다른 종이들이 모두 사라져 버렸기 때문인지도 모르죠. 누가 알겠어요? 신앙이 이 텍스트에 특별한 가치를 부여하는 거지요. 하지만 어쩌면 부처의 진정한 가르침은 지금은 사라졌거나 지워져 버린 다른 발자국들, 다른 문서들에 들어 있었을지 모르는 일 아니겠습니까?

카리에르 바로 그런 의미에서 다음과 같은 고전적인 극적인 상황을 상상해 보는 것도 재미있을 것 같아요. 지금 세계는 위협을 받고 있고, 우리는 어떤 문화적 물건들을 끄집어내어 안전한 장소에다 갖다 놓아야 합니다. 예를 들어 세계는 엄청난 기후적 대재앙의 위협에 직면해 있습니다. 빨리 행동해야 합니다. 하지만 모든 것을 보호하고, 모든 것을 가져갈 수 있는 형편은 못됩니다. 그럼 우린 무얼 선택하게 될까요? 어떤 매체를 선택하게 될까요?

에코 우리가 앞에서 얘기했듯이, 현대의 매체들은 빠른 속도로 쓸모없는 물건이 되어 버리죠. 이런 물건들은 금방 읽을 수 없는 것, 짐만 되는 잡동사니가 될 수 있는데, 왜 그런 위험을 감수해야 하죠? 현대의 문화 산업이 지난 몇 년 동안 시장에 쏟아 낸 모든 물건들보다 책이 우월하다는 사실은 과학적으로 검증되었습니다. 따라서 만일 내가 쉽게 운반할 수 있고, 시간의 파괴 작용에 대한 저항력을 증명한 무언가를 선택해야 한다면, 난 책을 선택하겠습니다.

카리에르 우리는 요즘의 바쁜 삶에 맞추어진 현대의 기술들을 과거의 책과 그것의 제조 및 보급 방식에 비교하곤 합니다. 하지만 책을 너무 무시해서는 안됩니다. 그것도 역사의 움직임을 바짝 붙어 따라갈 수 있었고, 그것의 리듬에 맞출 수 있었으니까요. 한 가지 예를 들려 드리죠.

레스티프 드 라 브르통의 『파리의 밤』은 그가 수도를 돌아다니면서 본 것을 묘사한 작품입니다. 그런데 그가 거기에 쓴 것을 정말로 보았을까요? 주해자들 사이에서는 이에 대해 의견이 분분합니다. 사실 레스티프는 은밀한 환상이 많기로 유명한 사람입니다. 그는 상상으로 꾸며낸 세계를 마치 현실인 양 제시하는 경우가 많았어요. 예를 들어 그가 어떤 창녀와 동침한 얘기를 할 때마다, 알고 보니 그 창녀가 자기 딸 중의 하나였다고 말하곤 합니다.

『파리의 밤』의 마지막 두 권은 대혁명기에 쓰였습니다. 레스티프는 자신이 체험한 밤의 이야기를 그날 밤 당장 썼을 뿐 아니라, 새벽녘이면 그것들을 지하실에서 조판하여 인쇄했답니다. 이 혼란한 시절에 종이를 구하기 어려웠으므로, 거리를 돌아다닐 때 주워 모은 포스터, 전단지 등을 끓여서 형편없는 질의 펄프를 얻어 냈다고 합니다. 그래서 이 마지막 두 권의 지질은 앞의 것들과는 천양지차입니다. 그의 작업의 또 다른 특징은, 인쇄할 때 약자를 많이 사용했다는 겁니다. 시간이 없었던 거죠. 예를 들어 〈*Révolution*(혁명)이라는 단어 대신〉 *Rev.*라는 약자를 썼습니다. 정말 놀라운 일이지요. 책 자체가 최대한 빨리 사건을 다루려고 하는, 역사의 속도를 따라잡으려고 하는 한 사람의 다급한 마음을 잘 보여 주고 있습니다. 만일 그가 얘기한 내용이 사실이 아니라면, 이 레스티프라는 사람은 정말 대단한 거짓말쟁이입니다. 예를 들어 그는 〈만지기쟁이〉라는 인물을 보았다고 합니다. 이 사내는 단두대 주위의 군중 사이를 슬그머니 돌아다니다가, 목 하나가 떨어져 내릴 때마다 어떤 여자의 궁둥이에 손을 갖다 댔다는 거지요.

대혁명기에 〈여자 같은 놈들〉이라고 불린 성도착자들에 대해 말한 사람도 이 레스티프입니다. 또 하나 떠오르는 장면이 있는데, 이에 대해 나와 밀로스 포먼 감독 둘이서 많이 몽상했답니다. 한 사형수가 다른 죄인들과 함께 호송 수레에 실려 단두대로 끌려옵니다. 그에게는 조그만 개가 한 마리 있는데, 녀석은 형장에 끌려가는 주인을 따라오죠. 단두대에 오르기 전에 그는 개를 맡아 줄 사람이 없느냐고 군중을 향해 묻습니다. 아주 정이 많은 녀석이라는 말을 덧붙이면서. 그는 개를 두 손으로 들어 사람들에게 내밉니다. 하지만 돌아온 것은 군중의 욕설뿐. 호위병들은 더 이상 참지 못하고 사형수의 손에서 짐승을 빼앗고, 곧바로 그를 처형합니다. 개는 낑낑대면서 관 속에 누워 있는 주인의 피를 핥습니다. 호위병들은 짜증이 나서 장총의 대검으로 개를 찔러 죽이고 말죠. 그러자 군중은 호위병들에게 들고 일어섭니다. 「살인자들아! 부끄럽지도 않느냐? 그 불쌍한 개가 무슨 잘못을 했다고 그러냐고!」

얘기가 약간 옆으로 흘렀습니다. 하지만 이 독특한 레스티프의 도전 — 르포르타주 책, 〈라이브 중계〉 책을 만드는 것 — 은 언급할 가치가 있는 것 같습니다. 자, 우리의 문제로 돌아가 봅시다. 재앙이 일어난다면 우리는 어떤 책을 구해야 할까요? 만일 당신 집에 불이 난다면, 어떤 책부터 보호하겠습니까?

에코 내가 앞에서 책에 대한 예찬을 늘어놓긴 했지만, 그래도 지난 30년간의 내 글들이 담겨 있는 250기가의 외장형 하드디스크를 우선 빼내겠어요. 그런 다음, 만일 가능성이 남아 있다면 물론 내 고서 중 하나를 구하겠죠. 반드시 가장 비싼 것이라기보다는 내가 가장 좋아하는 것으로요. 하지만 대체 어떻게 선택한단 말입니까? 내가 애지중지하는 책이 여러 권이거든요. 차라리 깊이 생각할 시간이 없었으면 좋겠습니다. 아마 1490년에 드라흐의 스파이어에서 출간된 베른하르트 폰 브라이덴바흐의 『성지 순례 *Peregrinatio in Terram Sanctam*』 쪽으로 갈 것 같아요. 목판화 도판이 풍부하게 실려 있는 아주 기막힌 책이죠.

카리에르 나는 아마 알프레드 자리의 원고 하나, 앙드레 브르통의 것 하나, 그리고 저자의 친필 서한이 들어 있는 루이스 캐롤의 책 한 권을 가지고 나올 것 같아요. 옥타비오 파스에게 일어났던 그 슬픈 일이 생각나는군요. 그의 서재가 불타 버린 겁니다. 그야말로 비극이었죠! 옥타비오 파스의 도서관이 어떠했을지 한번 상상해 보세요! 전 세계의 초현실주의자들이 그에게 헌정한 책들로 꽉 차 있는 서재 아니겠습니까? 생의 마지막 2년 동안 그를 너무도 슬프게 만든 사건이었죠.

만일 영화에 대해 같은 질문을 받는다면, 대답하기가 더욱 곤란할 겁니다. 왜냐고요? 간단히 말해서 많은 작품이 어디론가 사라져 버렸기 때문이에요. 심지어는 내 자신이 작업한 작품인데도 가망 없이 망가져 버린 것들이 있을 정도입니다. 이렇게 필름을 잃어버리면 영화 작품은 더 이상 존재하지 않습니다. 설령 필름이 어딘가에 존재한다 하더라도, 그걸 찾아낸다는 것은 정말로 복잡한 일이고, 또 그것의 복사본을 만들어 내려면 꽤 많은 돈이 필요합니다.

내가 보기에, 이미지의 세계, 특히 영화의 세계는 테크놀로지의 기하급수적 가속화의 문제를 가장 잘 드러내고 있는 영역 같습니다. 당신과 나는 역사상 처음으로 새로운 언어들을 발명해 낸 세기에 태어났습니다. 만일 우리의 이 대담이 120년 전에 행해졌다면, 우리는 단지 연극과 책만을 언급했을 것입니다. 라디오, 영화, 목소리와 음향의 녹음, 텔레비전, 합성 이미지, 만화 같은 것은 언급되지 않았겠죠. 그런데 어떤 신기술이 출현할 때마다, 그것은 자신만큼은 과거의 다른 모든 발명품을 구속했던 규칙과 제약에서 벗어나 있다는 사실을 보여 주려고 합니다. 마치 신기술에 대한 적성은 자연적인 것이어서, 그것을 소유하는 순간 자동적으로 그 적성까지 습득하게 되어 그 사용법을 배울 필요조차 없다는 듯이. 마치 신기술을 소유하면 새로운 재능을 저절로 얻게 되는 듯이. 그렇게 신기술은 이전의 모든 것들을 쓸어 버리고, 감히 자신을 거부하는 모든 이들을 시대에 뒤떨어진 문맹으로 만들어 버릴 듯한 기세를 보여 줍니다.

나는 평생 이런 〈협박〉을 보아 왔습니다. 하지만 실제로 벌어진 일은 이와는 정반대였죠. 모든 신기술은 새로운 언어에 대한 긴 입문 과정을, 우리 정신이 이 신기술에 앞서 사용된 언어들에 맞춰 〈포맷〉되었기 때문에 더 길 수밖에 없는 입문 과정을 요구합니다. 1903년에서 1905년 사이에 영화라는 새로운 언어가 형성되었고, 그것은 반드시 배워서 습득해야만 하는 언어였습니다. 그런데 많은 소설가들이 자신은 소설의 글쓰기에서 시나리오의 글쓰기로 자동적으로 넘어갈 수 있으리라 상상했지요. 그건 오산이었죠. 그들은 이 두 형태의 글 — 소설과 시나리오 — 이 사실은 전혀 다른 두 형태의 글이라는 사실을 몰랐던 겁니다.

기술이란 결코 편리하기만 한 게 아닙니다. 그것은 하나의 요구입니다. 라디오 극 한 편을 쓰는 것처럼 복잡한 것도 없지요.

닭들이 도로를 건너지 말아야 한다는
것을 배우는 데에는 한 세기가 필요했다

토낙 우리를 책에서 멀어지게 만들 수도 있는 기술적 변화의 이야기로 돌아가 봅시다. 요즘의 문화 도구들은 시간의 흐름을 놀랍게 견뎌 낸 우리의 인큐내뷸러들보다 훨씬 더 취약하고 지속성이 덜하다고 말할 수 있겠지요. 하지만 우리가 원하든 원치 않든, 이 새로운 도구들은 우리의 사고 습관을 크게 변화시키고, 책이 가져다준 습관에서 우리를 멀어지게 하고 있는 게 사실입니다.

에코 요즘 기술은 엄청나게 빠른 속도로 계속 새로워지고 있습니다. 이 때문에 우리의 정신적 습관은 견뎌 내기 힘든 리듬으로 계속 재조직되어야만 하지요. 우리는 2년마다 컴퓨터를 바꿔야 합니다. 왜냐하면 이 컴퓨터라는 기계의 콘셉트 자체가 그런 것이니까요. 일정한 기간이 지나면 낡아지는 것, 수리하는 것보다는 교체해 버리는 것이 싸게 먹히는 것, 이것이 바로 이 기계의 콘셉트입니다. 또 우리는 매년 자동차를 바꿔야겠지요. 왜냐하면 새로운 모델은 안전성이나 전자 장치 면에서 여러 가지 장점들을 제공하니까요. 그리고 새로운 기술이 나올 때마다, 이 기술이 요구하는 새로운 반사 작용 시스템을 갖추기 위해 우리는 노력을 기울여야 하는데, 이 모든 것이 이루어져야 하는 시간은 갈수록 짧아지고 있습니다. 닭들이 도로를 건너지 말아야 한다는 것을 배우는 데에는 한 세기 가까운 시간이 필요했습니다. 하지만 이 종(種)은 결국 새로운 활동 조건에 적응할 수가 있었죠. 하지만 우리에게는 그리 많은 시간이 주어지지 않습니다.

카리에르 그 어떤 이유로도 정당화될 수 없는 방식으로 가속되고 있는 리듬, 우리가 여기에 진정으로 적응할 수 있을까요? 영화에서의 이미지 몽타주를 예로 들어 봅시다. 요즘의 비디오 클립을 보면 알 수 있듯이, 이제 영화의 리듬은 너무도 빨라서 더 이상 빨라질 수 없는 정도에 다다랐어요. 더 이상으로 빨라지면 우리는 아무것도 보지 못할 겁니다. 내가 이 예를 든 것은, 어떻게 하나의 기술이 그 자신의 언어를 낳게 되는지, 또 어떻게 역으로 그 언어는 기술을 — 항상 더 조급하고 더 급격하게 — 진화하게 만드는지 보여 주기 위함입니다. 요즘 미국의 이른바 〈액션〉 영화를 한번 보세요. 3초 이상 지속되는 장면이 없습니다. 이것은 일종의 규칙이 되어 있지요. 한 남자가 귀가하여 집 문을 열고, 외투를 걸고, 이층으로 올라갑니다. 여기에 어떤 특별한 일이 일어나는 것도 아니고, 그 어떤 위험이 도사리고 있는 것도 아니건만 시퀀스는 열여덟 개나 되는 장면으로 잘려 있습니다. 마치 기술 속에 〈액션〉이 담겨 있듯이 말입니다. 다시 말해서 〈액션〉이라는 것이 카메라가 우리에게 보여 주는 것에 담겨 있는 게 아니라, 카메라 자체에 담겨 있는 듯이 말이에요.

처음에 영화는 하나의 단순한 기술이었습니다. 카메라 한 대를 고정해 놓고 어떤 연극 무대를 촬영했죠. 배우들이 등장하고, 그들은 해야 할 일을 한 후에 퇴장했지요. 그 이후에 사람들은 한 가지 흥미로운 사실을 금방 알아차리게 되었지요. 즉 카메라를 움직이는 기차 안에 넣으면, 우선은 카메라 속에서, 그다음에는 스크린에서 이미지들이 열 지어 지나간다는 사실 말입니다. 카메라도 마치 살아 있는 존재처럼 어떤 움직임을 능동적으로 포착하고, 다듬고, 복원할 수 있는 것입니다. 그리하여 카메라는 움직이기 시작했습니다. 처음에는 스튜디오 안에서 조심스럽게 움직여 보았고, 그런 다음에는 점차로 그 자체가 하나의 인물이 되어 갔습니다. 오른쪽으로 시선을 돌렸다가, 다시 왼쪽으로 돌렸죠. 그런 뒤에는 그렇게 해서 얻은 두 개의 이미지를 이어 붙여야 했습니다. 이것이 바로 몽타주이고, 이렇게 하나의 새로운 언어가 시작된 것입니다. 루이스 부뉴엘[7]은 1900년에 태어났습니다.

---

7 Luis Buñuel(1900~1983). 스페인의 세계적인 영화감독. 파리에서 환상과 현실이 융합된 전위 영화를 만들었다. 「안달루시아의 개」, 「황금시대」 등의 작품을 남겼다.

다시 말해서 카메라와 함께 태어난 사람이라고 할 수 있죠. 이 부뉴엘이 내게 이런 이야기를 들려주었어요. 자기가 1907년인가 1908년인가에 사라고사에 영화를 보러 갔었대요. 그런데 거기에는 〈엑스플리카도르〉[8]라는 사람이 긴 막대기를 들고서 스크린에서 일어나고 있는 일들을 설명해 주었다고 해요. 당시 사람들은 아직 새로운 언어를 이해할 수 없었던 까닭이죠. 사람들은 그걸 아직 소화하지 못했던 겁니다. 그 이후, 우리는 그것에 익숙해졌습니다. 하지만 오늘날까지도 위대한 영화인들은 끊임없이 이 언어를 세련되게 다듬어 나가고 있어요. 심지어는 — 이건 다행스러운 일인데 — 변질시켜 놓기도 합니다.

문학에서와 마찬가지로, 영화에서도 잔뜩 무게를 잡는 〈고상한 언어〉가 있고, 평범하고 진부한 언어도 있으며, 심지어는 은어도 있습니다. 또 우리는 알고 있지요. 프루스트가 위대한 작가들에 대해 말했던 것처럼, 위대한 영화감독은 저마다 — 최소한 부분적으로나마 — 자신의 고유한 언어를 발명해 낸다는 사실을요.

에코 지난 세기 초반, 즉 영화가 아직 대중적인 인기를 얻지 못하고 있던 시절에 태어난 이탈리아의 정치가 아민토레 판파니는 한 인터뷰에서 이렇게 설명한 적이 있어요. 자신은 영화관에 자주 가지 않는데, 그 이유는 간단히 말해서 지금은 뒷모습이 보이는 사람이 방금 전에 카메라가

[8] 스페인어로 〈설명꾼〉이라는 뜻.

정면으로 비춘 사람과 동일 인물이라는 사실을 이해할 수 없기 때문이라는 거였어요.

카리에르 사실, 초기에 영화는 새로운 표현의 영역에 들어온 관객을 어리둥절하게 만들지 않기 위해 상당히 조심해야 했습니다. 고전극에서는 인물의 행동이 현실의 행동과 동일한 시간 동안 지속됐습니다. 셰익스피어나 라신의 한 장면 안에서 단절이 일어나는 경우란 없지요. 무대 위의 시간과 객석의 시간은 동일했거든요. 하지만 장 뤼크 고다르 감독의 「네 멋대로 해라」에는 두 사람이 있는 침실 장면이 나옵니다. 여기서 감독은 이 긴 장면 중에서 순간들과 단편들만을 취해 몽타주했어요. 내 생각으로 그는 이런 식으로 작업한 최초의 감독 중 한 명이 아닌가 해요.

에코 만화는 오래전부터 이러한 서사적 시간의 인위적 구축을 생각해 왔던 것 같아요. 그렇긴 해도 최근에 나오는 만화들, 다시 말해서 가장 전위적인 만화들은 1930년대 만화의 애호가이자 수집가인 나조차도 제대로 읽어 낼 수가 없을 정도입니다. 그리고 우리는 현실을 인정해야 합니다. 내게 일곱 살 먹은 손자 녀석이 있는데, 이 아이는 컴퓨터 게임을 아주 좋아해요. 그중에서 녀석이 연습 중인 게임이 하나 있어서, 내가 녀석과 함께 대결을 해봤지요. 그런데 결과는 10대 280으로 내가 무참하게 패배한 거예요. 이래 봬도 나는 왕년에 핀볼 선수였다고요. 또 잠시 시간이 날 때마다 각종 은하계 전쟁에서 우주에서 온 괴물들을 죽이는 컴퓨터 게임을 즐기기도 하고요. 성적도 과히 나쁘지 않아요. 하지만 손자 녀석 앞에서는 무릎을 꿇지 않을 수 없었어요. 한데 이 손자 녀석이라 해도, 또 그 재능이 아무리 뛰어나다 해도, 스무 살이 되면 더 이상 그 시대의 신기술을 이해할 수 없게 될 거예요. 이처럼 아주 오랫동안 일정 수준을 유지할 수 있노라고 주장하는 것이 불가능한 지식 영역들이 있지요. 영역 내에서 계속 새로운 변화들이 일어나기 때문이죠. 예를 들어 오랫동안 뛰어난 핵물리학자로 남아 있을 수는 없어요. 몇 년간은 치열한 노력을 통해 모든 자료를 흡수하여 일정 수준을 유지해 나갈 수 있겠지요. 하지만 그 후에는 교육자가 되거나 사업에 뛰어들거나 해야 합니다. 스물두 살 때에는 천재일 수 있습니다. 모든 것을 다 이해하니까요. 하지만 스물다섯이 되면 단념해야 합니다. 축구 선수도 마찬가지예요. 일정한 나이를 넘기면 코치가 되어야 하는 법입니다.

카리에르 한번은 내가 레비스트로스를 만나러 간 일이 있었습니다. 나와 그의 대담집을 만들어 보면 어떻겠느냐고 오딜드 자콥이 제안했거든요. 하지만 레비스트로스는 이렇게 말하면서 아주 완곡히 거절했지요. 「과거에 내가 더 잘 말했던 내용을 다시 말하고 싶지는 않아요.」 참으로 냉철한 판단이지요. 심지어는 인류학에서조차 〈게임〉이 끝나는 때가 오는 법입니다. 당신들의 게임도, 또 우리

들의 게임도 모두 끝이 나죠. 하지만 레비스트로스는 육체적으로는 얼마 전에 백회 생일을 맞았죠!⁹

에코 나 역시 같은 이유로 더 이상 교단에 설 수 없어요. 오늘날 우리가 누리고 있는 뻔뻔스러울 정도의 장수(長壽)가 지식의 세계는 끊임없이 변혁되고 있다는 사실, 그리고 우리가 그 세계의 무언가를 온전히 이해할 수 있는 것은 필연적으로 한정된 시간 동안만이라는 사실을 은폐해서는 안 되겠죠.

카리에르 하지만 당신의 일곱 살배기 손자의 그 놀라운 적응 능력은 어떻게 설명해야 할까요? 당신이 아무리 노력해도 낯설게만 느껴지는 새로운 언어들을 금방 정복해 버리는 그 능력 말입니다.

에코 그 애는 또래의 다른 아이들과 다를 바 없는 평범한 아이예요. 하지만 그는 우리 세대 사람들은 경험해 보지 못했던 갖가지 자극들에 두 살 때부터 노출되었어요. 내가 1983년에 내 첫 번째 컴퓨터를 집에 가져왔을 때, 내 아들은 정확히 스무 살이었어요. 나는 컴퓨터를 그 애에게 보여 주면서 그것이 어떻게 작동하는지 설명해 주려 했죠. 그 애는 별로 흥미가 없다고 대답하더군요. 그래서 나는

---

9 1908년생인 클로드 레비스트로스는 이 좌담회가 있었던 이후인 2009년 10월 30일에 별세했다.

한쪽 구석에서 새 장난감을 탐험하기 시작했는데, 당연한 얘기지만 정말로 갖가지 문제에 부딪히게 되었어요(여러분도 기억하겠지만 당시에는 우리의 삶을 바꿔 놓은 윈도는 아직 나오지 않은 때라서 도스DOS로 글을 썼고, 프로그래밍 언어로는 베이직이나 파스칼 같은 것을 사용했지요). 내 아들은 어느 날 내가 문제에 봉착하여 끙끙대는 모습을 보더니만 컴퓨터로 다가와 이렇게 말했어요. 「아빠, 이렇게 하는 게 나을 것 같은데요.」 그러자 컴퓨터는 돌아갔죠.

참으로 신비한 일이었어요. 아마 내가 없을 때 컴퓨터를 사용한 모양이군……. 이것이 이 신비에 대한 나의 부분적인 설명이었어요. 하지만 여전히 의문이 남았어요. 왜 우리 둘 다 똑같이 기계에 접근할 수 있었는데, 그 애는 나보다 훨씬 빨리 배울 수 있었느냐는 거였죠. 다시 말해서 그 애는 컴퓨터 재능이 나보다 훨씬 뛰어났던 거예요. 당신이나 나 같은 사람들은 자동차 시동을 걸 때 열쇠를 돌린다거나 스위치를 돌린다거나 하는 식으로, 돌리는 동작이 몸에 배어 있지요. 하지만 컴퓨터는 달라요. 클릭만 하면, 즉 단순히 누르기만 하면 되지요. 이 때문에 내 아들은 나보다 훨씬 더 유리했던 겁니다.

카리에르 돌리기와 클릭하기. 참으로 의미심장한 지적입니다. 또 우리의 책 사용법은 어떻습니까? 책을 읽을 때 우리의 눈은 왼쪽에서 오른쪽으로, 또 위에서 아래로 움직입니다. 그런데 아랍이나 페르시아의 글, 히브리어는 정반 대입니다. 눈은 오른쪽에서 왼쪽으로 갑니다. 나는 이 두 개의 움직임이 영화에서 카메라의 움직임에 어떤 영향을 주지 않았나 하는 생각이 들어요. 서구 영화에서 대부분의 〈트래블링〉[10]은 왼쪽에서 오른쪽으로 갑니다. 반면 나는 이란 영화에서 그 반대의 움직임을 자주 발견했어요. 따라서 독서 습관이 우리의 보는 방식을, 우리 눈의 본능적인 움직임을 결정할 수 있다고 생각할 수 있지 않을까요?

에코 그렇다면 우선 서구의 농부가 밭을 갈 때 처음에는 왼쪽에서 오른쪽으로 갔다가 다시 오른쪽에서 왼쪽으로 돌아오고, 이집트나 이란 농부는 오른쪽에서 왼쪽으로 왔다가 다시 왼쪽에서 오른쪽으로 돌아가는지를 확인해 봐야 하겠죠. 밭 갈기의 방향은 좌우 교대 서법의 그것과 정확히 일치하니까요. 어떤 경우엔 오른쪽부터 시작되고, 어떤 경우에는 왼쪽부터 시작될 수 있다는 점이 다를 뿐이죠. 이것은 아주 중요한 문제인데, 내 느낌으로는 아직 충분히 연구된 것 같지 않아요. 이에 대한 연구가 깊이 이뤄졌더라면 나치는 유대인 농부를 금방 잡아낼 수 있었겠죠. 자, 이제 우리의 본론으로 돌아가 봅시다. 우리는 변화와, 그 변화의 속도가 빨라지고 있다는 사실에 대해 말했습니다. 또한 책처럼 변하지 않는 기술적 발명품들이 존재해

---

10 움직이는 피사체를 따라서 카메라를 앞뒤로, 혹은 옆으로 이동시키며 촬영하는 기법.

왔다는 사실에 대해서도 말했어요. 자전거, 심지어는 안경까지 여기에 추가할 수 있겠죠. 알파벳 문자는 더 말할 나위가 없고요. 일단 완벽에 도달한 이상, 더 멀리 나간다는 것은 불가능한 것입니다.

카리에르 괜찮다면 영화 얘기로 다시 돌아와, 그것의 놀라운 자기 충실성에 대해서도 얘기해 보고 싶군요. 인터넷 덕분으로 우리가 알파벳의 시대로 회귀했다고 말씀하셨죠? 영화는 항상 평면 위에 영사된 직사각형이었고, 이는 백 년이 넘는 세월 동안 계속 그래 왔습니다. 그것은 완벽한 형태의 마술 환등기라 할 수 있어요. 영화 언어는 진화했지만, 그 형태만큼은 항상 동일했습니다. 요즘에는 입체 영화나 〈아이맥스〉 영화를 상영할 수 있는 시설을 갖춘 극장들이 갈수록 늘어나고 있지요. 하지만 이것이 얄팍한 상술에서 나온 일시적 현상에 불과한 것이 아니기를 바랄 뿐입니다…….

영화는 — 여기서는 그 형태에 대해서만 말하자면 — 언젠가는 더 멀리 나아갈 수 있을까요? 영화는 젊은 것일까요, 아니면 늙은 것일까요? 나는 잘 모르겠습니다. 나는 영화는 늙었다고 알고 있습니다. 사람들은 그렇다고 말하고 있지요. 하지만 어쩌면 그것은 우리가 생각하는 것처럼 그렇게 늙은 게 아닌지도 몰라요……. 어쩌면 노스트라다무스 흉내를 내지 않는 편이 현명할지 모릅니다. 우리의 예측은 곧바로 빗나갈 수 있으니까요.

에코 빗나간 예측에 대해 말씀하시는데, 나 역시 살아오면서 그것과 관련하여 큰 교훈을 하나 얻은 적이 있지요. 1960년대에 내가 한 출판사에서 일하고 있을 때, 미국의 한 사회학자의 저서가 흘러들어 왔습니다. 새로운 세대에 대한 흥미로운 분석을 싣고 있었어요. 미래에는 군대식의 스포츠머리에 종업원 복장을 하고, 정치에는 전적으로 무관심한 신세대가 부상하게 될 것이다 등등의 예측을 하고 있었죠. 우리는 그 책을 번역, 출간하기로 결정했습니다. 하지만 번역의 질이 좋지 않아서 그걸 수정하느라 6개월의 시간을 보내야 했어요. 하지만 바로 이 6개월 동안, 시간은 1967년 초에서 버클리 대학교 학생 소요 사건과 1968년 5월의 프랑스 학생 운동으로 넘어갔고, 미국 사회학자의 분석은 기이하게도 낡은 것으로 보이게 되었죠. 그래서 나는 원고를 쓰레기통에 던져 버렸답니다.

카리에르 앞에서 우리는 이른바 〈오래가는 저장 매체〉에 대해 말하면서, 오히려 우리의 기억을 제대로 저장하지 못하는 우리 자신과 우리 사회를 비웃은 바 있습니다. 그런데 내가 생각하기에 우리에게는 오래가는 예언자들도 좀 필요할 듯싶어요. 바로 코앞에 다가온 경제 위기를 전혀 예감하지 못하고, 배럴당 500달러의 원유가를 선언한 다보스의 그 미래학자, 왜 우리는 그의 말이 맞을 거라고 믿는 걸까요? 미래를 보는 그의 눈은 대체 어디서 나온 것이죠? 무슨 예언자 학위라도 받은 겁니까? 원유는 배럴당 150달러까지 올라갔어요. 하지만 우리가 알다시피 아무런 합리적인 이유 없이 다시 50달러 이하로 떨어졌어요. 어쩌면 다시 올라갈 수도 있겠죠. 반대로 더 떨어질 수도 있고요. 우리는 아무것도 알 수 없습니다. 미래는 직업이 될 수 없는 법입니다.

진짜 예언자이든 가짜 예언자이든 간에, 예언자의 본질은 바로 틀리는 것입니다. 누군가가 이렇게 말했어요. 〈진정한 미래는 항상 예상을 빗나가는 법이다.〉 항시 우리를 놀라게 하는 것, 이것이 바로 미래의 위대한 특질입니다. 내가 항상 놀랍게 생각하는 점이 하나 있어요. 20세기 초반부터 1950년대 말까지 계속된 그 위대한 공상 과학 문학 중에서, 현재 우리의 삶에서 아주 중요한 자리를 차지하고 있는 플라스틱을 상상한 작가는 단 한 사람도 없다는 사실입니다. 우리는 우리가 현재 알고 있는 것에서 출발하여, 허구나 미래 가운데 우리 자신을 투사합니다. 하지만 미래란 기지(旣知)의 것에서 나오는 것은 아니지요. 이 점에 대해서는 무수한 예를 들 수 있을 겁니다. 1960년대에 나는 부뉴엘과 함께 어떤 시나리오를 작업하기 위해 멕시코의 오지에 들어간 적이 있어요. 그때 난 붉은 줄과 검은 줄이 섞여 있는 리본을 사용하는 휴대용 타자기를 들고 갔지요. 재수 없게도 그 리본이 끊어지기라도 하는 날에는 큰일이었지요. 부근의 도시 지타쿠아로에 가도 대용품을 찾아낼 가능성이 없었으니까요. 그때 우리에게 요즘의 컴퓨터가 한 대 있었더라면 얼마나 편했을까요! 하지만 당시 우리가 그것을 예상한다는 것은 너무도 힘든 일이었죠.

토낙 오늘 우리가 모여서 책에 대해 여러 가지 얘기를 나누고 있는데요, 그것은 단지 요즘의 신기술들이 결코 책의 존재 가치를 흔들어 놓을 수 없었다는 점을 보여 주기 위함입니다. 사실 이 신기술들이 가져다준다고 하는 〈진보〉라는 것도, 어떤 경우에 있어서는 그것이 정말로 본질적인 것인지 의심스러운 경우가 있습니다. 이런 점에서 특히 조금 전에 장클로드 당신이 말한 예를 생각하지 않을 수 없군요. 밤 동안에 본 것을 새벽에 인쇄했다는 그 레스티프 드 라 브르통 말입니다.

카리에르 그는 정말이지 대단한 일을 해낸 거예요! 브라질의 유명한 고서 수집가인 호세 민들린이 내게 리우데자네이루에서 출간된 포르투갈어판 『레 미제라블』을 보여 준 일이 있어요. 그런데 이 책이 언제 출간되었는지 아세요? 1862년, 즉 프랑스에서 이 책이 처음 출간된 바로 그해였어요! 파리보다 불과 2개월 늦게 나왔을 뿐이죠. 빅토르 위고가 집필을 하고 있는 동안, 그의 발행인인 피에르 쥘 헤첼이 이 작품을 장별로 외국 출판사들에 보낸 겁니다. 다시 말해서, 이 책은 동시에 여러 나라에서 각국 언어로 출간되는 요즘의 베스트셀러와 거의 같은 방식으로 보급된 것이죠. 이른바 〈신기술의 위업〉이라는 것들은 때로는 과대평가하지 말아야 할 필요가 있습니다. 빅토르 위고의 경우는 일이 진행된 속도는 오히려 오늘날보다도 빨랐으니까요.

에코 저도 비슷한 얘기를 하나 하겠습니다. 알레산드로 만초니는 1827년에 『약혼자』를 출간했습니다. 이 작품은 전 세계적으로 30여 개의 해적판이 나온 덕으로 엄청난 성공을 거두었습니다만, 그는 한 푼도 챙기지 못했어요. 결국 그는 밀라노의 레다일리 출판사와 토리노 출신의 판화가 고닌과 손을 잡고 삽화본을 만들어, 분권되어 차례로 발간되는 책들을 한 권 한 권 통제하려고 했습니다. 그런데 나폴리의 한 출판사가 매주 그 책들의 해적판을 만들어 버렸고, 그 통에 만초니는 가진 돈을 몽땅 잃게 되었죠. 이것 역시 우리의 이른바 〈기술적 위업〉의 상대성을 보여 주는 한 예인 셈입니다. 사실 이런 예를 들자면 한이 없습니다. 16세기에 로버트 플러드는 단 일 년 사이에 책 서너 권을 출간했다고 합니다. 그는 영국에서 살았어요. 책은 암스테르담에서 출간되었고요. 그는 교정쇄를 받아 교정하고 도판을 점검한 다음, 이 모든 것을 돌려보내곤 했지요……. 하지만 도대체 어떻게 한 걸까요? 도판이 들어간 페이지가 권당 600쪽이나 되는 책들을 말입니다! 이쯤 되면 당시의 우편 체계가 지금보다 나았다고 볼 수밖에는 없지요. 사실 갈릴레이는 케플러를 비롯한 당대의 모든 학자들과 서신을 통해 항상 연락하고 있었답니다. 새로운 발견이 나오면 금방 알게 되었죠.

하지만 옛날을 더 높이 평가하는 듯한 우리의 어조는 약간은 완화될 필요도 있겠죠. 1960년대에 나는 데릭 솔라 프라이스의 『작은 과학, 큰 과학 *Little Science, Big Science*』을 — 편집자로서 — 번역 출간한 적이 있습니다. 이 책에서 저자가 통계 수치를 제시하면서 보여 준 것은, 17세기에 출간된 과학 저서는 그 수가 얼마 되지 않아서 괜찮은 과학자라면 나오는 모든 책을 다 알 수 있었는 데 반해, 오늘날에는 자기 분야에서 쏟아져 나오는 논문들의 〈초록(抄錄)〉만 아는 것도 불가능하다는 사실입니다. 요즘 학자들이 훨씬 효율적인 소통 수단을 갖추고 있음에도 불구하고 로버트 플러드만큼 많은 책을 낼 수 없는 까닭은 어쩌면 시간이 부족하기 때문인지도 모르죠…….

카리에르 요즘 사람들은 USB 메모리나 기타 방법들을 사용하여 정보를 저장해서 가지고 다닙니다. 그런데 이것 역시 우리 시대의 새로운 발명품이라고는 할 수 없습니다. 18세기 말의 귀족들은 어디에 갈 일이 있으면, 이를테면 〈여행용 서재〉라고 할 수 있는 것을 조그만 가방에 넣어 가지고 다녔어요. 이 포켓판 크기의 30~40권의 책들 덕분으로 그들은 신사라면 마땅히 알고 있어야 할 모든 것들을 항상 곁에 두고 참조할 수 있었죠. 물론 그 책들은 요즘처럼 〈기가바이트〉로 계산되는 것은 아니었지만, 원리 자체는 이미 그때부터 존재했던 셈이죠.

그런데 이 얘기를 하니까 또 다른 형태의 〈축약본〉이 생각나는군요. 이번에는 보다 문제가 많은 것이긴 하지만 말이죠. 1970년대에 나는 뉴욕에서, 한 영화 제작자가 내준 아파트에 묵고 있었어요. 그 아파트에는 책이 한 권도 없었어요. 아니 있긴 했죠. 〈다이제스트 세계 걸작 선집〉이

서가에 꽂혀 있었어요. 그런데 한번 펼쳐 보니 정말 어이가 없더군요. 『전쟁과 평화』는 모두 해서 50페이지이고, 발자크의 작품들은 단 한 권의 책에 압축되어 있었어요! 내 눈이 의심스러울 정도였죠. 모든 작품이 다 있는데, 불완전했고 또 심각하게 훼손되어 있었어요. 또 그런 말도 안 되는 걸 만드느라 얼마나 엄청난 작업이 필요했을까요?

에코 정말이지 축약본은 어디에나 있지요. 1930년대와 1940년대에 이탈리아에서는 〈라 스칼라 도로〉[11]라는 굉장한 실험을 한 일이 있답니다. 그것은 연령별 책들로 이루어진 시리즈물이었는데요, 7~8세용 시리즈, 8~9세용 시리즈…… 이런 식으로 단계별로 14세용 시리즈까지 있었습니다. 그리고 그 모든 책들은 당대 최고의 예술가들이 그린 삽화들로 멋지게 꾸며져 있었지요. 거기에는 세계 문학의 걸작들이 망라되어 있었어요. 또 각 작품은 대상 독자들이 쉽게 접근할 수 있게끔 훌륭한 아동 문학 작가들에 의해 다시 쓰였죠. 물론 그것들은 약간 〈아드 우숨 델피니 *ad usum delphini*〉[12] 식으로 되어 있습니다. 예를 들어 이 시리즈에서 자베르[13]는 자살하지 않고, 단지 사임하고 말

---

11 *La scala d'oro*. 이탈리아어로 〈황금 계단〉이라는 뜻.

12 〈황태자용〉이라는 뜻으로, 프랑스의 어린 황태자 루이 14세의 교육을 위해 도덕적, 정치적으로 민감한 부분은 삭제해서 만든 고전 총서의 이름이었다. 이 명칭은 의미가 확장되어 모든 연령층이 읽을 수 있도록 많은 부분을 삭제해 만든 책을 뜻한다.

13 빅토르 위고의 소설 『레 미제라블』에서 장발장을 집요하게 추적하는 경찰관.

죠. 나는 더 나이 들어서 『레 미제라블』의 원본을 보고서야 비로소 자베르에 대한 모든 진실을 알 수 있었답니다. 하지만 이 〈라 스칼라 도로〉본으로도 작품의 핵심 메시지가 내게 전달됐었다는 점만큼은 인정해야겠죠.

카리에르 그 영화 제작자의 〈축약본 서재〉와 〈라 스칼라 도로〉 시리즈 사이에는 아무런 차이점이 없어요. 한 가지 있다면 전자가 어른용이라는 것 정도겠죠. 게다가 영화 제작자의 그것은 읽기 위해서라기보다는 그냥 방을 장식하기 위해 거기 가져다 놓은 게 아닌가 하고 의심돼요. 그런데 이렇게 작품의 내용을 잘라 내는 행위는 어느 시대에나 있었어요. 18세기에 셰익스피어의 희곡을 처음으로 프랑스어로 옮긴 델릴 신부의 번역본들은 당신이 말한 〈라 스칼라 도로〉 전집의 『레 미제라블』처럼 모두가 도덕적이고도 합리적으로 결말이 나 있습니다. 예를 들어 햄릿은 죽지 않지요. 셰익스피어의 몇 구절을 옮긴 볼테르의 번역을 ─ 꽤 괜찮은 번역입니다 ─ 제외하면, 이 달착지근한 번역본이 프랑스 독자가 셰익스피어를 읽을 수 있었던 첫 번째 기회였죠. 야만스럽고도 잔혹하다고 소문났던 이 영국 작가가 그 번역본에서는 다만 점잖고 부드러울 뿐입니다.

그런데 두 분은 〈*To be or not to be, that is the question*〉[14]을 볼테르가 어떻게 번역했는지 아십니까? 〈*Arrête, il faut*

---

14 한국어판에서는 일반적으로 〈사느냐 죽느냐 그것이 문제로다〉라고 번역되어 있다.

choisir et passer à l'instant / De la vie à la mort ou de l'être au néant(잠깐, 선택을 하고 당장에 넘어가야 한다. / 삶에서 죽음으로, 혹은 존재에서 무로.)〉 이렇게 되어 있어요. 꽤 괜찮지 않습니까? 사르트르는 『존재와 무』의 제목을 이 볼테르의 번역에서 따왔는지도 모릅니다.

토낙 장클로드, 당신은 그 최초의 USB 메모리들, 다시 말해서 18세기의 문인들이 이미 가지고 다녔던 그 여행용 서재들을 언급했습니다. 우리 발명품의 대부분은 인류의 오래된 꿈의 실현이 아닐까요?

에코 하늘을 나는 꿈은 까마득한 옛적부터 집단적 상상력을 사로잡아 왔죠.

카리에르 그래요. 난 우리 시대의 많은 발명품이 아주 오래된 꿈들이 구체화된 것이라고 생각해요. 이것은 전에 내가 장 오두즈와 미셸 카세와 함께 『보이지 않는 것에 대한 대화*Conversations sur l'invisible*』를 쓸 때 그들에게 말한 적도 있어요. 하나의 예를 들어 보죠. 최근에 나는 『아이네이스』의 제6권을 다시 읽어 보았습니다. 아이네이스가 지옥으로 내려가 망령들과 재회하는 그 유명한 부분 말입니다. 그런데 이 망령들은 로마인들에게는 이미 살았던 이들의 영혼이기도 하지만, 또 언젠가 살게 될 이들의 영혼이기도 합니다. 여기서 시간은 존재하지 않아요. 베르길리우스의 망령의 왕국은 아인슈타인적 시공간을 예기(豫期)하고 있어요. 나는 이 여행이 펼쳐지는 몇 페이지를 다시 읽어 보면서 이런 자문을 해봤어요. 혹시 베르길리우스가 가상 세계, 즉 말 없는 아바타들이 우글대는 어떤 거대한 컴퓨터의 깊은 곳에 내려갔다 온 것은 아닐까? 이 세계에서 마주치는 모든 인물은 과거의 어떤 사람이었든지, 아니면 미래의 어느 날 어떤 사람이 될 가능성을 가지고 있습니다. 『아이네이스』에 등장하는 마르첼루스는 베르길리우스 시대에 살았던 실존 인물로, 생전에 사람들의 촉망을 받았으나 안타깝게도 아주 젊은 나이로 죽은 청년이었어요. 그런데 이 작품에서 이 청년은 이런 말을 들어요. 〈너는 마르첼루스가 될 것이다 *Tu Marcellus eris*〉. 독자들은 그가 과거에 마르첼루스였다가 죽었다는 사실을 알고 있는데, 그가 나중에 마르첼루스가 될 거라고 말하는 거죠. 여기서 난 어떤 엄청난 가상적인 차원이 느껴져요. 즉 잊힐 수 없는 인물이 될 수도 있었고, 어쩌면 사람들이 기다리고 있는 운명적인 구세주가 될 수도 있었지만 요절했기 때문에 그저 평범한 마르첼루스로 남게 된 사람이 갖고 있는 그 모든 잠재력이 느껴지는 거죠.

베르길리우스는 요즘 우리가 그 안에서 기분 좋게 즐기고 있는 가상 세계를 예감했던 것일까요? 이 지옥으로의 하강은 세계 문학이 다양한 방식으로 접근해 온 아주 멋진 주제입니다. 이것은 시간과 공간을 정복할 수 있는 — 우리에게 주어진 — 유일한 방법이죠. 다시 말해서 죽은 자들과 〈망령〉들의 왕국에 들어갈 수 있는 유일한 방법, 즉 동시에 과거와 미래를, 존재의 영역과 무의 영역을 여행할 수 있는 유일한 방법입니다. 일종의 가상적 불멸성에 도달할 수 있는 방법이기도 하죠.

생각할 때마다 놀랍게 느껴지는 예가 또 하나 있습니다. 힌두 서사시인 『마하바라타』에 간다리라는 여왕이 나옵니다. 이 여왕이 임신을 했는데 좀처럼 출산을 하지 못하는 거예요. 무슨 일이 있어도 빨리 낳아야 했죠. 그녀의 배다른 동생도 왕의 아기를 임신했는데, 먼저 나오는 아기가 왕이 되는 상황이었거든요. 그래서 그녀는 한 힘센 하녀에게 쇠막대기로 있는 힘껏 자기 배를 치게 했어요. 그러자 그녀의 질에서 쇠공 하나가 튀어나오더니 바닥에 떼굴떼굴 굴러갔대요. 그녀는 그걸 없애 버리려고 했죠. 그때 어떤 사람이 충고하기를, 그 공을 백 개의 조각으로 자른 다음, 각 조각을 항아리 속에 넣으라고 했대요. 그러면 백 명의 아들을 얻을 거라나요? 이 예언은 정말로 이루어졌답니다. 이것은 요즘의 인공 수정 얘기 아닌가요? 이 항아리들은 요즘의 시험관을 예언한 건 아닌가요?

이렇게 우리는 어렵지 않게 수많은 예를 들 수 있습니다. 『마하바라타』에는 정액이 보존되고 옮겨져서 다시 사용되는 얘기도 나옵니다. 또 어느 날 밤, 칼란다[15]에 성모 마리아께서 오셔서 한 스페인 농부의 잘린 다리를 다른 다리로 바꾸어 주셨답니다. 이것은 일종의 이식 수술이죠.

15 스페인 아라곤 지방의 한 마을.

클론을 만드는 이야기들, 수컷이 죽은 후에 정액을 이용하는 이야기들이 얼마나 많습니까? 머나먼 구름 가운데 영원히 사라져 버렸다고 생각했던 — 숫염소의 대가리, 뱀의 꼬리, 사자의 발톱을 가진 키마이라 같은 — 허무맹랑한 괴물들이 지금 실험실의 몽상 가운데 다시 튀어나오고 있는 예가 얼마나 많습니까?

에코 그건 『마하바라타』의 편집인들이 미래를 예견했기 때문이 아니겠죠. 현재가 우리를 앞선 사람들의 몽상을 실현한 겁니다. 장클로드, 당신 말이 정말 맞아요. 지금 우리는 예를 들어 〈영원한 젊음의 샘〉을 실현해 내려고 하고 있어요. 우리는 점점 더 오래 살고 있고, 어떤 뻔뻔스러운 형상을 입고서 우리의 삶을 마감할 수 있게 되었죠.

카리에르 50년 후에 우리는 모두 생체 공학적 존재가 될 겁니다. 예를 들어 난 인공 눈으로 움베르토, 당신을 보게 되겠죠. 3년 전에 나는 백내장 선고를 받고 수정체 수술을 받았어요. 그리고 나서는 태어나서 처음으로 안경 없이 지내고 있죠. 그리고 이 수술의 효과는 50년이나 간다는군요! 그렇게 내 눈은 기막히게 잘 보이게 되었지만, 이제는 한쪽 무릎이 말썽이에요. 그걸 바꿔야 할지 말아야 할지를 결정해야 한답니다. 어디선가 어떤 보철물이 나를 기다리고 있겠죠. 최소한 한 가지는 말입니다.

토낙 미래는 예측할 수 없게 되었습니다. 현재는 탈바꿈을 계속하고 있습니다. 준거(準據)와 안정의 기반이라고 여겨지던 과거 역시 허물어져 내리고 있습니다. 그렇다면 이제 비영속성에 대해 얘기를 나눠 보는 게 어떻겠습니까?

카리에르 미래는 과거를 고려하지 않습니다. 현재 역시 고려하지 않죠. 요즘의 비행기 제작자들은 20년 후에 나올 비행기들을 준비하고 있어요. 그들이 설계하는 비행기는 등유를 연료로 사용하는 것인데, 사실 이것은 우스운 일입니다. 왜냐하면 20년 후에는 등유가 존재하지 않게 될지도 모르니까요……. 또 요즘 나를 정말 놀라게 하는 것은 현재가 완전히 사라져 버렸다는 점입니다. 우리는 그 어느 때보다도 강박적으로 복고적인 유행들을 좇고 있어요. 더불어 현재가 과거가 되는 속도는 갈수록 빨라지고 있죠. 얼마 안 있으면 3개월 전에 유행했던 것을 복고풍이라며 다시 찾게 될 것입니다. 이와 같이 미래는 언제나 그렇듯 불확실하며, 현재는 점점 더 줄어들면서 우리 손을 빠져나가고 있죠.

에코 갈수록 빠른 속도로 현재에서 떨어져 나가고 있는 그 과거에 대해서는 나도 할 말이 많습니다. 나는 내 컴퓨터에 세계 최고의 라디오 방송들을 설치해 놨고, 이른바 〈흘러간 옛 노래〉 전문 방송만 해도 40여 개나 모아 놓았어요. 그중 미국 방송 몇 개는 1920년대와 1930년대 음악만을 틀어 주죠. 그런데 그 외의 다른 방송은 모두가

1990년대 것만을 다뤄요. 사람들에게는 이 시기가 벌써 머나먼 과거로 여겨지는 거죠. 또 최근의 한 설문 조사 결과는 영화 역사상 최고의 감독으로 쿠엔틴 타란티노를 꼽고 있더라고요. 설문 응답자들은 예이젠시테인의 작품도, 존 포드의 작품도, 오슨 웰스의 작품도, 프랑크 카프라의 작품도 보지 못했음에 틀림없어요. 이건 이런 종류의 설문 조사가 항상 범하는 잘못이죠. 그리고 이런 일도 있어요. 나는 1970년대에 책을 한 권 썼어요. 학위 논문을 쓰는 방법에 대한 책으로,[16] 각국어로 번역이 된 책이죠. 그야말로 논문 작성의 거의 모든 것에 대한 충고를 담고 있는 이 책에서 내가 제일 먼저 한 권고는 절대로 동시대의 주제를 선택하지 말라는 거였어요. 참고 문헌이 부족할 수도 있고, 그 신빙성이 의심스러울 수도 있으니까요. 항상 고전적인 주제를 선택하라고 했죠. 그런데 요즘 나오는 대부분의 박사 논문은 동시대의 문제들에 관한 것이랍니다. 예를 들어 나는 내 작품에 대해 쓴 논문을 엄청나게 많이 받고 있는 실정이지요. 정말 말도 안 되는 일이지요! 어떻게 아직 살아 있는 사람에 대해 논문을 쓸 수 있단 말인가요?

카리에르 우리의 기억이 짧아졌을 때, 이 뒤에 바짝 붙은 과거는 현재를 압박하여 거대한 의문 부호를 이루는 — 어쩌면 벌써 느낌표가 되어 있을 수도 있는 — 미래 쪽으

---

[16] 움베르토 에코, 『논문 잘 쓰는 방법』, 김운찬 옮김(열린책들, 2009, 에코마니아 컬렉션판).

로 거칠게 밀어내게 됩니다. 현재는 어디로 간 걸까요? 지금 우리가 체험하고 있는, 그리고 무수한 공모자들이 우리에게서 훔쳐 내려 애쓰고 있는 이 경이로운 순간은 어디로 갔습니까? 나는 이런 순간과의 접촉을 되찾기 위해 이따금 시골에 내려가 교회 종소리를 듣곤 한답니다. 어느 시각에 들어도 일종의 〈라〉음처럼 들리는 그 차분한 종소리는 항상 우리 자신을 상기시켜 주지요. 〈어? 아직 다섯 시밖에 안되었군…….〉[17] 당신만큼 여행을 많이 하는 나는 시차 때문에 시간의 미로에서 헤매곤 하지요. 그렇기에 흐릿해져만 가는 이 현재와 다시 연결되고 싶은 욕구를 갈수록 절실히 느끼고 있는 겁니다. 그러지 못하면 길을 잃은 것처럼 느낄 테니까요. 심지어는 죽은 느낌이겠죠.

에코 당신은 현재가 사라져 버렸다고 말하고 있는데요, 이것은 단지 유행들이 지속되는 시간이 예전에는 30년이었던 것이 오늘날에는 30일밖에 되지 않는다는 사실 때문만은 아닙니다. 그것은 또한 오늘 우리가 얘기하고 있는 물건들의 조속한 노후화 문제이기도 하죠. 예전에 자전거 타는 법을 배우기 위해 인생의 단 몇 달만 투자하면 충분했습니다. 하지만 일단 배우고 나면 그건 영원히 유효했죠. 하지만 이제는 다릅니다. 두 달을 들여서 어떤 컴퓨터 프로그램을 배우지만, 그것을 거의 완벽하게 다룰 즈음이면 다시 새로운 프로그램이 나옵니다. 따라서 현재의 부

---

17 마르셀 프루스트의 소설 『잃어버린 시간을 찾아서』에 나오는 구절.

재, 어떤 집단적 기억을 상실하게 된다는 그런 문제가 아닙니다. 그보다는 오히려 현재 자체의 불안정성 문제라고 생각합니다. 우리는 더 이상 차분하게 안정되어 있는 현재 속에 살지 않습니다. 미래에 대해 끊임없이 우리 자신을 준비하기 위해 노력하며 살고 있는 것이죠.

카리에르 이렇게 우리는 움직이는 것, 변하는 것, 새롭게 바뀔 수 있는 것, 덧없는 것 속에서 살고 있습니다. 역설적이게도 — 앞에서도 얘기했듯이 — 우리가 사는 시간이 점점 더 길어지고 있는 이 시대에 말이죠. 우리 할아버지 세대의 기대 수명은 분명히 지금보다 짧았을 것입니다. 하지만 그들은 흔들림 없는 현재 속에서 살고 있었죠. 내 숙부의 조부님은 지주(地主)였는데, 매년 새해 첫날에 그해의 소득을 계산해 보곤 했어요. 그해의 소득은 지난해의 그것과 거의 비슷할 것이거든요. 아무것도 변하지 않았죠.

에코 과거에 우리는 긴 수련 기간을 마감하는 최종 시험을 준비하며 살았습니다. 이탈리아의 〈학력 성숙도 고사〉, 독일의 아비투어, 프랑스 바칼로레아 등이 그것이죠. 이 단계 후에는 대학에 갈 사람들 외에는 더 이상 배울 필요가 없었어요. 당신이 알고 있는 것은 당신이 죽을 때까지, 아니 당신의 자녀가 죽을 때까지 유효했으니까요. 열여덟, 혹은 스무 살의 나이에 사람들은 인식론적으로는 은퇴할 수 있었던 셈입니다. 하지만 요즘의 회사 직원들은 끊임없이 지식을 새롭게 하지 않으면 직장을 잃을 수 있지요. 학업을 마감하는 이런 큰 시험들이 상징하던 통과 의식은 더 이상 아무런 의미가 없어졌어요.

카리에르 지금 말씀하신 것은 예를 들어 의사들에게도 해당되는 내용입니다. 의대를 나올 때 가지고 나온 보따리는 경력이 끝날 때까지 유효했지요. 또 지금 모든 사람에게 부과되고 있는 그 〈끝없는 배움〉에 대한 말씀은 이른바 〈은퇴자〉들에게도 마찬가지로 적용됩니다. 그동안 얼마나 많은 노인들이 그들의 활동 기간에는 알 수 없었던 컴퓨터에 새로이 입문해야 했습니까. 우리는 『벚꽃 동산』[18]의 트로피모프처럼 영원히 학생으로 남아 있어야 하는 운명이 되었습니다. 어쩌면 잘된 일인지도 모르겠습니다……. 우리가 〈원시적〉이라고 부르는 세계에서는 노인네들이 권력을 지녔습니다. 그들이 아이들에게 지식을 전수했으니까요. 하지만 격변을 계속하는 세계에서는 아이들이 부모들에게 전자학을 가르쳐 줍니다. 그리고 아이들의 아이들은 또 무엇을 가르쳐 주게 될까요?

---

18 러시아 작가 안톤 체호프의 희곡(1903).

워털루 전투 참전자들의 이름을 모두 대기

토낙 두 분은, 오늘날 보존되어야 할 것들을 보존하기 위한 신뢰할 만한 도구를 찾는 게 어렵다는 점을 지적했습니다. 하지만 모든 걸 죄다 보관하는 것이 기억의 기능이라고 말할 수 있을까요?

에코 물론 그렇지 않습니다. 기억은 — 그것이 개인적 기억이든, 아니면 집단적 기억, 즉 문화이든 — 그 기능이 이중적입니다. 한 기능은 어떤 데이터들을 보존하는 것이고, 다른 한 기능은 우리에게 필요 없으며 우리의 두뇌를 쓸데없이 어지럽히기만 할 뿐일 정보들을 망각에 잠겨 들게 하는 것입니다. 지난 세기에서 물려받은 것들을 여과해 내지 못하는 문화, 그것은 우리로 하여금 푸네스를 떠올리게 합니다. 푸네스란 보르헤스가 자신의 단편 소설 「기억왕 푸네스」에서 창조해 낸 인물로서 모든 것을 기억하는 능력을 지닌 사람이죠. 모든 것을 기억하는 것, 이것은 바로 문화와 반대되는 것이라 할 수 있습니다. 영원히 사라져 버린 책들과 기타 물건들의 공동묘지가 바로 문화입니다. 한편으로는 과거의 어떤 유물들을 암묵적으로 포기하고, 즉 여과해 내고, 다른 한편으로는 이 문화의 어떤 요소들을 미래를 위하여 모종의 냉장고에 넣어 두는 현상, 요즘 이런 현상에 대한 연구 논문들이 많이 나오고 있습니다. 기록 보관소와 도서관이란 무엇입니까? 그것은 문화적 공간을 지나치게 어지럽게 만들 수 있는 잡동사니 기억들을 우리가 저장해 놓는 일종의 냉동고라고 할 수 있습니다. 이 잡동사니들을 저장해 놓음은 그것들을 완전히 포기할 수는 없기 때문입니다. 이런 식으로 훗날 마음이 내키면 그것들로 다시 돌아갈 수 있는 것이죠.

어떤 역사가가 워털루 전투에 참가한 모든 사람의 이름을 다시 찾아내는 것은 가능한 일입니다. 하지만 그렇다고 해서 이 이름들을 학교에서 가르쳐 주지는 않습니다. 심지어는 대학에서도 안 가르치지요. 왜냐하면 이 세세한 지식들은 필요하지 않을 뿐만 아니라, 심지어는 위험하기까지 하기 때문입니다. 또 다른 예를 들어 보겠습니다. 우리는 카이사르의 마지막 아내 칼푸르니아에 대해 상세히 알고 있습니다. 최소한 그녀가 흉몽을 꾸고서 카이사르에게 원로원에 가는 것을 만류했지만 결국 그가 암살당했던 날인 3월 15일까지는 말입니다.

카이사르가 죽은 후에는, 우리는 그녀에 대해 더 이상 아는 바가 없습니다. 그녀는 우리의 기억에서 사라져 버린 것이죠. 왜 그렇습니까? 그녀에 대한 정보들은 더 이상 필요하지 않기 때문입니다. 우리는 그녀가 여자이기 때문에 그런 게 아닐까 하는 의심도 품을 수 있지만, 그런 이유는 전혀 아닙니다. 클라라 슈만 역시 여성이었지만, 우리는 로베르트 슈만이 죽은 후에 그녀가 한 일들을 모두 알고 있지 않습니까? 그러므로 문화란 바로 이런 선별인 것입니다. 그런데 오늘날의 문화는 매일 그리고 매분, 인터넷을 통하여 지구상의 모든 칼푸르니아들에 대한 세부적 정보들을 우리에게 쏟아 붓습니다. 그래서 학교 숙제를 하기 위해 조사를 한 꼬마는 칼푸르니아가 카이사르만큼이나 중요한 인물이라는 느낌을 갖게 될 수 있지요.

카리에르 하지만 우리 뒤에 올 세대들을 위해서는 어떻게 선별을 해야 할까요? 또 누가 선별해야 할까요? 우리의 후손들에게 흥미로울 수 있는 것, 그들에게 필요 불가결한 것, 혹은 단순히 유용하거나 유쾌한 것을 어떻게 예견할 수 있을까요? 당신이 말했듯이 컴퓨터를 통해 모든 것이 질서도, 위계도, 선별도 없이 마구 쏟아져 들어오고 있는 이 시대에, 대체 어떻게 걸러 내야 할까요? 다시 말해서, 이러한 조건 속에서 어떻게 우리의 기억을 만들어야 할까요? 왜 이런 질문이 필요한가 하면, 우리는 기억이란 선택과 선호, 그리고 〈한쪽에다 치워 놓기〉와 의식적 혹은 무의식적 삭제의 문제임을 잘 알고 있기 때문입니다. 또 우리 후손들의 기억은 우리의 기억과 반드시 같은 성격의 것이 아닐 수도 있음을 잘 알고 있기 때문이죠. 예를 들어 미래 사회에 득실거릴지도 모르는 〈클론〉의 기억이란 어떤 것일까요?

나는 대학에서 역사를 전공했기 때문에, 우리에게 과거 시대의 사건들에 대한 정확한 지식을 전해 준다고 여겨지는 자료들을 어느 정도까지 의심해야 하는지를 잘 알고 있습니다. 이 지식 전달의 문제를 예로써 설명해 보기 위해 개인적인 이야기를 하나 들려주겠습니다. 내 아내 나할 타하도드의 부친은 이란의 학자인데, 저서가 여러 권 있지만, 10세기의 바그다드에 살던 알-나딤이라는 제본공에 대한 논문도 썼습니다. 아시겠지만 제본술을 발명한 것은 바로 이란인들이었습니다. 문서를 보호하기 위해 그것을 완전히 덮어 버리는 장정을 발명한 것도 그들이죠.

교양 있는 제본공이요, 서예가이기도 했던 이 남자는 그가 제본을 맡은 책들에 흥미를 느낀 나머지, 그것들을 읽고서 각 책의 내용을 요약해 놓았답니다. 그런데 그가 제본한 책들은 오늘날 대부분 사라져 버렸고, 남은 것은 제본공의 요약문들, 즉 〈알-피리스트 *Al-Fihrist*〉라는 제목의 목록집뿐이죠. 여기서 내 장인이자 논문의 저자인 레자 타자토드는 이런 문제를 제기하고 있습니다. 제본공의 손에 들어간 책들, 그리고 우리로서는 그 사람 덕분에 그 존재를 알게 된 책들에 대해 우리는 무엇을 알 수 있는가? 다시 말해서 제본공의 귀중한 요약 작업, 다시 말해서 그의 개인적인 여과 작업의 결과물을 통하여 우리가 정확하게 알 수 있는 부분은 무엇인가?

에코 우리는 고대에 어떤 조각품들이나 회화 작품들이 존재했다는 것을 알고 있는데요, 그 사실을 알 수 있는 것은 순전히 그것들을 묘사해 놓은 기록 덕분입니다. 사람들은 이런 묘사문을 〈엑프라시스 *ekphrasis*〉라고 불렀지요. 미켈란젤로 시대에 로마에서, 헬레니즘 시대에 제작된 라오콘 조상(彫像)이 발견된 일이 있어요. 이때 그 조각의 정체가 확인될 수 있었던 것도 대(大)플리니우스가 남긴 묘사문 덕분이었죠.

카리에르 하지만 지금 우리는 이러한 여과 없이 모든 것에 대한 모든 지식을 얻을 수 있습니다. 컴퓨터를 통해 무한한 양의 정보에 접근할 수 있는 것입니다. 이러한 상황에서 과연 기억이란 무엇이며, 이 〈기억〉이란 단어의 의미는 무엇일까요? 우리의 모든 질문들에, 심지어는 우리가 명확히 표현할 수 없는 질문들에까지 대답해 줄 수 있는 전자 하인이 우리 옆에 있는데, 우리가 알아야 할 것으로 과연 무엇이 남아 있을까요? 우리의 보철물이 모든 것을, 그야말로 완전히 모든 것을 알고 있는데, 우리가 배워야 할 것이 아직도 남아 있는 건가요?

에코 종합의 기술이죠.

카리에르 바로 그겁니다. 그리고 배우는 행위 자체를 배워야 해요. 왜냐하면 배움의 올바른 방식도 배움을 통해 얻어지는 거니까요.

에코 그렇습니다. 진위 여부를 확인할 수 없는 어떤 정보를 다루는 법을 배워야 합니다. 바로 여기에 교사들의 딜레마가 있어요. 초등학생들이나 그 상급 과정의 학생들은 과제를 하는 데 필요한 정보들을 인터넷에서 얻곤 하는데, 그 정보들이 정확한지 아닌지도 모르면서 그리합니다. 사실 그들이 어떻게 알 수가 있겠습니까? 그래서 나는 교사들에게 충고하고 싶습니다. 학생들에게 과제를 낼 때 다음과 같은 조사를 시키라고요. 즉 제시된 주제에 대한 정보를 제공하는 열 개의 다른 출처를 찾아내어 그것들을 서로 비교해 보라고 하는 겁니다. 이런 식으로 하면 학생은 인터넷에 대한 비판 감각을 훈련함으로써, 아무 정보나 덥석덥석 받아들이지 않는 법을 배울 수 있습니다.

카리에르 여과의 문제에는 우리가 읽어야 할 것을 결정하는 문제도 포함됩니다. 신문들은 매주 〈꼭 놓치지 말아야 할〉 걸작을 15편씩이나 우리에게 알려줍니다. 그것도 모든 창작 영역에서 말이죠.

에코 이 문제와 관련하여, 나는 이를테면 〈대량 학살 이론〉이라고 할 만한 것을 말한 적이 있습니다. 학술 논문의 예를 들어 봅시다. 열 권 중에서 한 권만 읽으면 충분합니다. 안 읽는 다른 책들은 서지(書誌)나 주(註)를 참고하면 됩니다. 그걸 보면 그 책들이 괜찮은 것인지 아닌지를 금방 알아낼 수 있으니까요. 그 책이 흥미로운 것이라 할지라도 꼭 읽어야 할 필요는 없습니다. 분명히 그것은 지금 당신이 읽기로 결정한 책을 포함한 다른 책들에서 논평되고, 인용되고, 비판될 것이니까요. 만일 당신이 대학에 몸담은 학자라면, 어떤 책이 출판되기 전에 그 내용과 관련된 인쇄 자료를 너무도 많이 받기 때문에, 정작 책이 출판되고 나면 더 이상 읽을 필요가 없게 되지요. 또 어차피 그 책이 당신 손에 들어올 때쯤이면 이미 낡은 내용이 되어 버리는 경우가 태반입니다. 그러니 이탈리아에서 〈즉석에서 먹어버리는〉 책이라고 말하는 것들은 더욱 말할 나위가 없겠지요. 다시 말해서 어떤 특별한 사건이나 기회에 맞춰 만들어지는 책들로서, 이미 시사성을 상실한 이런 책들을 읽느라 시간을 허비할 필요가 없는 것이죠.

카리에르 50년 전인가, 55년 전인가, 내가 역사학도였을 때, 교수님들은 우리가 어떤 주제를 다루는 데 우리 기억력에 너무 큰 부담을 주지 않기 위해, 필요한 연표를 제공해 주었습니다. 덕분에 우리는 제시된 주제를 다루기 위한 목적 이외에는 그다지 중요하지 않은 연도들을 배우지 않아도 되었습니다. 그런데 우리가 이와 같은 작업을 위해 인터넷에서 정보를 주워 모아야 할 경우에는, 반드시 정보의 신뢰성을 확인해야 합니다. 지금 인터넷은 우리에게 별의별 정보를 다 제공하고 있습니다. 따라서 우리는 이 도구를 사용하면서 어떤 편안함을 느껴야 정상이겠지만, 실제로는 극도의 당황스러움을 느끼게 될 뿐입니다. 내가 상상하기로, 움베르토 에코에 대한 사이트들은 잘못된 정보들, 혹은 최소한 부정확한 정보들로 가득 채워져 있을 겁니다. 앞으로 우리는 사실 확인 비서가 필요하게 될까요? 앞으로 새로운 직업이 생겨나야 하는 걸까요?

에코 하지만 그런 개인적인 감별자가 해야 할 일은 그리 간단치만은 않을 것 같습니다. 두 분과 나는 우리 자신에 관련된 문제에 있어서는 감별자가 될 수 있습니다. 하지만 예를 들어 클레망소[19]나 불랑제[20]와 관련된 모든 것들에 대한 〈개인적 확인〉은 누가 할 수 있죠? 그리고 그들에게 봉급은 누가 주나요? 프랑스 정부는 아닐 겁니다. 그랬다가는 프랑스 역사의 모든 공식적 인물들에 대한 감별자들을 파견해야 될 테니까요!

카리에르 그래도 이런 감별자들이 어떤 식으로든 갈수록 필요하게 되리라고 나는 생각합니다. 앞으로 일반화될 직업이지요.

---

19 조르주 클레망소Georges Clemenceau(1841~1929). 프랑스의 정치가.
20 조르주 불랑제Georges Boulanger(1837~1891). 프랑스의 군인, 정치가.

에코 하지만 그 감별자들은 누가 확인하나요? 과거에는 확인자들은 학술원이나 대학 같은 중요한 문화적 기구에 속한 사람들이었습니다. 모 연구소의 일원인 모모 씨가 클레망소나 플라톤에 대한 저서를 출간하면, 우리는 그가 우리에게 주는 정보들이 올바른 것이라고 생각하면 그만이었습니다. 왜냐하면 그는 자신이 제시하는 정보의 출처를 도서관에서 일일이 확인하며 평생을 보낸 전문가이니까요. 하지만 오늘날에는 이 감별자 모모 씨 역시 그의 정보를 인터넷에서 가져올 위험이 있습니다. 즉 이제는 모든 것이 조심해야 할 대상인 것입니다. 솔직히 말하자면 이러한 일은 인터넷이 존재하기 이전에도 있었을 겁니다. 집단적 기억과 마찬가지로, 개인적 기억 역시 실제로 일어난 일을 정확히 담아내는 사진은 아닙니다. 그것은 재구성입니다.

카리에르 아마 두 분도 나만큼이나 잘 알고 있겠지요. 국수주의적 요구들이 어떤 사건들에 대한 사람들의 시각을 어느 정도까지 왜곡해 왔는지 말입니다. 오늘날까지도 역사가들은 종종 어쩔 수 없이 그들 나라의 공공연한, 혹은 은밀한 이데올로기에 복종하곤 합니다. 지금 중국 역사가들은 중국과 티베트 간의, 혹은 중국과 몽고 간의 옛 관계에 대해 제멋대로 얘기하고 있고, 그 내용은 중국의 각급 학교에서 가르치고 있습니다. 과거에 케말 아타튀르크[21]는 터

---

21 Mustafa Kemal Atatürk. 터키의 정치가이자 초대 대통령(1881~1938).

키의 역사를 완전히 다시 쓰게 했습니다. 그렇게 해서 터키 민족은 그들이 실제로 터키에 들어오기 수 세기 전인 로마 시대 때 이미 터키에 살고 있었고, 그들이 터키의 원주민으로 되어 버렸습니다. 그런 식으로 터키 도처에 살고 있었다고 주장하고 있습니다. 하지만 우리가 이 주장의 진위 여부를 확인하고 싶다 해도 대체 어디 가서 확인하겠습니까? 우리가 알기로 터키 민족은 중앙아시아에서 왔지만, 터키의 원주민들은 문자로 자취를 남긴 게 없습니다. 그러니 어떻게 해야 합니까?

에코 지리학에서도 문제는 마찬가지입니다. 우리가 아프리카를 제대로 된 크기로 묘사하기 시작한 건 그다지 오래된 일이 아닙니다. 그 전에는 오랫동안 제국주의적 이데올로기에 의해 형편없이 축소되어 왔었죠.

카리에르 나는 최근에 불가리아에 다녀왔어요. 아레나 세르디카 호텔에 묵었는데, 잘 모르는 곳이었죠. 호텔 안에 들어가면서 나는 이 호텔이, 커다란 유리판을 통해 볼 수 있도록 꾸며 놓은, 어떤 고대의 폐허 위에 지어졌다는 사실을 알게 되었어요. 난 호텔 사람들에게 이게 뭐냐고 물어보았어요. 그들이 설명하기를, 바로 이 자리에 로마 시대의 콜로세움이 있었다는 거예요. 깜짝 놀랐지요. 로마인들이 이 소피아에 콜로세움을 세웠다는 사실은 금시초문이었거든요. 게다가 그들이 덧붙여 설명하기를, 이 콜로세움은 로마의 그것보다 높이가 불과 10미터밖에 낮지 않은 거대한 규모였다는 거였습니다. 고고학자들은 콜로세움 외벽에서 어떤 조각물들도 찾아냈는데, 그것은 그 안에서 벌어지는 공연들의 내용을 재현한 일종의 포스터이더군요. 거기에는 무희들도 있고, 물론 검투사들도 있으며, 또 내가 한 번도 보지 못한 어떤 것도 있었어요. 즉 사자와 악어가 싸우는 장면이었죠. 생각해 보세요! 이런 것들이 소피아에 있었다니요!

갑자기 나는 불가리아에 대한 나의 기억이 뒤흔들리는 걸 느꼈어요. 사실 이런 충격은 이게 처음은 아니었죠. 이미 몇 년 전에 트라키아 민족의 보물들이 발견되었을 때, 나는 이 땅의 역사가 고대 그리스 시대보다 훨씬 이전인 까마득한 과거로 거슬러 올라간다는 사실을 알게 되고는 적잖이 놀란 적이 있었거든요. 왜 소피아에 이런 규모의 원형 경기장이 있었을까? 여기에 로마인들이 아주 좋아하는 온천이 있었기 때문이라는 게 사람들의 설명이었어요. 그때서야 내 머리에는 소피아가 가련한 오비디우스가 유배 생활을 했던 장소에서 그다지 멀리 떨어지지 않았다는 사실이 떠올랐어요. 그러자 그때까지 슬라브 쪽과만 관계가 있다고 믿었던 불가리아가 로마 식민지 중의 하나가 되어 버린 거죠!

과거는 끊임없이 우리를 놀라게 합니다. 현재보다도, 그리고 어쩌면 미래보다도 더 많은 놀라움을 감추고 있지요. 갑자기 로마적 색채를 띠게 된 이 불가리아에 대한 얘기를 마치면서, 독일 희극 배우 카를 발렌틴의 말을 인용해 드리겠습니다. 〈옛날에는 미래조차 더 좋았다.〉 또 다음의 기막힌 말도 그가 했다고 하죠. 〈모든 것은 이미 말해졌다. 하지만 모든 사람에 의해 말해진 것은 아니다.〉

자, 어쨌든 우리는 똑똑한 — 우리가 볼 때 똑똑한 — 기계한테 좋은 일이든 나쁜 일이든 모든 것을 우리 대신 기억해 주는 임무를 맡길 수 있게 된 역사의 이 시점에까지 이르게 되었습니다. 미셸 세르는 『르몽드 드 레뒤카시옹 *Le Monde de l'Education*』지에서 실린 한 대담에서 이 주제와 관련하여 이렇게 말했지요. 〈(우리가 더 이상 이 기억화의 노력을 해야 할 필요가 없다면) 우리에게는 지성만이 남는다.〉

에코 물론, 기계들이 그 어떤 인간보다도 셈을 더 잘 할 줄 아는 시대에 구구단을 외우는 것은 큰 의미가 없는 일입니다. 하지만 우리 두뇌의 〈운동 능력〉의 문제가 남아 있죠. 물론 자동차를 사용하면 걷는 것보다 훨씬 빨리 갈 수 있습니다. 하지만 식물인간이 되지 않기 위해서는 매일 조금씩 걷든지 조깅을 해주어야 합니다. 당신은 다음의 멋진 공상 과학 이야기를 잘 알고 있겠죠? 다음 세기에, 우리를 대신하여 컴퓨터들만이 사고를 하는 어떤 사회에서, 미국 국방성은 아직 구구단을 암기하고 있는 어떤 사람을 발견합니다. 이에 군인들은 의견 일치를 봅니다. 이 사람은 전쟁이 일어나 전 세계적 정전 사태가 일어나게 되는 날 특별히 귀중하게 쓰일 일종의 천재라고요.

미셸 세르의 의견에 대한 나의 두 번째 반론은 이렇습니다. 무언가를 외우고 있다는 사실은 어떤 경우에는 당신에게 우월한 지적 능력을 부여할 수 있습니다. 나폴레옹이 사망한 날짜를 정확히 알고 있는 것이 문화는 아니라는 사실에 나도 충분히 동의합니다. 하지만 당신이 확실히 알고 있는 모든 것은 ― 나폴레옹의 사망 일자인 1821년 5월 5일까지도 ― 당신에게 어떤 지적 자율성을 부여할 수 있다는 사실에는 의심의 여지가 없습니다.

사실 이러한 문제는 새삼스러운 것이 아닙니다. 인쇄술의 발명이라는 것이 무엇입니까? 그것 자체가 벌써, 거추장스럽게 느껴지는 문화를 책들, 즉 일종의 〈냉동고〉 속에 보관해 놓고, 잠시 필요하게 되는 정보만을 그때그때 꺼내 볼 수 있는 가능성이 제공되었음을 의미하지 않습니까? 그렇습니다. 우리는 기억의 일부를 책들과 기계들에 위임하고 있습니다. 하지만 이런 도구들을 최대한 유익하게 활용하는 것은 여전히 우리의 의무입니다. 그렇기 때문에 우리 자신의 기억력을 잘 유지해야 할 필요가 있지요.

카리에르 우리가 앞에서도 말했듯이, 이 정교한 도구들이 폐기되는 속도가 점점 더 빨라져 가는 경향이 있어요. 따라서 이것들을 잘 사용하기 위해서는, 이것들의 새로운 사용법과 언어들을 끊임없이 다시 배우고 또 기억해야 한다는 사실에는 아무도 이의를 제기할 수 없을 것입니다. 다시 말해서 우리 자신의 기억력이 강력하게 요구되는 것입니다. 어쩌면 그 어느 때보다도 더 필요한 건지도 몰라요.

에코 물론입니다. 1983년에 최초의 컴퓨터가 나온 이후, 우리는 컴퓨터〈저장〉장치를 끊임없이 변환해야 했지요. 처음에는 유연한 플로피디스크로 시작해서 좀 더 크기가 작은 디스켓으로 변했고, 그다음에는 시디롬, 그리고 지금은 USB 메모리가 되었습니다. 그런데 이 같은 끊임없는 변화를 따라갈 능력이 없었던 사람은 여러 차례에 걸쳐 데이터를 부분적으로, 혹은 몽땅 잃어버릴 수밖에 없었지요. 왜냐하면 당연한 말이지만, 벌써 컴퓨터의 선사 시대에 속하는 최초의 디스켓들은 지금 나오는 그 어떤 컴퓨터로도 읽어 낼 수 없기 때문입니다. 나는 1984년인가, 1985년인가에 디스켓에다 저장해 놓았던 게 분명한 내 작품 『푸코의 진자』의 첫 번째 버전을 절망적으로 찾다가 결국 실패한 일이 있어요. 타자기로 쳐놨더라면 그것은 아직 남아 있을 텐데 말이죠.

카리에르 어쩌면 사라지지 않는 것이 하나 있는지도 모릅니다. 바로 우리가 생의 다양한 순간들 가운데서 느낀 것들의 기억이죠. 감정과 감동의 소중한 — 때로는 거짓된 — 기억, 즉 정서적 기억 말입니다. 누가 우리에게서 그 기억을 덜어 내려 하겠습니까? 무슨 목적으로요?

에코 하지만 이 생물학적 기억은 매일매일 훈련되어야 합니다. 만일 우리의 기억이 디스켓의 그것처럼 고정되어 있는 것이라면, 우리는 나이 오십이면 알츠하이머에 걸려 버릴 것입니다. 왜냐하면 알츠하이머나 다른 모든 치매들을 피할 수 있는 방법 중의 하나가 바로 아침마다 시 한 편을 외우는 것처럼 무언가 배우기를 계속하는 것이기 때문이죠. 모든 종류의 지적 훈련은 치매 예방에 좋습니다. 심지어는 글자 수수께끼나 애너그램[22] 같은 것도 좋아요. 우리 세대는 학교에서 시를 외어야만 했어요. 그런데 우리 이후의 세대들은 점점 그렇지 않게 되고 있지요. 우리는 무언가를 외우면서 우리의 기억 능력을, 나아가서는 지성의 능력을 훈련할 수 있었어요. 그런 것을 더 이상 강요하지 않는 오늘날, 우리는 이 매일의 훈련을 어떤 방식으로든 스스로에게 부과해야만 합니다. 그렇지 않으면 우리는 이른 나이에 치매에 걸릴 수 있어요.

카리에르 당신이 말한 것에 두 가지 뉘앙스를 첨가하고 싶군요. 맞습니다. 기억은 어떤 의미에서는 하나의 근육이고, 따라서 우리는 상상력과 마찬가지로 기억도 훈련할 수 있습니다. (그렇다고 해서 당신이 앞에서 말한 모든 걸 다 기억한다는 보르헤스의 인물, 즉 달콤한 망각의 특권을 잃어버린 푸네스가 돼야 할 필요까지는 없겠지만요.) 하지

---

22 단어나 문장을 구성하는 글자의 순서를 바꾸어 다른 단어나 문장을 만드는 놀이.

만 말입니다. 연극배우만큼 텍스트를 많이 외우는 사람들도 없습니다. 그런데 평생에 걸쳐 그토록 노력함에도 불구하고, 연극배우 중에서도 많은 분들이 알츠하이머에 걸립니다. 나는 그 이유가 무엇일까 가끔씩 생각해 보곤 하지요. 그리고 또 한 가지 — 아마 당신도 느꼈겠지만 — 주목할 만한 점이 있습니다. 그것은 우리 컴퓨터에 저장되며 정말로 무한한 것처럼 보이는 기억, 즉 인공적 기억의 발전과 알츠하이머 질환의 확산이라는 두 현상이 우연의 일치인지는 모르겠지만 동시에 일어나고 있다는 점입니다. 마치 기계들이 인간을 능가해 버려서, 우리의 기억이 불필요하고도 가소로운 것으로 전락해 버린 것처럼 말입니다. 우리는 더 이상 우리 자신을 애써 지켜야 할 필요가 없게 된 겁니다. 정말로 놀랍고도 무서운 일 아닙니까?

에코 물론 기능과 그 물질적 매체는 구별해야겠죠. 걷는 것은 내 다리의 기능을 유지해 줍니다. 하지만 다리는 부러질 수 있는 거고, 그 경우 나는 더 이상 걸을 수 없게 됩니다. 뇌에 대해서도 같은 식으로 말할 수 있습니다. 대뇌의 회백질이 모종의 신체적 퇴화 증상에 의해 손상돼 버리면, 매일 라신의 시 열 편, 아니 백 편을 외운다 해도 별 소용이 없습니다. 내 친구 중에 조르조 프로디라는 분이 있어요. 정치가 로마노 프로디의 형이며, 아주 유명한 암 전문의인데, 그 자신이 암으로 세상을 떠났답니다. 그런데 이 분의 대뇌가 아직 건강해서 이 주제에 대해 모든 것을 제대로 알고 있을 때 내게 이렇게 말하곤 했어요. 〈나중에 우리 모두가 백 살까지 살게 된다면, 대부분의 사람들은 암으로 죽을 겁니다.〉 수명이 늘어날수록, 우리의 몸이 고장 날 가능성도 증가하는 법이죠. 여기서 내가 하고 싶은 말은 뭔고 하니, 지금 유행하고 있는 치매는 아주 간단히 말해서 우리가 옛날보다 더 오래 살기 때문에 나타나는 현상인지도 모른다는 겁니다.

카리에르 잠깐, 거기에 대해서도 이의가 있습니다. 최근에 어떤 의학 잡지에서 기사를 하나 읽었는데, 거기서는 치매 발생 연령이 갈수록 젊어지는 경향이 있다고 말하고 있더군요. 이제는 마흔다섯 살만 되어도 치매에 걸릴 수 있다고 해요.

에코 아, 그렇군요! 그럼 이제는 나도 더 이상 시를 외우려고 애쓰지 않아도 되고, 그냥 하루에 위스키 두 병씩을 마셔도 되겠네요. 고마워요, 적어도 한 가지 희망을 주셔서. 이거야말로 위뷔의 표현대로 〈이런, 된장!〉이로군요![23]

23 위뷔Ubu는 초현실주의 운동과 부조리극의 선구적인 작품으로 간주되는 알프레드 자리의 『위뷔 왕*Ubu Roi*』(1896)에 처음 등장하는 인물이다. 아내의 부추김으로 폴란드 왕을 죽이고 대신 왕위에 오른 어리석고 탐욕스럽고 우스꽝스런 인물이며, 현실의 그런 정치가들을 풍자하고 있다. 〈이런, 된장!(*merdre*, 메르드르)〉는 위뷔의 입에 밴 단어로, 〈이런, 젠장(*merde*, 메르드)〉에다 어중음(語中音) r를 첨가하여 만든 표현이다. 점잖은 사람으로서는 입에 담을 수 없는 비속어인 *merde*를 약간 변형한 이 단어는, 천박함을 나름의 고상함으로 포장하려는 졸부의 우스꽝스러운 허식을 잘 보여 주고 있다. 또

카리에르 지금 — 이번에는 내 기억력이 제대로 작동했어요 — 이런 말이 떠오르는군요. 〈나는 엄청난 기억력의 소유자였던 어떤 사람에 대한 추억을 간직하고 있다. 하지만 난 그가 알고 있었던 것은 잊어버렸다.〉 따라서 나는 오직 망각을 기억하고 있을 뿐이죠……. 그런데 여기서 우리는 프랑스어에서 사부아르 *savoir*(지식)와 코네상스 *connaissance*(앎)의 의미가 서로 구별되고 있다는 사실을 상기할 필요가 있다고 생각해요. 사부아르, 즉 지식은 우리 곁에 거추장스럽게 쌓이는 것, 항상 유용하게 쓰이는 것만은 아닌 그런 것을 말하죠. 반면 코네상스, 즉 앎은 어떤 지식이 삶의 체험으로 변형되는 것을 의미합니다. 따라서 우리는 항상 새로워지는 이 〈지식〉이라는 무거운 짐은 기계들에게 맡겨 버리고, 우리 자신은 〈앎〉에 집중할 수 있어요. 앞에서 인용한 미셸 세르의 문장은 이런 의미로 이해해야 하겠죠. 그래요. 이제 우리에게 남은 것은 — 얼마나 홀가분합니까! — 지성뿐인 거죠. 한 가지 덧붙이자면 이렇습니다. 만일 어떤 큰 환경 재앙이 인류를 전멸시킨다면, 그리고 만일 어떤 사고로, 혹은 단순히 노쇠하여 우리 인류가 사라지게 된다면, 오늘 우리가 기억과 관련하여 제기하고 또 논의하고 있는 이 모든 문제들은 물론 허망하고도 아무 의미 없는 것입니다. 레비스트로스의 『신화

『위뷔 왕』은 우스꽝스러운 인간들이 다스리는 형편없는 세계, 즉 웃어야 할지 울어야 할지 알 수 없는 희비극적인 세계를 그리고 있는데, 여기서 에코의 인용은 현 세계의 그런 측면을 암시하고자 함이다.

학*Mythologiques*』의 마지막 문장이 떠오르는군요. 〈허무 *Rien*〉, 이것이 마지막 단어였어요. 우리의 마지막 단어입니다.

여과된 것들의 복수

토낙 아까 하던 얘기로 다시 돌아가야 할 것 같습니다. 인터넷 때문에 통제할 수 없는 기억이 우리 수중에 들어오게 된 이 상황에 대한 얘기 말입니다. 이 기억을, 즉 이 다양하고도 모순적인 자료들을, 이 넘쳐 나는 자료들을 어떻게 다뤄야 할까요?

카리에르 그렇습니다. 인터넷이 우리에게 주는 것은 가공되지 않은 정보, 즉 전혀 구별되어 있지 않고, 출처를 통제할 수도 없으며, 위계화되어 있지도 않은 정보입니다. 그런데 모든 사람은 어떤 정보의 진위를 확인할 뿐 아니라, 그 정보에 의미를 부여하고 싶어 하죠. 다시 말해서 그가 얻은 지식을 정돈하고, 자신의 담론의 한 지점에 정치(定置)하고 싶어 합니다. 하지만 이를 위해 어떤 기준들을 사용해야 할까요? 앞에서도 말했지만 우리 역사책들은 종종 민족적인 선호, 가끔씩 일시적으로 행사되었던 영향력, 혹은 이념적인 선택들을 기반으로 써졌습니다. 이러한 것들은 과거의 역사책 여기저기서 느껴지곤 했었죠. 우리에게는 여러 종류의 프랑스 대혁명사가 있지만, 그중 어느 것도 순수하다고 말할 수 없어요. 당통은 19세기 역사가들에게는 위대한 인물이었고, 그 때문에 그의 동상과 그의 이름을 딴 거리가 도처에 있지요. 그러고 나서 그는 부패 혐의로 인기를 잃었고, 대신 청렴한 로베스피에르가 알베르 마티에 같은 마르크스주의적 역사가들의 지지로 다시 득세하게 되었어요. 결국 공산주의적 성향이 강한 교외지역의 거리들을 자기 것으로 만들기에 이르렀지요. 심지어는 몽트뢰유수부아 시의 한 전철역도 그의 이름을 땄답니다. 자, 그렇다면 앞으로는 누구입니까? 또 무엇입니까? 지금 우리는 전혀 모르고 있습니다. 따라서 이 혼란한 지식의 대양에 접근하기 위해서는 우리에겐 어떤 관점, 혹은 최소한 어떤 준거점들이 필요한 것입니다.

에코 나는 또 하나의 위험을 지적하고 싶어요. 각 문화는 무엇을 간직해야 하며, 무엇을 잊어버려야 할지 우리에게 말해 줌으로써 여과 작용을 하지요. 이런 의미에서 문화는 우리에게 하나의 공동의 합의의 장(場) — 여기에는 오류들에 대한 것도 포함되지요 — 을 제공해 준다고 말할 수 있어요. 우리는 프톨레마이오스의 이론에서 출발할 때만이 갈릴레이의 혁명을 이해할 수 있습니다. 다시 말해서 프톨레마이오스의 단계를 공유하고 있어야만 갈릴레이의 단계에 도달할 수 있고, 또 전자가 틀렸음을 알 수 있는 것이죠. 우리 사이의 모든 논의는 어떤 공동의 백과사전의 기반 위에서만 이루어질 수 있습니다. 나는 심지어 나폴레옹이 결코 존재하지 않았었다고 논증해 볼 수도 있겠죠. 하지만 이러한 논증조차도 우리 세 사람이 나폴레옹이 존재했다고 배웠기 때문에 가능한 것이에요. 우리 대화의 연속성을 보장해 주는 것은 바로 이것입니다. 이러한 군생 조직들이야말로 대화와 창조와 자유를 가능케 하는 것이죠. 그런데 인터넷은 무엇입니까? 이것은 우리에게 모든 것을 주고, 방금 전에 당신도 말했듯이 더 이상 문화의 중개에 의해서가 아니라 우리 스스로가 여과 작용을 하게 만듭니다. 이러한 인터넷으로 인해 우리는 앞으로 60억 개의 백과사전을 가지게 될 위험이 있어요. 그렇게 되면 그 어떤 합의도 불가능하게 되겠죠.

이것은 약간은 공상 과학 소설에서나 상상해 볼 수 있는 상황이라고 할 수 있겠죠. 왜냐하면 현실에서는 사람들로 하여금 동일한 신념들에 동의하게 만들 힘이 언제나 존재할 것이기 때문입니다. 다시 말해서, 이른바 〈국제적 과학 공동체〉라고 하는 만인이 인정하는 권위, 공개적으로 그리고 매일 자신의 결론들을 자체적으로 재검토하고 수정할 능력이 있음을 알기에 우리가 신뢰하는 권위가 여전히 존재할 것이기 때문이죠. 우리가 2의 제곱근이 1.41421356237309504880168872420969807856696718753769480 7317667973799073(이 숫자는 물론 내가 외우고 있는 것이 아니고, 내 휴대용 계산기로 확인해 본 것입니다)이 참이라는 사실을 추호의 의심도 없이 믿을 수 있는 것은 이 과학 공동체에 대한 우리의 신뢰 때문입니다. 다시 말하자면, 한 평범한 사람이 이것이 참이라는 사실에 대한 보장을, 이러한 과학 공동체 말고 어디에서 얻을 수 있겠습니까? 우리가 동일한 수학적 개념들을 공유하지 않는다면, 집 한 채 짓는 것도 불가능해집니다. 바로 이 때문에 과학적 진실들은 만인에게 다소간 타당한 것으로 남아 있게 되리라고 말할 수 있죠.

그런데 인터넷을 조금만 들여다보면, 만인이 공유하고 있다고 우리가 믿고 있는 개념들에 대해 이의를 제기하고 있는 그룹들을 발견하게 됩니다. 그들은 예를 들면 지구의 내부는 텅 비어 있다, 우리는 지구의 안벽에 살고 있다, 혹은 세상은 실제로 엿새 만에 창조되었다 등등을 주장하고 있지요. 따라서 인터넷 안에는 수많은 다른 지식들을 만나게 될 위험이 도사리고 있습니다. 우리는 세계화 덕분에 모든 사람이 동일한 방식으로 생각하게 되리라고 확신했었죠. 하지만 실제의 결과는 모든 점에서 정반대입니다. 세계화는 공통의 경험의 파편화에 기여하고 있습니다.

카리에르 각자가 자신의 길을 개척해 가야만 하는 이 다수의 세계와 관련하여 내가 때때로 생각해 보는 게 있어요. 바로 3만 6천의 주신(主神)들과 무한한 수의 하위 신들이 존재하는 인도의 제신전이죠. 이러한 신성(神性)의 분산에도 불구하고, 거기에는 모든 인도인에게 공통되는 위대한 신들이 있습니다. 왜 그렇죠? 인도에는 거북의 관점이라고 불리는 어떤 관점이 존재합니다. 거북이를 땅에 놓으면 껍데기에서 발 네 개가 밖으로 나옵니다. 그 발들은 사방위를 나타냅니다. 당신은 비슈누 신의 아바타 중의 하나인 거북의 등에 올라가 주위의 3만 6천 신 중에서 특별히 당신의 마음에 와 닿는 신들을 선택합니다. 그런 다음에 당신의 길을 그어 나가는 겁니다.

우리가 인터넷에서 갈 수 있는 개인적 길은 이와 거의 같은 것이라고 생각해요. 인도 사람들은 저마다 개인적인 신들을 가지고 있습니다. 그러나 그들 모두가 하나의 신앙 공동체를 공유하고 있는 것이죠. 자, 여기서 다시 여과의 문제로 돌아와 봅시다. 우리 모두는 우리 이전에 이루어진 여과 작용들에 의해 교육되었어요. 당신도 말했듯이 이것이 바로 모든 문화의 본질이지요. 하지만 이 여과 작용을 문제 삼아선 안 된다는 법은 물론 없습니다. 또 우리는 구태여 그것을 삼가지도 않지요. 자, 하나의 예를 들어 보겠습니다. 내가 보기에 프랑스의 가장 위대한 시인들은 보들레르와 랭보를 제외하면 모두가 알려지지 않은 사람들입니다. 바로 17세기 초반의 바로크 시인들, 부알로와 고전주의자들 때문에 갑작스런 죽음을 맞게 된 그 외설적이면서도 재치 넘치는 시인들이죠. 장 드 라세페드, 장 바티스트 샤시녜, 클로드 오필, 피에르 드 마르뵈프가 바로 그들입니다. 그들의 어떤 시는 내가 외우고 있기도 하지만, 대부분은 원판, 즉 그들의 시대에 출판된 희귀하고도 비싼

판본들로밖에는 달리 접할 길이 없어요. 이들이 재출판된 경우는 거의 없었죠. 내가 분명히 말하건대, 이들은 가장 위대한 프랑스 시인들 중의 하나입니다. 지금 사람들이 프랑스 시의 대표자들이라고 떠들어 대며 팔아먹고 있는 라마르틴이나 알프레드 드 뮈세 같은 시인들보다 훨씬 더 뛰어난 시인들이죠. 뮈세는 저서를 14권이나 남겼지만, 난 어느 날 그것이 〈14 곱하기 꽝〉이라는 알프레드 자리의 말을 발견하고는 얼마나 신이 났던지요!

이렇듯 우리의 과거는 고정된 것이 아닙니다. 과거보다 더 살아 있는 것은 없지요. 이에 대해 좀 더 얘기해 보겠습니다. 나는 에드몽 로스탕의 『시라노』를 장 폴 라프노와 함께 영화로 만들기 위해 각색한 일이 있습니다. 그때 우리는 희곡에서는 상당히 소홀히 다뤄진 인물인 록산에게 역점을 두어 보려 했지요. 그 이야기를 한 여인의 이야기로 보고 풀어 가보니 무척 재미있더군요. 뭐? 한 여인의 이야기? 맞습니다. 이상적인 남자를 찾은 어떤 여인의 이야기이죠. 그녀가 찾은 남자는 잘 생겼고 똑똑한 데다가 너그럽기까지 합니다. 단 한 가지 결점은 이 남자가 두 사람이라는 사실이죠.[24]

그런데 이 록산은 특별히 당시의 시인들을 좋아했어요. 그래서 여배우 안느 브로셰에게 그녀가 맡은 인물, 즉 파리에 올라온 지적이면서도 민감한 이 시골 여인을 보다 친

---

24 외면적, 육체적인 애인인 크리스티앙과, 내면적, 정신적인 애인이라 할 수 있는 시라노를 동시에 사랑하는 록산의 상황을 암시함.

숙하게 느낄 수 있게 해주려고, 내가 앞에서 말한 그 잊힌 시인들의 시집 원판들을 손에 들려 주었지요. 그런데 안느 브로셰는 이 시인들을 좋아하게 되었고, 심지어는 우리 둘이서 함께 아비뇽 연극제에 나가 시 낭송까지 하게 되었답니다. 이렇게 부당하게 단죄된 죽은 이들을 비록 잠깐 동안이나마 부활시키는 것은 가능한 일이죠.

여기서 내가 죽은 이들이라고 했는데, 여기에는 실제로 목숨을 잃은 사람들도 포함됩니다. 우리는 이 시인들 가운데는 무신앙적이고 반항적인 자유 사상가였고, 종종 동성애를 즐겼고, 항상 불손했던, 그래서 17세기에 그레브 광장에서 화형에 처해져야 했던 이들이 있었음을 기억해야 합니다. 바로 자크 소숑과 클로드 프티의 경우이죠. 이 둘 중 후자는 전자, 즉 1661년에 화형당한 그의 친구의 죽음에 대한 소네트 한 편을 우리에게 남겼습니다. 그때 망나니는 사형수가 빨리 화염에 휩싸여 질식사할 수 있게끔 유황을 잔뜩 먹인 셔츠를 수인들에게 입혔다고 하죠. 〈친구들이여, 그들은 불쌍한 소숑을 태워 죽였네.〉 클로드 프티의 소네트는 이렇게 시작합니다. 그는 끔찍한 형벌에 대해 이야기한 다음, 화염에 타오르는 유황 셔츠를 암시하며 이렇게 끝맺습니다. 〈결국 그는 살아왔던 것처럼 죽었노라 / 그 못된 놈, 엉덩이를 만인에게 보여 주면서 말이야.〉[25]

1년 후, 이 클로드 프티 역시 화형에 처해집니다. 이 사

---

[25] 바지를 내려 엉덩이를 보여 준다는 것은 상대방을 야유하는 몸짓이다. 사회에 대해 야유하다가 화형에 처해진 자크 소숑을 암시하는 말이다.

실을 아는 사람은 별로 없지요. 때는 바야흐로 어용 작가 코르네유, 몰리에르, 라신 등이 승리를 구가하고 베르사유 궁전이 세워진 시대, 프랑스의 그 〈위대한 세기〉였습니다. 사람들을 태워 죽이는 것……. 자, 이게 바로 여과의 또 다른 형태입니다. 그런데 다행히도 19세기 말에 이 시인들을 몹시 좋아했던 고서 수집가 프레데리크 라셰브르가 이들을 비록 적은 부수로나마 재출간했어요. 그 덕분에 우리는 아직도 이 시인들을 읽을 수 있는 거지요.

에코 잊힌 프랑스 바로크 시인들에 대해 말씀하고 있군요. 20세기 초반, 이탈리아 교육 프로그램은 이탈리아 바로크 시 대부분을 완전히 숨겨 버렸습니다. 퇴폐의 한 시기로 간주했기 때문이죠. 나는 중등학교가 아니라 대학교에서 혁신적인 대가들의 강의를 들으면서 바로크를 재발견한 세대입니다. 그래서 나 개인적으로는 이 바로크의 영감을 받아, 이 시대가 배경이 되는 소설 『전날의 섬』을 쓰기도 했어요. 또 우리는 중세에 대한 시각을 바꾸는 데 — 이러한 작업은 사실 이미 19세기 후반에도 행해진 바 있었지요 — 기여하기도 했답니다. 나는 중세의 미학에 대해 작업했어요. 당시에도 이 분야를 정말 훌륭하게 다룬 학자가 두세 명 있었지만 지식층의 반응은 여전히 냉담해서, 우리로서는 큰 용기와 인내가 필요했지요. 그런데 우리가 이렇게 바로크를 재발견할 수 있었던 반면, 당신네 프랑스 사람들은 그러지 못했던 또 다른 이유는 프랑스에 진정한 바로크 건축이 존재하지 않았다는 점일 것입니다. 프랑스의 17세기는 이미 고전주의 시대이지요. 반면 동시대의 이탈리아에는, 건축 분야에서 이 바로크라는 시정(詩情)에 완전히 일치하는 작품들을 남긴 베르니니와 보로미니 같은 인물들이 있었어요. 즉 당신네는 건축 분야에서의 그 바로크적 현기증을 거치지 못한 거지요. 파리에 있는 생쉴피스 성당은 바로크가 아닙니다. 이런 말은 하고 싶지 않지만, 위스망스도 말했듯이 이 성당은 모든 프랑스 기차역 역사(驛舍)의 모델이라 할 수 있어요.

카리에르 그렇게 말했으면서도 위스망스는 자신의 소설 『거기 Là-bas』의 무대 일부를 거기에 위치시켰죠.[26]

에코 나는 생쉴피스 주변 일대를 좋아하고, 그 성당 자체도 좋아해요. 다만 그 성당은 위대한 이탈리아 바로크를 떠오르게 하지는 않지요. 심지어는 독일의 바로크조차도 떠오르지 않아요. 그것을 지은 건축가가 이탈리아 사람 세르반도니인데도 말입니다.

카리에르 맞습니다. 앙리 4세의 명으로 지어진 보주 광장부터가 벌써 대단히 정돈되어 있죠.

---

26 19세기 말의 프랑스 소설가 위스망스(1848~1907)는 특히 바로크적 색채가 짙은 작가로 평가되고 있다.

에코 예를 들어 샹보르 성과 같은 루와르 강변의 몇몇 성들은 르네상스 양식에 따라 지어진 것이긴 하지만, 결국은 프랑스 바로크의 유일한 예들인 것일까요?

카리에르 독일에서는 바로크가 곧 고전주의였어요. 즉 독일의 〈고전주의〉는 바로크적 성격이 강했지요.

에코 그래서 당신이 말한 그 잊힌 프랑스 시인들에 상응한다고 말할 수 있는 안드레아스 그리피우스가 독일인들에게는 위대한 시인으로 받아들여지는 거죠. 그런데 왜 나라마다 바로크의 융성의 정도가 달랐는지를 설명해 줄 수 있는 또 한 가지 이유가 방금 생각났어요. 바로크는 정치적 쇠퇴의 시대에 출현했어요. 바로 이탈리아의 경우죠. 반면, 같은 시대에 프랑스에서는 중앙 권력이 상당히 강화되었지요. 강력한 군주는 건축가들로 하여금 자신의 기상을 마음껏 발휘하도록 놔둘 수 없었어요. 바로크는 본질적으로 절대 자유주의적이고 무정부주의적인 것이니까요.

카리에르 거의 반란적인 것이라 할 수 있죠. 당시 프랑스는 다음과 같은 부알로의 무시무시한 선고문의 절대적 지배하에 있었지요. 〈드디어 말레르브가 와서, 프랑스에서 처음으로 / 그의 시행들 가운데 올바른 운율을 느끼게 해주었다.〉 그렇습니다. 부알로는 전형적인 반(反)시인이라 할 수 있어요. 자, 오랫동안 무시당해 오다가 최근에 재발견된 인물을 또 한 명 들어 보죠. 바로 프랑스의 탈레반[27]이라 할 수 있는 이 부알로의 동시대인으로서, 특히 『궁정인』 같은 책을 남긴 스페인 사람 발타사르 그라시안을 언급하지 않을 수 없어요.

에코 이 시대에는 중요한 인물이 또 하나 있습니다. 그라시안이 스페인에서 『궁정인』, 즉 원제로는 『신중함의 기술』을 쓰고 있던 때와 거의 같은 시기에, 이탈리아에서는 토르콰토 아체토가 『올바른 숨기기』를 집필하고 있었지요. 그라시안과 아체토는 서로 일치하는 점이 많아요. 하지만 그라시안은 궁정에서 자신을 빛내기 위해 자신의 본모습과 전혀 일치하지 않는 행동들을 하라고 충고하는 반면, 아체토는 무엇보다도 자신을 보호하기 위한 목적으로 자신의 본모습을 감추는 행동 노선을 택하라고 권하지요. 시늉의 문제를 다룬 이 두 이론서의 저자들이 이처럼 차이를 보인 까닭은 물론 한 사람은 자신을 보다 과시하고 싶었고, 다른 한 사람은 자신을 사라지게 하고 싶었기 때문이지요.[28]

카리에르 이 분야에서 한 번도 복권이 필요하지 않았던 이탈리아 저자는 물론 마키아벨리지요. 그런데 당신은

27 아프가니스탄의 교권주의적 무장 이슬람 정치 세력으로, 여기서는 권위주의적, 교조주의적 문화 세력을 은유하고 있다.
28 일반적으로, 자신을 과시하는 것은 바로크적 특징이고, 자신을 숨기고, 사라지게 하는 것은 고전주의의 특징으로 여겨진다.

어떤 위대한 인물들이 이처럼 부당하게 취급되어 잊힌 경우가 과학 분야에도 있었다고 생각하십니까?

에코 과학은 무자비한 것입니다. 하지만 여기서는 좋은 의미에서의 무자비함이죠. 과학은 어떤 사상이 좀 더 최근의 발견에 의해 효력을 잃게 되면, 그것을 폐기해 버립니다. 예를 들어 과거에 학자들은 빛의 파동이 에테르를 타고 돌아다닌다고 믿었어요. 하지만 에테르가 존재하지 않는다는 사실이 증명되고 나서는 더 이상 아무도 그것에 대해 말할 권리가 없게 되었지요. 그리고 이렇게 해서 포기된 가설은 과학사의 한 소재로 남게 되었을 뿐입니다. 그런데 불행히도 미국에서 분석 철학은 과학과 닮아 보겠다는 실현되지 못한 욕망으로 인해 과학과 동일한 관점을 취하게 되었지요. 몇십 년 전, 프린스턴 대학교의 철학과에 가면 이런 글을 읽을 수 있었어요. 〈철학사가들은 출입 금지〉. 하지만 오히려 인문학이야말로 자신의 역사를 잊어버려서는 안 되는 법입니다. 한번은 한 분석 철학자가 내게 묻더군요. 스토아학파 사람들이 이런저런 문제에 대해 말한 내용들을 왜 자기가 골치 아프게 들여다봐야 하느냐고요. 우선, 그들이 한 말이 어리석은 소리라면, 자기들로서는 관심 가질 필요가 없다는 거예요. 반대로 그것이 어떤 타당한 생각이라면, 어차피 자기들 중의 누군가가 조만간 그것을 내놓을 가능성이 크다는 거죠.

나는 이렇게 대답했어요. 스토아학파가 제기한 문제들

가운데에는 나중에 폐기되었지만 실은 매우 흥미로운 것들이 있을지 모른다. 그렇다면 우리는 모든 것을 제쳐 놓고 이것들부터 재발견해야 할 것이다. 그들이 정확하게 봤다면, 왜 유럽에서는 바보도 이미 알고 있는 이 아주 오래된 생각을 어떤 미국 천재[29]가 다시 발견해 내기만을 목이 빠져라 기다리고 있어야 하겠는가? 반대로 과거에 표명된 그런 생각의 전개가 논리적 궁지에 부딪혔다면, 아무런 소득도 없을 길을 다시 가지 않기 위해서라도 그 사실을 알아두는 게 좋다고요.

카리에르 나는 무시 받고 있는 위대한 프랑스 시인들을 몇몇 예로 들어 보았습니다. 이제는 잊힌 이탈리아 작가들에 대해서 얘기해 주세요. 부당하게 잊힌 작가들 말입니다.

에코 바로크의 군소 작가들에 대해서는 이미 말씀 드렸지요. 비록 그들 중에 가장 중요한 잠바티스타 마리노 같은 이는 이탈리아보다 프랑스에서 더 알려졌을 정도로 유명한 인물이지만요. 그를 제외하고 17세기의 이탈리아의 가장 위대한 인물은 지금 전 세계적 〈교수요목〉에 속해 있는 갈릴레이, 브루노, 혹은 캄파넬라 같은 과학자나 철학자들이라고 할 수 있겠지요. 18세기의 경우는, 동시대에 프랑스에서 일어난 일에 비하면 이탈리아는 아주 빈약합니다. 그래도 골도니 같은 이는 묻어 둘 수는 없는 인물이

---

[29] 미국의 분석 철학자들을 이르는 말.

지요. 계몽 시대의 이탈리아 철학자들은 골도니보다는 덜 알려졌지만, 처음으로 사형에 반대한 베카리아 같은 이는 기억해 둬야겠죠. 하지만 18세기 이탈리아의 가장 위대한 사상가는 19세기의 역사 철학을 예고한 비코임에는 의심의 여지가 없습니다. 그는 프랑스보다는 영미 세계에서 더 활발하게 재평가된 바 있지요.

자코모 레오파르디는 아마 모든 언어를 망라하여 19세기의 가장 위대한 시인 중 한 명일 것입니다. 하지만 훌륭한 프랑스어 번역본에도 불구하고 프랑스에서는 별로 알려지지 않은 상태이지요. 레오파르디는 무엇보다도 위대한 사상가인데, 그의 이런 측면은 이탈리아에서조차 인정받지 못하고 있는 형편입니다. 아주 이상한 일이 아닐 수 없지요. 몇 해 전, 그의 엄청난 저작 『잡기장(雜記帳) Zibaldone』(체계는 전혀 없지만 그야말로 모든 것에 대한 철학적 성찰들의 모음)이 프랑스어로 번역되었어요. 하지만 이 책에 관심을 가진 것은 극소수의 철학자 혹은 이탈리아 전문가들뿐이었어요. 알레산드로 만초니도 마찬가지입니다. 그의 『약혼자』는 프랑스어로 여러 차례 번역되었지만, 많은 독자를 얻지는 못했죠. 유감스러운 일입니다. 왜냐하면 나는 그가 위대한 소설가라고 생각하거든요.

이폴리토 니에보의 『어느 이탈리아인의 고백』도 여러 차례 불역되었습니다. 하지만 이탈리아 사람들부터가 (꼭 필요한 이유가 없는 한) 더 이상 그를 읽지 않는데, 어떻게 프랑스 사람들이 읽기를 바라겠습니까? 부끄러운 고백이지만, 내가 이 책을 완독한 것은 최근의 일입니다. 정말로 큰 발견이었죠. 사람들은 이 작품이 지루하다고들 말해요. 전혀 그렇지 않아요! 대단히 매력적인 작품입니다. 2권에서는 약간 무거워지는 것 같지만, 1권은 매우 아름답습니다. 그리고 그는 가리발디가 이끈 독립 전쟁 때 서른 살의 나이에 알 수 없는 이유로 죽었습니다. 그래서 그의 사후에 출간된 소설을 제대로 고칠 시간이 없었다고 합니다. 참으로 흥미로운 문학적-역사적 사례가 아닐 수 없지요.

또 조반니 베르가 같은 이도 들 수 있겠지요. 하지만 특히, 1860년에서 1890년 사이에 일어난, 이른바 〈스카필리아투라Scapigliatura〉라고 하는 매우 현대적인 성격의 문학-예술 운동을 빼놓아서는 안 되겠죠. 이 운동은 이탈리아 사람들에게조차 잘 알려져 있지 않지만, 그 대표자들은 같은 시대에 파리에서 일어난 일들에 견줄 수 있을 만한 예술가들이었어요. 〈스카필리아티Scapigliati〉는 〈광란자들〉, 〈보헤미안들〉이란 뜻이지요.

카리에르 우리 프랑스에는 19세기 말에 문학 그룹 〈이드로파트〉의 멤버 중에서 샤누아르 카페 등에서 모이곤 하던 몇몇 문인이 만든 이른바 〈이르쥐트〉 그룹이 있지요.[30]

---

30 이드로파트Hydropathes(물 알레르기 환자들)는 1878년에 에밀 구도가 창설하여 1880년까지 이어진 파리의 문학 클럽이다. 자유분방하고 저항적이며, 실험적인 성격이 강했던 젊은 문인들의 모임이었던 이 클럽은 1880년에 해체되었는데, 1881년에 다시 〈이르쥐트Hirsutes(털복숭이들)〉라는 이름으로 부활해 샤누아르(검은 고양이) 카페 등에서 모이곤 했다.

그런데 나는 당신이 18세기에 대해 말한 내용에 관해 한 마디 덧붙이고 싶군요. 라신의 『페드르』와 낭만주의 사이의 120년 혹은 130년 동안, 프랑스에서는 단 한 편의 시도 쓰이지 않았습니다. 물론 많은 작시가들이 수천 편의, 아니 아마도 수백만에 달할 시들을 생산하고 발표했지요. 하지만 그 어떤 프랑스인도 이 시들 중 아는 작품을 단 한 편이라도 대보라면 그러지 못합니다. 글쎄, 누가 있을까요? 평범한 우화 작가인 플로리앙, 그리고 델리유 신부, 장 바티스트 루소 정도일 것입니다. 하지만 누가 이들을 읽었으며, 더욱이 오늘날 누가 그들을 읽을 수 있겠습니까? 볼테르의 비극들을 읽는 것이 아직도 가능할까요? 당대에는 아주 유명했습니다. 작가는 생전에 코메디프랑세즈 극장에서 위대한 비극 작가로 인정받을 정도였지요. 하지만 지금 우리는 우리가 착각했음을 깨닫게 되었어요. 왜냐하면 이 〈시인〉들 — 혹은 스스로 시인이라고 믿었던 사람들 — 은 그 이전 세기에 부알로가 정한 규칙들을 그대로 적용하는 것으로 만족했기 때문입니다. 그토록 시를 많이 쓴 적도 없었지만, 그렇게 시가 적게 나온 때도 없었지요. 시다운 시는 한 세기가 지나도록 단 한 편도 추가되지 않았어요. 우리가 규칙을 적용하는 것으로 만족할 때, 놀람과 광채와 영감은 모두 증발해 버립니다. 이것은 내가 가끔 젊은 영화인들에게 전해 주려 하는 교훈이기도 해요. 〈여러분들은 계속해서 영화를 만들어 나갈 수 있어요. 그건 비교적 쉬운 일이죠. 하지만 진정한 영화를 만드는 것을 잊어버릴 수 있어요.〉

에코 이 경우를 보면 여과 작용에도 좋은 점이 있다는 걸 알겠군요. 당신이 말한 그 〈시인들〉은 차라리 기억하지 않는 편이 낫겠지요.

카리에르 그렇습니다. 적어도 여기에서는 준엄하고도 올바른 여과 작용이 이루어졌다고 말할 수 있지요. 모두가 망각의 심연에 떨어져 버렸습니다. 이 시대에 재능과 참신함과 대담함은 라클로, 르사주, 디드로 같은 철학자, 산문 작가들, 그리고 마리보와 보마르셰라는 두 희곡 작가 쪽으로 옮겨 간 듯합니다. 적어도 19세기에 위대한 소설의 시대가 열리기 전까지는요.

에코 영국 소설의 위대한 시대는 이미 18세기에 새뮤얼 리처드슨, 대니엘 디포 등과 함께 시작되었죠……. 소설에서의 3대 문명은 의심의 여지없이 프랑스와 영국과 러시아입니다.

카리에르 어떤 예술적 영감이 갑자기 사라지는 것을 보면 항상 놀라운 느낌이 듭니다. 프랑스 시의 역사를 한번 봅시다. 프랑수아 비용에서 초현실주의까지의 기간을 대충 훑어보면, 플레이아드, 고전주의, 낭만주의, 상징주의, 초현실주의 등 같은 시파들이 차례로 문단을 지배해 온 것을 알 수 있어요. 하지만 라신의 『페드르』가 발표된 1676년에서 앙드레 셰니에 같은 시인 사이에 놓인 기간에는 그 어떤 시적 흔적도, 그 어떤 새로운 영감도 찾아볼 수 없어요.

에코 이와 같은 시의 침묵은 프랑스의 가장 영광스러운 시대 중의 하나에 일어난 것이고, 이 둘 사이에는 어떤 상응 관계가 있지요.

카리에르 이 시기에 프랑스어는 유럽 전체의 외교 언어였지요. 난 정말로 열심히 찾아보았어요! 심지어는 통속 문학에서도 찾아보았고, 여기저기 다 찾아보았습니다. 하지만 건질 만한 게 전혀 없더군요.

에코 문학 장르와 회화 장르는 모방과 영향에 의해 생겨납니다. 한 예를 들어 보죠. 한 작가가 처음으로 훌륭한 역사 소설을 한 편 써서 성공을 거두었다고 합시다. 그는 즉시 표절에 가까운 모방의 대상이 됩니다. 만일 연애 소설을 써서 돈을 벌 수 있다는 사실을 알게 된다면, 나도 한번 써보자 하는 사람들이 생겨날 것입니다. 이런 식으로 해서 라틴 세계에서도 카툴루스[31]와 프로페르티우스[32] 같은 시인들을 중심으로 문학 그룹이 형성된 적이 있지요.

---

31 Gaius Valerius Catullus(B.C. 84~B.C. 54). 기원전 1세기경의 고대 로마의 시인. 사랑과 실연의 감정을 노래한 서정시로 엘레게이아 시인들의 선구가 되었다.
32 Sextus Propertius(B.C. 48~B.C. 16). 카툴루스와 동시대에 활동한 고대 로마의 서정 시인.

이른바 〈부르주아 소설〉이라고 하는 근대 소설은 영국의 매우 특수한 경제적 상황 속에서 탄생합니다. 작가들은 항상 여행을 떠나 있는 상인이나 선원의 아내들, 즉 글을 읽을 줄 알며 독서할 시간이 있는 여성들을 위해 소설을 썼습니다. 또한 그들의 하녀들을 위해서도 글을 썼지요. 왜냐하면 주인마님과 마찬가지로 하녀들에게도 양초가 있었으니 밤중에도 독서할 수 있었거든요. 부르주아 소설은 이러한 상업 경제의 맥락에서 탄생했으며, 본질적으로 여성들을 겨냥한 것입니다. 그리고 리처드슨이 이렇게 어느 하녀의 이야기를 들려주어 돈을 벌었다는 사실을 알게 되면,[33] 즉시 앞에 놓인 왕좌에 기어오르려는 후보자들이 줄을 잇게 됩니다.

카리에르 예술 사조는 서로를 알고 있으며, 동일한 시기에 동일한 욕망을 공유하고 있는 소그룹에서 태어나곤 하지요. 거의 친구처럼 가까운 사람들의 그룹 말입니다. 내가 만난 적 있는 초현실주의자들은 이구동성으로 이렇게 말하더군요. 자기는 제1차 세계 대전이 끝나고 나서 얼마 안 되었을 때 파리로 가고 싶은 욕망을 느꼈다고요. 만 레이는 미국에서 왔고, 막스 에른스트는 독일에서, 부뉴엘과 달리는 스페인에서, 그리고 뱅자맹 페레는 툴루즈에

---

[33] 새뮤얼 리처드슨(1689~1761)의 베스트셀러 『파멜라 Virtue Rewarded Pamela』(1740)를 암시. 이 소설은 하층 계급 출신의 하녀 파멜라가 현명한 처신으로 젊은 주인의 아내가 된다는 이야기를 담고 있다.

서 왔지요. 그렇게 그들은 파리에서 자신의 동류들을 만나, 그들과 함께 새로운 이미지들과 언어들을 발명했어요. 이른바 〈비트 세대〉, 누벨바그, 그리고 로마에 모인 이탈리아 영화인 그룹 등등에서도 마찬가지 현상을 볼 수 있지요. 12세기와 13세기에 갑자기 출현한 이란 시인들도 마찬가지입니다. 아타르, 루미, 사디, 하피즈, 오마르 하이얌……. 이 경탄스러운 이란 시인들을 여기서 거론하지 않을 수 없군요. 이들은 모두가 서로 아는 사이였으며, 모두가 당신이 지적한 것처럼 선배로부터 결정적인 영향을 받았노라고 고백했습니다. 그런 다음, 갑자기 조건들이 변하면 영감은 메말라 버리고, 그룹들은 때로는 분열되고 언제나 흩어져 버립니다. 그렇게 모험은 반짝 빛난 후 끝나는 거죠. 이란에서 이런 일을 초래한 것은 그 끔찍했던 몽고족의 침입이었습니다.

에코 그 말을 들으니 앨런 채프먼Allan Chapman이 쓴 그 멋진 책이 생각나는군요. 거기에서 저자는 어떻게 17세기 옥스퍼드에서 물리학이 그 놀라운 비약을 이룰 수 있었는지 보여 주고 있습니다. 그것은 일급 학자들이 연이어 출현하면서 서로에게 영향을 주었기 때문이었답니다. 하지만 30년 후에는 끝났지요. 20세기 초반 케임브리지에서도 수학 분야에서 같은 일이 있었고요.

카리에르 이런 의미에서 고립된 천재란 생각할 수 없는 것 같아요. 롱사르, 뒤벨레, 마로 같은 플레이아드 시인들은 서로 친구 사이였죠. 프랑스 고전주의 작가들도 마찬가지입니다. 몰리에르, 라신, 코르네유, 부알로는 모두가 서로 아는 사이었어요. 코르네유가 몰리에르의 희곡들을 써줬다는 말이 있을 정도이죠(조금은 터무니없는 얘기지요). 러시아의 대(大)소설가들도 서로 서신을 주고받았습니다. 심지어는 프랑스 소설가들과도 서신을 교환했죠. 투르게네프와 플로베르가 그 대표적 예이죠. 하기야 한 소설가가 어떤 여과 작용에 희생되고 싶지 않다면, 어떤 그룹에 연결되고 가입하여 혼자 고립되지 말아야 하는 법이니까요.

에코 셰익스피어를 하나의 수수께끼로 생각하는 사람들도 있습니다. 일개 배우에 불과한 사람이 혼자서 그 천재적인 작품들을 써낼 수 있었다는 게 도저히 이해가 되지 않기 때문이지요. 그래서 셰익스피어의 희곡들은 프랜시스 베이컨이 썼을지도 모른다고 상상하는 사람이 있을 정도입니다. 하지만 그건 아니죠. 셰익스피어는 결코 고립된 존재가 아니었어요. 그는 유식한 집단에 속해 있었고, 다른 엘리자베스조(朝) 시인들과 접하며 살았던 사람입니다.

카리에르 자 이제, 나로서는 도저히 해답을 찾을 수 없는 문제를 하나 제기해 보겠어요. 한 시대는 하나의 예술 언어를 선택하면서 다른 예술 언어들은 모두 배제해 버리는 듯이 보이는데, 왜 이런 현상이 일어나는 걸까요? 르네상스 시대의 이탈리아 회화와 건축, 16세기 영국의 시, 17세기 프랑스의 연극, 18세기 프랑스의 철학, 19세기 러시아와 프랑스의 소설처럼 말입니다. 예를 들어 난 항상 이렇게 생각하곤 했어요. 만일 영화가 존재하지 않았다면 부뉴엘은 대체 무얼 하고 살아야 했을까라고요. 또 프랑수아 트뤼포[34]가 다음과 같이 단언한 것도 생각납니다. 〈영국 영화는 존재하지 않으며, 프랑스 연극도 존재하지 않는다.〉 마치 연극은 영국 것이고, 영화는 프랑스 것인 듯이 말이죠. 물론 지나치게 거친 논리이긴 하지요.

에코 이런 수수께끼를 푸는 것은 불가능하다고 지적했는데, 옳은 말입니다. 이런 수수께끼를 풀기 위해서는 정말이지 무수한 요인들을 고려해야 합니다. 이것은 바다 위에 떠 있는 테니스공이 어느 시점에 어떤 위치를 취할 것인가를 예측하는 것만큼이나 어려운 일이죠. 왜 이탈리아에서는 단테의 시대에 지오토가 있었고 아리오스토의 시대에도 라파엘이 있었는데, 영국의 셰익스피어 시대에는 위대한 회화가 없었을까요? 또 프랑스 화파는 어떻게 탄생했을까요? 이렇게 설명해 볼 수는 있겠죠. 프랑수아 1세는 다빈치를 프랑스에 오게 했고, 이 다빈치는 훗날 프랑스 화파로 자라게 될 씨앗을 뿌린 것 같다……. 하지만 이것

---

34 François Truffaut(1932~1984). 프랑스 영화감독. 누벨바그의 대표자 가운데 한 사람. 작품으로 「아무도 가르쳐 주지 않는다」, 「쥘과 짐」 등이 있다.

은 완전한 설명과는 너무도 거리가 멀지요.

카리에르 여기서 잠시 위대한 이탈리아 영화의 탄생에 대해 — 약간의 향수를 느끼며 — 얘기해 보고자 합니다. 왜 그것은 이탈리아에서, 그리고 제2차 세계 대전 직후에 나타났을까요? 수 세기 동안 쌓여 온 회화적 전통이 민중의 삶에 대한 젊은 영화인들의 놀라운 열정과 만난 결과일까요? 그것은 너무 성급한 결론이지요. 우리는 여러 가지 상황들을 분석해 볼 수는 있겠지만, 그 진정한 이유들은 여전히 알 수 없을 거예요. 특히나 〈그리고 왜 그것은 그렇게 갑자기 사라져 버렸을까?〉라는 질문에는 더욱 대답하기 어렵죠.

나는 치네치타[35]를 티치아노, 베로네세, 틴토레토와 그들의 모든 제자들이 함께 작업한 거대한 화방에 종종 비교해 보곤 합니다. 당신도 아마 알고 있겠지만, 교황이 티치아노를 로마에 불렀을 때 그를 수행하는 행렬의 길이가 무려 7킬로미터나 되었다고 합니다. 그것은 대형 스튜디오가 이동하는 것과 같은 것이었다고 말할 수 있겠죠. 하지만 이러한 사실들로 네오리얼리즘과 이탈리아 희극 영화의 탄생을 충분히 설명할 수 있을까요? 또 비스콘티, 안토니오니, 펠리니의 출현을 과연 설명할 수 있을까요?

토낙 그런데 아무런 예술 형태도 만들어 내지 못하는 문화

---

[35] 로마 남쪽 교외에 있는 대규모의 촬영소.

를 과연 상상할 수 있을까요?

에코 그건 뭐라고 단정짓기 아주 어렵습니다. 과거에는 그런 지역들이 있다고 믿었어요. 하지만 직접 가서 조사해 보고는, 거기에는 우리만 모르고 있는 예술적 전통들이 존재한다는 사실을 발견하게 된 적이 한두 번이 아니었지요.

카리에르 또 고대의 전통문화들에서는 위대한 예술가들에 대한 숭배가 존재하지 않았다는 사실 역시 고려해야 하겠죠. 거기서도 자신의 재능을 십분 발휘한 엄청난 예술가들이 분명 존재했지만, 자신의 작품에 〈서명〉을 남기지는 않았어요. 특히 스스로를 예술가로 여기지 않았고, 또 다른 사람들로부터 그런 대접을 받지도 못했지요.

에코 또 그들에게는 서구의 특징이라 할 수 있는 혁신의 문화도 없습니다. 이른바 예술가의 야심이라는 게 똑같은 장식 모티프를 아주 충실하게 반복하고, 동료들에게서 물려받은 지식을 제자들에게 전수해 주는 것으로 국한되는 문화가 있었어요. 이들의 예술 가운데에 변양태들이 존재한다 해도 우리의 눈에는 구별되지 않아요. 나는 과거에 호주를 한 번 여행한 일이 있는데, 이때 원주민들의 삶에 특별한 관심을 느꼈습니다. 여기서 원주민들이란 오늘날 술과 문명에 의해 거의 모두가 망가져 버린 그 사람들이 아니라, 서구인들이 몰려오기 전에 그 땅에 살았던 사람들을 말하는 것이지요. 그런데 그들은 무엇을 했을까요? 유목민이었던 그들은 광활한 호주의 황무지에서 탐험을 계속해 나갔는데, 그 탐험이라는 것은 항상 같은 지역을 빙빙 도는 것이었어요. 저녁때면 그들은 도마뱀이나 뱀을 잡아 그걸로 식사를 하고, 아침이면 다시 출발하는 식이었죠. 만약 빙빙 도는 대신에 잠깐 동안이라도 똑바로 전진했더라면 풍성한 향연이 기다리고 있는 바다에 도달했을 텐데 말이에요. 어쨌든, 예나 지금이나 그들의 예술은 우리에게는 일종의 — 아주 아름다운 — 추상화를 연상시키는 원들로 이루어집니다. 어느 날, 이렇게 여행을 하던 중에 우리는 한 원주민 보호 구역에 갔는데, 거기에는 기독교 예배당이 하나 있었고 신부님도 있었어요. 이 분은 우리에게 건물 안쪽에 있는 대형 모자이크화를 보여 주었는데, 거기서 볼 수 있는 것은 당연히 원들뿐이었어요. 신부님 설명에 따르면, 원주민들에게 이 원들은 그리스도의 수난을 재현하고 있다는 거였어요. 하지만 그 이유에 대해서는 설명해 주지 못했죠. 그런데 당시에 십대였고 별다른 종교 교육을 받은 적이 없던 내 아들이 그 원들이 모두 열네 개라는 사실을 발견해 낸 거예요. 물론 그것은 비아 크루치스[36]의 14처(處)에 상응하는 수였죠.

---

36 Via Crucis. 십자가의 길. 예수 그리스도의 마지막 시간(수난과 죽음)을 기억하며 구원의 신비를 묵상하는 기도 행위로, 고통의 길이라고도 한다. 전통적으로 로마 가톨릭교회와 성공회, 루터교에서 행해진다. 보통 사순절에 매주 성 금요일마다 십자가의 길 기도를 바친다. 십자가의 길은 모두 14개의 처(處)로 이루어진다.

그들은 십자가의 길을 열네 개의 처로 쉼표 찍혀지는 일종의 끊임없는 원운동으로 표현한 거였습니다. 다시 말해서 이들은 그들 고유의 모티프에서, 그들의 상상 체계에서 벗어나지 못했습니다. 하지만 이러한 반복의 전통 가운데도 모종의 혁신이 없지 않았다고 말할 수 있겠지요……. 자, 지나친 아전인수적 환상은 삼가기로 하고요, 다시 바로크의 문제로 돌아와 봅시다.

앞에서 우리는 프랑스에 바로크가 없는 이유를 이렇게 설명했었어요. 군주제가 확립되어 매우 강력한 중앙 권력을 이루었는데, 이 권력은 모종의 고전주의와만 스스로를 동일시할 수 있었기 때문이었다라고요. 당신이 말한 시기, 즉 17세기 말과 18세기 전체에 걸친 시기에 진정한 시적 영감이 없었던 것도 아마 마찬가지 이유에서일 겁니다. 당시 프랑스의 〈위대함〉은 예술적 삶과는 배치되는 엄격한 규율을 요구했던 거지요.

카리에르 프랑스가 국가적으로 절정을 구가하던 시기는 시(詩) 없이 지낸 시기였다고 말할 수 있을 거예요. 이 나라에 감동도, 인간적인 음성도 거의 다 사라진 시기였죠. 같은 때에 독일은 〈질풍노도〉의 혁명을 통과하고 있었는데 말입니다. 이따금 나는 이렇게 자문해 보곤 해요. 걸핏하면 자기는 독서하지 않는다고 무슨 자랑이라도 되는 양 공언하는 베를루스코니나 사르코지[37] 같은 사람들로

37 각각 현재(2011년) 이탈리아 총리와 프랑스 대통령이다.

대표되는 요즘의 권력에는 이 시대, 즉 〈시건방진〉 목소리들은 입을 다물었고 권력은 산문적이기만 했던 이 〈위대한 시대〉에 대한 어떤 향수가 있는 것은 아닌가 하고요. 지금 프랑스 대통령은 가끔씩 『클레브 공작부인』에 대한 반감을 자연스럽게 드러내곤 해요. 자신은 바쁜 사람인데 이런 책을 읽는 게 무슨 소용이 있는지 모르겠다고 공언하지요. 이런 말을 이상할 정도로 자주 하고 있어요. 이렇게 쓸모없다는 이유로 라파예트 부인[38]과 함께 층층이 쌓여 거대한 구덩이 속에서 오랜 침묵 속에 묻혀 있어야 할 그 모든 작가들을 한번 상상해 보세요! 그런데 당신네 이탈리아에는 다행히도 〈태양왕〉[39]이 없었지요?

에코 우리에게는 오히려 각 도시 국가의 수장으로서, 예외적인 창조력을 가능케 해주었던 눈부신 대공들이 있었지요. 하지만 이것은 17세기까지의 일입니다. 그 이후에는 오랫동안 지속된 쇠퇴가 있었을 따름이죠. 우리에게도 당신 나라의 태양왕에 버금가는 인물이 있었는데, 바로 교황이었습니다. 따라서 가장 위대한 교황들이 지배했던 때에 건축과 회화가 특별히 융성했던 것은 우연이 아니에요. 하지만 문학은 없었어요. 이탈리아 문학의 위대한 시대는 시인들이 로마가 아닌 피렌체나 페라라 같은 작은 도시의 영주들 밑에서 작업할 때였습니다.

38 앞에서 언급한 『클레브 공작부인』의 작가(1634~1693).
39 17세기 프랑스의 절대 군주 루이 14세의 별칭.

카리에르 우리는 계속해서 여과 작용에 대해서 얘기하고 있는데요, 그렇다면 우리가 충분한 시간적 거리를 두고 볼 수 없는 시대는 어떻게 다뤄야 할까요? 내가 어떤 프랑스 문학사 시간에 루이 아라공을 소개해 달라는 요청을 받았다고 가정해 봅시다. 거기서 나는 대체 어떻게 얘기해야 할까요? 아라공과 엘뤼아르는 초현실주의로 출발했지만, 나중에는 〈스탈린의 우주는 항상 다시 태어나고 있다……〉 같은 끔찍한 공산주의 선전문 따위나 쓰게 되었습니다. 엘뤼아르는 아마도 시인으로 남을 거고, 아라공은 어쩌면 소설가로 남을 수 있을지도 모르지요. 하지만 내가 아라공에게서 기억하는 것은, 현재로서는 조르주 브라상과 다른 가수들이 곡을 붙인 그의 노래 가사들일 뿐입니다. 예를 들어 「행복한 사랑은 없다」, 혹은 「사람들은 이렇게 사는가?」 따위죠. 내 젊은 시절을 함께해 주었고 아름답게 꾸며 준 이 텍스트들을 내가 아직도 무척 좋아하는 건 사실이에요. 하지만 결국 그는 문학사에서 하나의 일화에 불과하다는 사실을 깨닫게 되었지요. 그러니 우리 뒤에 올 새로운 세대에게는 과연 그의 무엇이 남게 될까요?

영화에서 다른 예를 들어 봅시다. 50여 년 전, 내가 공부할 때 영화의 나이는 대략 50살 정도 되었지요. 당시에는 우리가 숭배해 마지않고, 그 작품들을 샅샅이 분석하여 연구하던 거장들이 있었지요. 이 거장 중 하나가 르네 클레르였어요. 부뉴엘은 말하곤 했어요. 채플린, 월트 디즈니, 르네 클레르, 이 세 감독만이 — 지금 1930년대의 얘기입니다 — 자기가 원하는 것을 만들어 낼 역량이 있다고요. 하지만 지금 영화 학교에서 르네 클레르가 누구인지 아는 사람은 아무도 없어요. 위뷔 영감의 표현을 빌리자면, 그는 〈허방다리에 빠져〉 갑자기 사라져 버린 거죠. 그의 이름조차 제대로 기억하지 못할 정도입니다. 부뉴엘이 특별히 좋아했던 1930년대의 독일 감독들 역시 마찬가지예요. 게오르그 빌헬름 파브스트, 프리츠 랑, 그리고 무르나우······. 지금 누가 그들을 알며, 누가 그들을 거론하며, 누가 그들을 예로 듭니까? 아마 프리츠 랑은 「마부제 박사」 때문에 적어도 영화 마니아들의 기억 속에서는 남아 있겠죠. 하지만 다른 이들은요? 이처럼 여과 작용이 다른 곳도 아닌 바로 영화 학교 안에서 느껴지지 않게, 그리고 보이지 않게 이루어지고 있습니다. 그리고 결정하는 것은 학생들이죠. 이 여과된 사람 중의 하나가 갑자기 다시 나타나는 일도 있습니다. 그의 영화 작품 중 하나가 어딘가에서 방영되어, 사람들을 조금 놀라게 해주었기 때문이죠. 혹은 이 작가에 관한 책이 한 권 출판되었기 때문이죠. 하지만 이런 경우는 아주 드물어요. 따라서 이렇게 말하는 것도 가능하지 않을까요? 영화가 역사에 등장하고 있는 바로 그 순간, 영화는 벌써 망각에 잠기고 있노라······.

에코 양차 세계 대전 사이에 이탈리아의 3대 작가였던 단눈치오, 카르두치, 파스콜리도 마찬가지입니다. 단눈치오는 위대한 국민 시인이었다가 파시즘에 빠져들었죠. 전

후에 파스콜리는 20세기 시(詩)의 전위적 인물로 재발견되었습니다. 그때 카르두치는 지루한 수사가(修辭家)로 매도되어 사라져 버렸지요. 하지만 지금은 다시 카르두치를 높이는 움직임이 일고 있지요. 결국 그는 그렇게 나쁘지 않았다는 거죠.

그다음 세대의 세 인기 작가는 주세페 웅가레티, 에우제니오 몬탈레, 그리고 움베르토 사바입니다. 사람들은 이 셋 중 누가 노벨상 수상자감인지 자문해 보곤 했지만, 정작 1953년에 노벨상은 살바토레 콰시모도에게 돌아갔습니다. 아마도 20세기 이탈리아 최대의 시인이라 할 수 있을 (그리고 내 생각으로는 전 세계를 통틀어 20세기 최고의 시인 중의 하나인) 몬탈레는 1975년에서야 노벨상을 받을 수 있었죠.

카리에르 우리 세대에서 세계 최고의 영화는 25년 혹은 30년 동안 이탈리아 영화였습니다. 우리는 매달 두세 편 개봉되는 이탈리아 영화가 나오기만을 목이 빠져라 기다렸고, 그중 한 편도 놓치려 하지 않았죠. 그것은 우리의 문화, 아니 우리 삶의 일부였어요. 그런데 어느 날, 슬프게도 이 영화는 메말라 버렸고 금방 꺼져 버렸습니다. 그렇게 된 데에는 영화를 함께 제작하던 이탈리아 텔레비전의 책임이 크다고 사람들은 말하곤 하지요. 하지만 이탈리아 영화는 앞에서 우리가 말했던 그 설명할 수 없는 고갈 현상에 희생되었음이 분명합니다. 갑자기 생명력이 부족해지고, 작가들과 배우들은 노쇠해 버리며, 작품들은 똑같은 방식을 반복하게 됩니다. 도중에 본질적인 무언가가 실종되어 버린 거죠. 이 이탈리아 영화는 더 이상 존재하지 않습니다. 가장 위대한 영화 중 하나였던 그것이 말이죠.

우리를 웃기고 또 감동시켰던 그 30년에서 지금은 무엇이 남아 있습니까? 펠리니는 내게 여전히 매력적인데 말이에요. 아직도 안토니오니는 깊은 존경을 받고 있는 것 같은데 말입니다. 혹시 그의 마지막 단편 영화 「미켈란젤로의 시선」을 본 적 있나요? 세계에서 가장 아름다운 영화 작품 중 하나이죠! 러닝 타임이 15분도 채 안 되고, 대사 한 마디 오가지 않은 이 영화는 안토니오니가 2000년에 촬영한 작품인데, 여기에 그는 직접 출연하고 있지요(이는 그의 영화 인생에서 유일한 경우였습니다). 화면은 그가 홀로 로마의 산피에트로 대성당에 들어가는 모습을 보여 줍니다. 그는 천천히 율리우스 2세의 무덤에 다가가고, 카메라의 시선이 안토니오니와 미켈란젤로의 「모세상」 사이를 계속 왕복하고 있는 이 영화는 대사 한마디 없음에도 그 전체가 하나의 대화입니다. 여기서 안토니오니의 침묵과 시선은 우리가 말하는 모든 것들, 우리 시대를 특징짓는 이 미친 듯한 과시와 수다, 이 공허한 야단법석에 대해 의문을 제기합니다. 그는 마지막 작별을 고하러 왔습니다. 그는 더 이상 돌아오지 않을 것이고, 그 사실을 알고 있지요. 이제 떠나야 할 그는 여전히 거기 남아 있는 이해할 수 없는 걸작을 마지막으로 찾아온 거죠. 마치 마지막으로 질문을 던지기 위한 것처럼. 마치 언어로는 접근할 수 없는 어떤 신비를 꿰뚫어 보려는 것처럼. 안토니오니가 나가기 전에 「모세상」에 던지는 시선은 비장하기 그지없지요.

에코 그러고 보니 요 몇 년 동안 우리는 안토니오니를 조금 잊고 있었던 것 같군요. 반면 펠리니는 죽은 이후로 갈수록 더 중요해지고 있고요.

카리에르 펠리니는 아마 내가 제일 좋아하는 감독일 겁니다. 비록 아직까지도 그의 진정한 자리에 놓이지 못했지만요.

에코 그의 생전에, 즉 정치 참여가 극도로 유행하던 시대에, 펠리니는 사회적 현실에는 관심이 없는 일개 몽상가로 여겨졌지요. 하지만 그의 사후, 그의 영화 세계가 재발견되면서 그의 작품들이 재평가되었지요. 난 최근에 텔레비전에서 「달콤한 인생」을 다시 보았어요. 정말 엄청난 걸작이더군요.

카리에르 이탈리아 영화에 대해 얘기할 때면, 많은 사람들이 피에트로 제르미, 루이지 코멘시니, 디노 리시, 혹은 이탈리아 희극 영화부터 먼저 생각해요. 나는 사람들이 과거 우리 시대에는 거의 신이나 다름없었던 거장들을 이제는 잊어버린 것은 아닌가 하는 걱정이 들어요. 밀로스

포먼 같은 감독은 소년 시절에 이탈리아의 네오레알리스모 계열의 영화들, 특히 비토리오 데시카 감독의 영화들을 보면서 영화를 만들고 싶어졌다고 하지요. 그에게는 한쪽에 채플린이 있었다면, 다른 한쪽에는 이탈리아 영화가 있었다고 해요.

에코 자, 이제 우리의 가정으로 돌아와 봅시다. 국가가 너무 강력할 때는 시는 입을 다뭅니다. 제1차 세계 대전 이후의 이탈리아처럼 국가가 총체적 위기에 빠져 있을 때는 예술은 그것이 말해야 할 것을 자유롭게 말합니다. 그때는 이른바 〈이탈리아의 기적〉의 시대(다시 말해서 산업과 상업이 부흥한 1950년대)가 아직 시작되지 않은 때였죠. 1945년의 「무방비 도시」(로셀리니), 1947년의 「파리」, 1948년의 「자전거 도둑」 등이 이런 예술의 예들입니다. 18세기의 베네치아는 아직 강력한 상업 세력이긴 했지만, 이미 쇠퇴의 길로 접어들고 있었죠. 하지만 이때 티에폴로, 카날레토, 구아르디, 그리고 골도니가 나타난 겁니다. 즉 권력이 약해지면, 그에 따라 활발해지는 예술 장르와 그렇지 않은 장르가 있는 법입니다.

카리에르 나폴레옹이 절대 권력을 휘두르던 시대, 즉 1800년에서 1814년 사이에 출간된 책 중에서 오늘날까지 읽히는 책은 한 권도 없습니다. 회화는 장중했는데, 나중에는 화려하기만 할 뿐 진부하기 짝이 없는 것으로 변해

갔지요.「나폴레옹 대관식」이전까지만 해도 위대한 화가였던 다비드는 갑자기 무미건조해졌어요. 결국 벨기에서 고대풍의 달착지근한 그림들이나 그리며 예술가의 생을 마감했습니다. 이 시대에 음악은 없었어요. 연극도 없었죠. 코르네유의 희곡들을 재공연할 뿐이었습니다. 나폴레옹이 극장에 갈 때면 대부분 코르네유의「시나」를 관람했다고 하죠. 스타엘 부인은 망명을 떠나야만 했습니다. 샤토브리앙은 세상의 미움을 한 몸에 받았고요. 그가 비밀리에 쓰기 시작한 걸작『무덤 저편의 추억』은 그의 생전에는 부분적으로만 출간될 수 있었어요. 그것도 집필을 시작한 지 한참 후에야 말이죠. 반면 당대에 그에게 영광을 안겨 준 소설들은 오늘날 읽어 보면 아무런 감동이 없습니다. 참으로 여과 작용의 기묘한 경우가 아닐 수 없지요. 그가 많은 독자들을 위해 쓴 것은 우리에게는 너무도 지루하고, 그가 고독 속에서 자기 자신만을 위해 쓴 것은 우리를 매혹시키니 말입니다.

에코 페트라르카의 이야기가 바로 그것입니다. 그는 평생에 걸쳐 라틴어 대작『아프리카』를 쓰면서, 이 작품이 새로운『아이네이스』가 되고, 자신에게 영광을 가져다주리라 믿어 의심치 않았지요. 하지만 정작 그를 영원히 유명하게 만들어 준 것은 그가 더 이상 다른 할 일이 없어졌을 때 쓴 소네트들이었지요.

카리에르 이렇게 여과의 개념에 대해 토론하다 보니, 우리가 여과하여 마시는 포도주들이 자연스럽게 생각나는군요. 그런데 요즘에 나온 어떤 포도주는 〈여과되지 않은〉 점을 장점으로 내세운답니다. 이 포도주는 불순물들을 모두 간직하고 있고, 바로 그것들이 — 여과하면 걸러져 버리는 — 아주 특별한 풍미를 가져다주는 거지요. 어쩌면 우리는 학교에서 지나치게 여과되어 불순한 맛들을 상실해 버린 그런 밍밍한 문학을 맛보고 있는 건지도 모릅니다.

오늘날 출판되는 모든 책은
포스트-인큐내뷸러이다

토낭 이 대담이 어떤 의미를 가질 수 있다면, 그것은 두 분 사이에 공통점이 있기 때문입니다. 즉 두 분은 단지 저술가일 뿐 아니라, 어떤 특별한 논리들에 따라 매우 희귀하고도 값비싼 책들을 수집하느라 돈과 시간을 바쳐 온 애서 취미가들인 것이죠. 자, 이제 그 특별한 논리들이 무언지 밝혀 줄 수 있겠습니까?

카리에르 우선 피터 브룩이 내게 해준 이야기 하나를 들려 드리겠습니다. 연극계의 큰 인물이며, 영국 연극의 스트라빈스키라 할 수 있는 에드워드 고든 크레이그는 제2차 세계 대전 시기인 1939년에서 1945년 사이에 파리에서 무위도식하고 있었답니다. 조그만 아파트 한 채와 돈도 조금 있었던 그는 물론 영국으로 돌아갈 수 없는 신세였죠. 그는 무료함을 달래기 위해 센 강변의 고서적 가게들을 돌아다니곤 했답니다. 그러다가 우연히 두 가지를 발견하고 사게되었다네요. 첫 번째 것은 집정 내각 시대[40] 파리 거리의 일람표였습니다. 거기에는 각 거리에 사는 사람들의 목록도 붙어 있었다고 해요. 두 번째 것은 같은 시대의 한 가구상이 자신의 약속들을 적어 놓은 수첩이었습니다.

크레이그는 2년 동안 주소 일람표와 수첩을 대조해 가면서, 그 가구상의 행적을 정확히 조사했습니다. 이렇게 그는 가구상이 자신도 모르게 남긴 정보를 기반으로 집정 내각 시대에 있었던 사랑 이야기와, 심지어는 간통 이야기를 재구성할 수 있었던 거지요. 크레이그와 잘 아는 사이라서 그가 얼마나 치밀하게 조사를 했는지 잘 알고 있던 피터 브룩은 내게 말하곤 했어요. 이렇게 해서 밝혀진 이야기들이 얼마나 흥미로운지 모른다고요. 예를 들어 가구상이 한 장소에서 고객이 기다리고 있는 다른 장소까지 가는 데 정상적으로는 한 시간 걸리는데, 실제로는 그 두 배의 시간이 걸렸다면, 이것은 아마도 그가 도중에 어디선가에서 멈췄기 때문이겠죠. 그렇다면 왜 멈췄을까요?

크레이그처럼 나도 다른 사람에게 속했던 책을 갖는 것을 좋아합니다. 그중에서도 17세기 초반의 기괴하면서도 우스꽝스러운 내용들을 담고 있는 프랑스 민중 문학을 특별히 좋아하지요. 그것은 내가 앞에서도 말했듯이 지금도 아주 천대받고 있는 문학입니다. 어느 날 나는 이런 책 중 하나를 발견했어요. 고급 모로코 가죽으로 장정된 책이었

---

40 프랑스 대혁명기의 제1공화국 시대에 다섯 명의 집정관으로 이루어진 집정 내각이 통치하던 시기(1795~1799).

는데, 그 장정은 출판된 지 거의 2세기 후인 집정 내각 시대에 한 것이었지요. 당시에 싸구려 책이었던 그 책으로서는 상당한 대접인 셈이었어요. 다시 말해서 집정 내각 시대에 나와 같은 취향을 가진 사람이 있었다는 뜻이지요. 아무도 문학에 관심을 갖고 있지 않던 그 시대에 말입니다.

내가 이런 텍스트들에서 발견하는 것은 그 무엇과도 비슷하지 않은, 예측할 수 없는 부랑아 같은 어떤 리듬, 어떤 환희, 어떤 무례함, 그리고 고전주의가 추방한 어떤 어휘들 전체입니다. 프랑스어는 모종의 예술 개념에 따라 불순한 작품들을 걸러 낸 부알로 같은 환관들에 의해 잘리고 축소되었습니다. 이 압수된 민중적 풍요성을 조금이나마 되찾을 수 있기 위해서는 빅토르 위고의 등장을 기다려야만 했지요.

또 다른 예를 들어보겠습니다. 내게는 초현실주의 작가 르네 크르벨의 저서가 한 권 있습니다. 원래는 자크 리고가 소유했던 책으로, 크르벨이 그에게 헌정한 것이었죠. 그런데 이 두 사람 모두 자살했답니다. 따라서 이 책으로 인해 — 오직 이 책만으로 인해 — 내 생각 속에서 두 사람은 유령처럼 실체가 없으면서도 피비린내 나는 어떤 비밀스런 끈으로 이어지게 된 것이죠.

에코 나는 그 내용이나 판본의 희귀성보다는, 예를 들어 어떤 미지의 독자가 텍스트에 때때로 다양한 색깔들로 밑줄을 긋는다든지 여백에다 메모를 적는다든지 하면서 남겨 놓은 흔적들 때문에 모종의 가치를 얻게 된 책들을 가지고 있지요……. 예를 들어 내게는 파라셀수스[41]가 쓴 고서가 있는데, 이 책의 각 페이지는 독자가 적어 놓은 글들과 인쇄된 글이 어우러져 마치 자수가 놓인 레이스를 연상케 한답니다. 나는 항상 이렇게 되뇌죠. 맞아. 귀중한 고서에다 밑줄을 긋거나 여백에 메모를 해놔서는 안 되는 법이야……. 하지만 동시에, 어떤 고서에 제임스 조이스가 직접 메모를 남겨 놓았다고 가정해 봅시다. 그 책이 얼마나 큰 가치를 갖게 되겠습니까? 여기서 나의 반감은 눈 녹듯 사라져 버립니다.

카리에르 어떤 이들은 주장하기를, 세상에는 두 종류의 책이 있다고 합니다. 하나는 저자가 쓰는 책이고, 다른 하나는 독자가 자기 것으로 삼는 책입니다. 그런데 나는 책의 소유자가 누구인지도 마찬가지로 흥미롭습니다. 이른바 〈원산지〉라는 것이죠. 어떤 책이 〈어떤 사람에게 속해 있었느냐〉의 문제입니다. 당신이 마자랭의 개인 서고에서 나온 책을 한 권 소유하고 있다고 합시다. 그렇다면 당신은 왕의 물건을 하나 소유한 셈이죠. 19세기 파리의 일류 제본공들은 아무 책이나 제본해 주지 않았습니다. 어떤 책이 마리우스 미셸, 혹은 트로츠-보조네에 의해 제본되었다는 사실은 그들이 보기에 이 책이 어떤 가치가 있었음을 오늘날에까지 증명해 주고 있는 것이죠. 내가 아까 들

---

[41] 스위스의 의학자, 연금술사(1493~1541).

려준 바 있는, 책을 읽고 요약문을 써놓은 그 이란의 제본공 이야기도 비슷한 맥락에서 이해할 수 있겠죠. 그리고 이거 아십니까? 과거에 트로츠-브조네에게 제본을 맡기려면 때로는 5년이나 기다려야 했답니다.

에코 나는 『말레우스 말레피카룸 Malleus Maleficarum』이라는 인큐내뷸러 한 권을 소장하고 있습니다. 종교 재판가들과 마녀 사냥꾼들을 위해 쓴 위대한, 그러나 불길한 교본이죠. 이 책을 제본한 사람은 〈뿔 난 모세〉라는 사람으로, 시토 수도회의 도서관만을 위해 일했고, 제작한 장정(장정은 당시, 즉 15세기 말에는 아주 드문 것이었습니다)마다 뿔이 난 모세의 이미지를 서명으로 남겨 놓은 유대인이었답니다. 이렇듯 이 책에는 많은 이야기가 담겨 있습니다.

카리에르 당신이 『장미의 이름』에서 잘 보여 주었지만, 우리는 책의 역사를 통해 문명의 역사를 재구성해 볼 수 있습니다. 책을 숭배하는 종교에서, 책은 단지 하나의 용기(容器)일 뿐 아니라, 그것으로부터 모든 것을 관찰하고 모든 것을 이야기할 수 있는, 어쩌면 모든 것을 결정할 수도 있는 〈위대한 시각〉이었습니다. 그것은 도달점이자 출발점이었고, 세계의 광경이었으며, 심지어는 세계의 종말의 광경이기도 했습니다. 여기서 잠깐 마니의 나라 이란으로 돌아와 볼까요? 마니교의 창시자인 마니는 기독교의 한 이단으로, 조로아스터교도들이 그들 중 하나로 여기는 사람입니다. 이 마니가 예수에게 크게 책망한 점이 하나 있는데, 그것은 그가 글을 쓰지 않았다는 점이죠.

에코 모래 위에다 한 번 쓴 적은 있죠.

카리에르 마니는 말하곤 했어요. 아, 예수가 다른 이들에게 맡기지 않고 자신이 직접 글을 써서 남겨 놓았더라면! 그것은 얼마나 경외로우며 얼마나 권위 있는 글이 되었을 것인가! 그 누구도 이의를 제기할 수 없는 말씀이 되었을 텐데! 하지만 애석하게도 그런 일은 없었죠. 예수는 말하는 편을 택했습니다. 당시의 책은 아직 우리가 책이라고 부르는 형태의 것이 아니었고, 예수는 베르길리우스가 아니었으니까요. 그런데 여기서 책의 선조, 즉 로마 시대의 볼루멘 얘기가 나온 김에, 테크놀로지의 발전이 요구하는 그 적응의 문제로 잠시 돌아와 봅시다. 자, 여기에도 하나의 역설이 있습니다. 우리가 컴퓨터 화면을 〈스크롤〉하는 방식은 옛날에 볼루멘, 즉 두루마리 책의 독자들이 사용했던 방식을 떠오르게 합니다. 다시 말해서 신기술의 발전 덕분에 우리는 — 지금도 오스트리아 빈의 오래된 카페에 가면 볼 수 있는 바이지만 — 나무통에 말려 있는 텍스트를 풀어 가며 읽어야 했던 로마 시대의 그 불편한 방식으로 돌아온 셈이지요.

에코 한 가지 차이는 있죠. 컴퓨터에서 텍스트가 풀려 가는 방식은 수직적인데 비해, 볼루멘의 그것은 수평적이라는 점입니다. 고대의 공관 복음서[42]들을 생각해 보면 됩니다. 거기에는 텍스트가 수직단 형태로 병치되어 있어서, 두루마리를 풀면서 왼쪽에서 오른쪽으로 읽게 되어 있었습니다. 그리고 두루마리는 꽤나 무거운 것이라서, 탁자 같은 것 위에다 올려놓아야 했습니다.

카리에르 아니면 두 명의 노예로 하여금 두루마리를 펼치게 하거나요.

에코 또 성 암브로시우스 때까지는 소리 내어 읽었다는 사실도 잊지 말아야겠죠. 바로 이 성 암브로시우스는 처음으로 단어들을 발음하지 않고 읽기 시작한 인물입니다. 이를 본 성 아우구스티누스는 무척 놀랐다고 하죠. 그렇다면 왜 소리 내어 읽었을까요? 우리는 손으로 쓴, 그것도 형편없이 쓴 편지를 받을 때가 있습니다. 이런 경우 우리는 이해를 돕기 위하여 가끔씩 소리 내어 읽곤 하지요. 나 역시 프랑스 사람들에게서 편지를 받게 되면 소리 내어 읽게 되는 일이 종종 있답니다. 아직도 손으로 편지를 쓰는 지구상의 마지막 민족이 바로 프랑스 사람들이죠.

---

42 신약의 4복음서 중에서 요한복음을 제외한 마태복음, 누가복음, 마가복음을 일컫는 말. 세 복음서가 글의 내용이나 기술 방식이 비슷하여 〈관점이 비슷하다〉라는 의미에서 공관(共觀)이라는 표현이 붙었다.

카리에르 정말로 우리가 마지막인가요?

에코 그렇습니다. 이것이 모종의 교육이 남긴 유산이라는 사실, 나는 부인하지 않습니다. 사실 전에는 우리 이탈리아 사람들도 그런 충고를 받곤 했었죠. 타이핑한 편지는 상업적 서신과 비슷해 보일 수 있다고요. 다른 나라에서는, 잘 읽히고 이해되기 위해서는 편지를 읽기 쉽게 쓰는 게 좋고, 따라서 컴퓨터는 우리의 최고의 우군이라는 사실을 받아들입니다. 그런데 프랑스 사람들은 이 사실을 받아들이지 않아요. 프랑스 사람들은, 이제 우리가 해독할 수 없게 된 수기(手記) 편지들을 계속 보내고 있지요. 왜냐하면 프랑스라는 지극히 희귀한 경우를 제외한 세계의 다른 곳에서는 수기 편지를 쓰는 습관뿐 아니라, 그런 편지를 읽는 습관 또한 잃어 버렸거든요. 예전의 식자공은 세상의 모든 서체를 다 읽을 수 있었는데 말이죠.

카리에르 그래도 한 가지만은 여전히 — 항상 그런 것은 아니지만 — 손으로 쓰고 있습니다. 바로 의사의 처방전이죠.

에코 사회가 약사들을 발명한 것은 그 처방전을 해독해 내기 위함인가요?

카리에르 만일 수기 서신이 사라진다면, 그와 더불어 사라져 버릴 직업들이 있지요. 필적 감식가, 대서인, 서명 수집가와 서명 상인 등등 말입니다. 컴퓨터를 사용할 때 내가 잃게 되는 게 뭔지 아세요? 바로 손으로 쓴 초고입니다. 이런 결여감은 특히 대화 장면을 쓸 때 절실히 느껴지지요. 그 삭제된 부분들, 그 여백에 끼적여 놓은 단어들, 그 최초의 무질서, 사방으로 뻗어 나가고 있는 그 화살들, 생명력과 움직임과 아직은 흐릿한 암중모색의 표시인 이 모든 것들을 잃게 되는 거죠. 그리고 또 한 가지가 있습니다. 바로 전체적 시각이에요. 영화의 한 장면을 쓸 때, 그리고 그 장면을 이야기하기 위해 모두 여섯 페이지가 필요할 때, 나는 이 여섯 페이지를 내 눈앞에 한꺼번에 늘어놓는 것을 좋아합니다. 그래야 전체적인 리듬을 판단하고, 또 지나치게 길어지는 부분들을 분간해 낼 수 있으니까요. 하지만 컴퓨터를 사용하면 그렇게 할 수 없습니다. 페이지들을 모두 인쇄해서 앞에다 늘어 놓지 않는 한 말이죠. 당신이 아직도 손으로 쓰는 것으로는 무엇이 있습니까?

에코 내 여비서에게 메모를 남길 때요. 하지만 그것만이 아닙니다. 난 신작을 집필할 때는 언제나 수기 문안들로 시작합니다. 크로키나 도식 같은 것들은 컴퓨터로는 그리기 어렵지 않습니까.

카리에르 이 초고 이야기를 하고 있으려니, 문득 1976년인가 1977년인가에 보르헤스가 우리 집을 방문했던 일이 떠오르는군요. 난 당시 파리에 집을 한 채 샀는데, 공사 중이어서 온통 어질러져 있었어요. 나는 보르헤스가 묵고 있는 호텔로 가서 그분을 집으로 모시고 왔죠. 집에 도착한 우리는 뜰을 지나 계단을 올라갔어요. 그러는 내내 앞을 거의 못 보는 상태였던 그분은 내 팔을 의지하고 계셨고요. 나는 그분이 지나오면서 아무것도 보지 못하셨겠지만 그래도 이 난장판에 대해 사과를 하는 게 도리라고 생각했어요. 내가 그런 식으로 말하니까 그분은 이렇게 대답하시더군요. 「그래, 이해해요. 집이 완전히 초고 상태군요.」 그분에게는 모든 것이, 심지어는 공사 중인 집까지도 문학의 문제로 귀결되더군요.

에코 이 원고의 문제와 관련하여, 신기술이 초래하는 문화적 변화들과 연관된, 매우 의미심장한 현상 하나를 얘기하고 싶습니다.

우리는 컴퓨터를 사용하지만, 그것으로 만족하지 않고 미친 듯이 인쇄를 해대고 있죠. 10페이지 분량의 텍스트 하나를 만들기 위해 나는 50번이나 인쇄한답니다. 아마 나는 앞으로도 나무를 열두 그루는 죽여야 할 거예요. 컴퓨터가 내 인생에 등장하기 전까지 죽인 것을 모두 합해봐야 열 그루밖에 안 될 텐데 말이죠.

이탈리아의 문헌학자 지안프란코 콘티니는 그가 〈스카르타파치[43]의 비평〉이라고 명명한 것, 즉 작품이 그것의 결

---

43 이탈리아 말로 *scartafacci*. 원고, 초고라는 뜻.

정적인 형태에 이르기 전에 거치게 되는 다양한 단계들에 대한 연구를 행한 바 있지요. 그렇다면 컴퓨터로 글을 쓰는 지금, 어떻게 이 이본들에 대한 연구를 계속해 갈 수 있을까요? 그런데 말이죠, 우리의 예상과는 달리, 컴퓨터는 중간 단계들을 제거하지 않고 오히려 증가시키고 있습니다. 과거 내가 『장미의 이름』을 집필할 때, 다시 말해서 워드프로세서가 없던 시절에 나는 수정한 원고를 누군가에게 주어 다시 타이핑을 시켰습니다. 또 그렇게 해서 나온 새 원고를 다시 수정한 다음, 다시 타이핑하게 시켰죠. 하지만 이런 식으로 무한히 계속할 수는 없는 노릇이었죠. 어느 시점에서는 지금 손에 들고 있는 원고를 결정본으로 간주하지 않을 수 없었던 것입니다. 왜냐하면 그런 과정들을 더 연장해 나갈 힘이 없었거든요.

컴퓨터로 작업하면 사정은 달라집니다. 인쇄하여 수정하고, 그렇게 수정된 내용을 다시 입력하여 또 다시 출력하고, 이런 과정을 계속해 나가는 겁니다. 다시 말해서 상이한 원고들을 계속 만들어 내는 거지요. 그런 식으로 어떤 텍스트에 대한 이본을 2백 개나 얻을 수 있습니다. 문헌학자에게는 할 일을 더 많이 안겨 주는 셈이죠. 하지만 이것이 전부가 아닙니다. 왜일까요? 이를테면 〈유령 이본〉이라고 할 수 있는 것이 존재하기 때문이죠. 내가 컴퓨터로 텍스트 A를 쓴다고 칩시다. 나는 그걸 인쇄하여 그 위에 수정을 가합니다. 그것이 텍스트 B이고, 나는 이 텍스트 B에 적힌 수정 사항들을 컴퓨터에 입력합니다. 그런 다음 다시 인쇄하여 텍스트 C(미래의 문헌학자들이 텍스트 C라고 믿는 것)를 얻게 됩니다. 하지만 사실 그것은 텍스트 D인데, 수정 사항들을 입력할 때 좀 더 자유롭게, 즉 텍스트 B에 적힌 수정 사항 이외의 다른 것들도 고쳐 넣을 것이기 때문입니다. 따라서 B와 D 사이, 즉 수정한 텍스트와 이 수정 사항들이 반영된 컴퓨터상의 텍스트 사이에는 어떤 유령 이본이라고 할 수 있는 것이 존재하는데, 그것이 바로 진정한 텍스트 C입니다.[44] 또 이런 식으로 수정이 이어질 때마다 같은 일이 일어나겠죠. 따라서 문헌학자들의 일은 훨씬 늘어나는 셈입니다. 컴퓨터 화면과 종이 사이에 일어난 왕복만큼의 유령 이본들을 재구성해야 할 테니까요.

카리에르 지금부터 15년 전, 미국 작가들의 한 유파는 컴퓨터 사용을 반대한 적이 있습니다. 그 이유인즉슨, 텍스트의 다양한 상태들이 인쇄된 모습으로, 다시 말해서 모종의 위엄을 갖춘 모습으로 화면에 나타나기 때문이었죠. 그렇게 되면 그 상태들을 비판하거나 수정하기 어렵다고 보았던 겁니다. 왜냐하면 화면은 그것들에 이미 거의 편집된 텍스트의 권위와 위엄을 부여하게 되는 셈이니까요. 반대로 또 다른 유파는 컴퓨터는, 지금 당신이 말했듯이, 무한한 수정과 개선의 가능성을 제공한다고 보았지요.

---

44 텍스트 B가 인쇄된 텍스트 A 위에 연필 등의 필기구로 수정을 가한 텍스트라면, 텍스트 C는 텍스트 B 위에 보이지 않는 수정이 가해지는 텍스트, 즉 에코의 머릿속에만 존재하는 텍스트일 것이다.

에코 그렇고말고요! 왜냐하면 우리가 화면에서 보는 텍스트는 이미 타인의 텍스트이기 때문입니다. 따라서 우리는 그것에 대해 맹렬한 비판을 가할 수 있는 겁니다.

토낙 장클로드, 당신은 책 이전의 책, 심지어는 코덱스가 나오기 이전의 책에 대해 말했습니다. 즉 파피루스로 만든 두루마리 책인 볼루멘 말입니다. 이것은 책의 역사 가운데 우리에게 거의 알려지지 않은 부분인 것 같군요.

에코 예를 들어 로마 시대에는 도서관 옆에 두루마리 형태의 책을 파는 서점들이 있었습니다. 호사가는 이 서점에 가서 예를 들면 베르길리우스 한 권을 주문하지요. 그러면 서점 주인은 보름 후에 다시 들르라고 말하고, 특별히 이 호사가를 위해 책을 필사합니다. 가장 수요가 많은 저서들이라면 재고품들이 있었겠지요. 사실, 옛날에 책의 구매가 어떤 식으로 이루어졌는지에 대한 우리의 지식은 부정확하기 짝이 없습니다. 심지어는 인쇄술이 발명된 이후의 시대에 대해서도 마찬가지예요. 사실 최초의 인쇄본들은 제본된 상태로 팔리지도 않았습니다. 각자가 낱장으로 사서 그것들을 한데 제본해야 했어요. 이 때문에 우리가 수집하는 저서들의 장정은 참으로 다양합니다. 우리가 애서 취미를 통해 행복감을 느끼는 이유 중의 하나가 이것이지요. 골동품상에게나 호사가에게, 동일한 책의 두 이본은 이 장정 때문에 상당한 차이를 가질 수 있거든요. 이미

제본된 상태로 판매되는 저서들이 처음 출현한 것은 아마 12세기에서 13세기 사이일 것입니다.

카리에르 이른바 〈발행인의 장정〉이라고 하는 것들이지요.

에코 졸부들의 집 서재에서 볼 수 있는 책들이죠. 실내 디자이너들이 고서점에서 무게로 달아 사와서 장식해 놓는 거죠. 하지만 인쇄된 책들을 개인화하는 방법으로는 다른 것도 존재했지요. 바로 각 페이지마다 커다란 이니셜들을 그려 넣는 건데, 이를 통해 책 장식가는 책의 소유자로 하여금 자기가 유일무이한 사본을 소유하고 있다고 믿게 할 수 있었습니다. 이 모든 작업은 물론 손으로 이루어졌고요. 책에 목판화를 넣는 이유도 마찬가지였어요. 그래서 색을 넣어 그림을 화려하게 꾸미기도 했지요.

카리에르 당시에는 책이 아주 비싸서 왕, 대귀족, 부유한 은행가들이나 구입할 수 있는 것이었다는 점을 알아야 하겠지요. 내 서재에서 뽑아 온 이 작은 인큐내뷸러만 하더라도 지금도 상당히 비싸지만, 제작되었을 당시에는 지금보다도 비쌌을 겁니다. 이 책은 인쇄된 한 장 한 장이 모두 독피지(犢皮紙), 즉 송아지의 가죽으로 되어 있습니다. 그러니 생각해 보세요. 이런 종류의 책 한 권을 만들려면 얼마나 많은 송아지를 죽여야 할까요? 레지스 드브레는 만일 로마인들과 그리스인들이 채식주의자였더라면 어떤 일이 일어났을까라고 자문해 본 적이 있어요. 그랬었다면 우리는 고대가 양피지, 즉 무두질한 질긴 짐승의 가죽 위에 써서 남겨 준 이 책들을 한 권도 갖지 못했겠죠.

이렇게 책들은 무척 비쌌습니다. 하지만 이런 책들 말고도 15세기부터 행상들이 파는 책이 있었죠. 질 나쁜 종이로 만들어졌고, 제본도 안 된 싸구려 책이었지만 행상들의 채롱에 담겨 온 유럽을 돌아다녔답니다. 이 행상들 말고도 책 때문에 돌아다닌 사람들이 또 있었죠. 어떤 학자들은 특별히 귀한, 하지만 꼭 읽어야 할 필요가 있는 서적이 있는, 예를 들어 이탈리아의 수도원 같은 곳을 찾아 도버 해협과 알프스를 건너곤 했지요.

에코 우리는 제르베르 도리야크, 즉 서기 1000년경의 교황 실베스테르 2세에 관련된 재미있는 이야기를 하나 알고 있지요. 그는 어떤 사람이 루카누스[45]의 『파르살리아』 필사본 한 권을 소유하고 있는데, 그 책을 처분하려 한다는 말을 듣게 되었습니다. 그는 교환 조건으로 가죽으로 된 천구의(구형의 천체 모형)를 약속했죠. 필사본을 받아 본 그는 마지막에 시 두 편이 빠져 있는 걸 발견했어요. 사실은 루카누스가 그걸 쓰기 전에 죽었던 건데, 교황은 그 사실을 몰랐던 겁니다. 그래서 앙갚음을 하려고 천구의도 반쪽만 보내 주었답니다. 이 제르베르는 박식한 학

---

45 Marcus Annaeus Lucanus(39~65). 고대 로마 시대의 시인.

자이기도 했지만, 또 서적 수집가이기도 했답니다. 사람들은 서기 1000년경을 무슨 구석기 시대처럼 생각하는 경향이 있어요. 하지만 결코 그렇지 않았습니다. 이 제르베르의 이야기가 하나의 증거이지요.

카리에르 마찬가지로 아프리카 대륙에 책이 없었다고 상상해서도 안 되겠지요. 마치 책이 우리 서구 문명의 특징이나 되는 양 말입니다. 예를 들어 팀북투의 도서관에는 오랜 역사를 통해 쌓여 온 책들이 가득합니다. 중세 때부터 말리의 검은 현인들을 만나러 온 학생들이 일종의 교환 화폐로 책들을 가져와 거기에 놓고 갔기 때문이지요.

에코 나도 그 도서관을 방문한 적이 있습니다. 내 꿈 중의 하나가 죽기 전에 팀북투의 도서관을 방문하는 거였거든요. 이 말리 얘기가 나온 김에, 지금 우리의 주제와는 아무 상관이 없지만 책의 힘에 대해 뭔가를 말해 주고 있는 이야기를 하나 들려 드리겠습니다. 말리에 간 나는, 마르셀 그리올이 자신의 유명한 저서 『물의 신 *Dieu d'eau*』에서 그 독특한 우주론을 묘사한 바 있는 도곤족이 사는 지역을 방문하는 기회를 얻게 되었어요. 그런데 어떤 사람들은 그리올의 저서에는 지어낸 이야기가 많다고 빈정대기도 하지요. 하지만 지금 가서 어떤 도곤족 노인을 붙잡고 그의 종교에 대해 질문해 보세요. 그는 그리올이 쓴 그대로 대답할 것입니다. 다시 말해서 그리올이 쓴 것이 도곤족의 역사적 기억이 되어 버린 것이죠⋯⋯. 거기에 가면(그곳은 기가 막힌 절벽 위에 위치해 있으니만큼, 〈그 위에 가면〉이라는 표현이 더 정확하겠지요) 아이들이 몰려와서 우리를 빙 둘러싸고는 온갖 질문들을 던져 온답니다.

나는 그 아이들 중 하나에게 자신이 이슬람교도인지 물었더니 이렇게 대답하는 거예요. 「아뇨. 난 애니미즘을 신봉해요.」 그런데 어떤 애니미즘 신봉자가 자신이 애니미즘 신봉자라고 말할 수 있기 위해서는 프랑스 고등 연구원에서 4년은 공부해야 할 거예요. 왜냐하면 간단히 말해서 구석기 시대 사람이 자신이 구석기 시대 사람임을 알지 못하듯이, 애니미즘 신봉자 역시 자신이 그렇다는 걸 알 수 없기 때문이죠. 자, 보십시오. 이렇게 어떤 구전 문화까지도 책들에 의해 결정될 수 있습니다.

자, 이제 다시 옛날 책 이야기로 돌아와 봅시다. 일반적인 견해에 따르면, 인쇄된 책들은 주로 교양 있는 계층이 사용했다고 합니다. 하지만 인쇄본들은 필사본, 즉 인쇄본 이전의 책인 코덱스[46]보다는 계층을 불문하고 훨씬 더 많이 통용되었지요. 따라서 인쇄술의 발명은 분명히 하나의 진정한 민주주의 혁명이라고 할 수 있습니다. 인쇄술의 도움이 없었더라면 종교 개혁도 성서의 보급도 생각할 수 없는 일이었죠. 16세기 베네치아의 인쇄공 알도 마누체는 운

---

46 볼루멘(두루마리 책) 이후에 나온 책의 형태로, 낱장을 묶어 표지를 싼 것이다. 로마 시대에 발명되었으며, 현대의 책과 같은 형태라고 할 수 있지만, 일반적으로 로마 시대 후기부터 중세 시대까지의 필사본을 지칭한다.

반이 훨씬 용이한 포켓북을 만들겠다는 위대한 생각까지 하게 되지요. 내가 아는 범위에서는, 정보 전달의 수단으로서 이 책만큼 효율적인 발명품은 아직 없었습니다. 수백 기가바이트 용량의 컴퓨터라 할지라도 반드시 전원에 연결되어야만 하지요. 하지만 책에는 이런 문제점이 없습니다. 다시 한 번 반복하지만, 책은 바퀴와도 같은 것입니다. 일단 한번 발명되고 나면, 더 이상의 발전이 불필요한 그런 것이라 할 수 있어요.

카리에르 바퀴 얘기가 나왔으니 말인데, 이것은 콜럼버스 이전의 아메리카 문명들을 다루는 전문가들이 풀어야 하는 커다란 수수께끼 중의 하나입니다. 왜 이 문명들 중 어느 문명도 바퀴를 발명하지 않았을까요?

에코 아마 이 문명들 대부분이 너무 높은 곳에 자리 잡고 있어서, 바퀴가 라마와 경쟁하기 힘들었던 탓이겠지요.

카리에르 하지만 멕시코에는 대평원도 존재합니다. 참으로 이상한 수수께끼예요. 왜냐하면 그들이 바퀴를 이용한 장난감을 만든 걸 보면 바퀴에 대해서 전혀 모르지는 않았던 것 같거든요.

에코 알고 있겠지만, 알렉산드리아의 헤론[47]은 놀라운

---

47 Heron. 1, 2세기경의 그리스의 수학자, 물리학자, 기계학자.

것들을 무수히 발명했지만, 그것들은 대부분 장난감의 상태로 남아 있었죠.

카리에르 전하는 바로는, 그는 요즘의 차고 문처럼 자동으로 열리는 문이 있는 신전을 발명했다고 하죠. 신들에게 위엄을 더해 주기 위함이었죠.

에코 다만, 어떤 일들을 하기 위해서는 이런 발명품들을 실제로 만드는 것보다는 노예들을 시키는 편이 더 쉬운 해결책이었다는 것이 문제이죠.

카리에르 멕시코는 어느 쪽으로든 4백 킬로미터만 가면 바다가 나오는 곳이죠. 그래서 릴레이식으로 달려서 하루 안에 황제의 식탁에 생선을 올려놓을 수 있는 이른바 역참꾼들이 있었어요. 이들은 전속력으로 4~5백 미터를 달린 후, 다음 사람에게 짐을 전달했어요. 이걸 보면 당신의 가정이 맞는 것 같군요. 자, 이제 다시 책의 확산에 대한 얘기로 돌아와 보겠습니다. 당신이 표현한 그 〈완벽한 지식의 바퀴〉에 대해서 얘기해 보죠. 유럽의 15세기와 16세기는 특별히 불안하고도 혼란스러운 시대였고, 지금으로 말하자면 〈지식인〉에 해당하는 사람들은 자기네끼리 빈번하게 서신을 교환했습니다. 그들은 라틴어로 편지를 썼지요. 그리고 이 어려운 시대에 책은 쉽사리 여기저기 돌아다닐 수 있는 물건이었습니다. 그것은 보존의 도구 중 하나였던 것입니다. 마찬가지로 로마 제국이 끝나갈 무렵에도 지식인들은 수도원에 은거하여, 그들이 느끼기에 붕괴되어 가고 있는 한 문명에서 구해 낼 수 있는 모든 것을 필사해 놓았습니다. 이러한 현상은 문화가 위험에 처해 있는 시대에는 거의 항상 일어나는 일입니다.

영화의 영역에서 이러한 보존의 원칙이 지켜지지 않은 것은 참으로 유감입니다. 미국에서 출판된 것으로, 〈잃어버린 영화들의 사진집〉이라는 멋진 제목이 붙은 책을 아세요? 여기에 나오는 영화들은 모두 사라져 버렸고, 남은 것은 몇몇 이미지뿐으로 우리는 그것들을 통해 영화를 재구성하려 시도해 볼 수 있을 뿐이죠. 아까 말한 이란 제본공의 이야기와도 흡사한 상황입니다.

하지만 이보다 더 심한 것이 있습니다. 영화의 소설화, 즉 어떤 영화를 기반으로, 사진 삽화를 곁들여 책을 만드는 것은 아주 오래된 방식입니다. 그 역사는 무성 영화 시대로 거슬러 올라갑니다. 그런데 옛날에 나온 이런 책들 중에 아직도 남아 있는 것들이 있는 반면, 그 기반이 된 영화 자체는 사라져 버렸습니다. 영감을 준 영화는 사라져 버렸지만 책은 살아남은 것이죠. 다시 말해서 벌써부터 영화의 고고학이 존재하게 된 셈입니다. 자, 마지막으로 제가 항상 궁금하게 생각하던 점을 하나 물어보고 싶군요. 고대의 알렉산드리아의 도서관에서도 지금의 프랑스 국립도서관에서처럼 아무나 마음대로 들어가서 자리를 잡고 책을 읽을 수 있었나요?

에코 저도 잘 모릅니다. 그리고 아는 사람은 아마 아무도 없을 거예요. 그보다는 먼저 당시에 글을 읽을 줄 아는 사람이 얼마나 되었는지부터 알아야겠죠. 또 우리는 알렉산드리아 도서관에 책이 몇 권이나 소장되어 있었는지도 모릅니다. 중세의 도서관들에 대해서는 좀 더 많이 알고 있는데요, 우리가 생각하는 것보다는 책이 훨씬 적었습니다.

카리에르 당신이 수집한 책들에 대해 말해 주세요. 정확한 의미에서의 인큐내뷸러는 몇 권이나 갖고 있나요?

토낙 두 분은 이 〈인큐내뷸러〉를 벌써 여러 차례 언급했습니다. 그것이 옛날 책을 의미한다는 것은 대충 이해가 됩니다. 하지만 좀 더 정확하게 설명해 줄 수 있겠습니까?

에코 어떤 이탈리아 기자가 있었어요. 아는 것이 꽤나 많은 사람인데, 한 이탈리아 도서관에 대한 기사를 쓰면서, 거기에는 13세기의 인큐내뷸러들이 있다는 거예요! 사람들은 흔히 착각을 합니다. 채색 장식이 들어간 필사본이 인큐내뷸러라고요.

카리에르 이른바 〈인큐내뷸러〉란 인쇄술이 발명된 후로부터 1500년 12월 31일 밤까지 인쇄된 모든 책을 말하지요. 라틴어 〈인쿠나불라incunabula〉에서 따온 〈인큐내뷸러〉란 말은 활자 인쇄본 역사의 〈요람기〉, 다시 말해서

15세기에 인쇄된 모든 책을 뜻합니다. 구텐베르크의 42행 성서(이 책에는 아쉽게도 〈권말(卷末)〉, 즉 고서의 마지막 페이지에서 책에 대한 정보를 제공하는 메모가 없습니다)가 인쇄된 가장 개연성 있는 시기는 1452년에서 1455년 사이라는 게 통설입니다. 그다음에 이어지는 해들이 바로 이 〈요람기〉로, 이 시기는 1500년의 마지막 날에 끝나는 것으로 약속되어 있습니다. 왜냐하면 1500년도는 아직 15세기에 속하거든요. 바로 이런 이유에서 ─ 여담이지만 ─ 21세기의 시작을 1999년 12월 31일에 경축한 것은 전혀 타당치 못한 일이었습니다. 20세기의 진정한 끝이라 할 수 있는 2000년 12월 31일에 경축했어야 옳았죠. 이 문제에 대해서는 우리가 지난번 만났을 때 얘기한 적도 있었습니다.[48]

에코 그건 손가락을 꼽아 계산해도 알 수 있는 일 아닌가요? 10은 첫 번째 십 년에 속합니다. 따라서 100은 첫 번째 백 년에 속하지요. 새로운 백 년을 시작하기 위해서는 1500년의 ─ 100년이 15번이면 1500년이죠 ─ 12월 31일에 도달해야 하겠지요. 그건 그렇고, 이 날짜를 임의로 정해 놓은 것은 순수한 허영에서 나온 행위로 볼 수밖에 없습니다. 사실 1499년에 인쇄된 책은 1502년에 인쇄

---

48 『시간의 종말*Entretiens sur la fin des temps*』, 장클로드 카리에르, 장 들뤼모, 움베르토 에코, 스티븐 제이 굴드 지음, 카트린 다비드, 프레데릭 르누아르, 장필리프 드 토낙 정리(Pocket, 1999).

된 책과 다를 바가 하나도 없으니까요. 불행히도 1501년에 인쇄된 어떤 책을 잘 팔기 위해서, 골동품상들은 아주 약삭빠르게도 그 책을 〈포스트인큐내뷸러〉라고 부른답니다. 뭐 그렇게 따진다면야 지금 우리가 하고 있는 대담을 담게 될 책도 〈포스트인큐내뷸러〉가 되겠죠.

자, 이제 당신의 질문에 대답하겠습니다. 내가 갖고 있는 인큐내뷸러는 30여 권에 불과합니다. 하지만 물론 — 요즘 유행하는 표현을 쓰자면 — 〈기본적인〉 것들은 웬만큼 가지고 있지요. 예를 들면 『히프네로토마키아 폴리필리 Hypnerotomachia Poliphili』, 『뉘른베르크 연대기 Chronique de Nuremberg』, 피치노가 번역한 비의(秘儀) 서적들, 그리고 내 소설 『장미의 이름』의 한 등장인물이 된 우베르티노 다 카살레의 『십자가 생명의 나무 Arbor vitae crucifixae』 등등이죠. 내가 수집하는 책들은 몹시 편향되어 있습니다. 그것은 〈기호학적이고, 신기하고, 괴상하고, 공압적이고, 마술적인 서재〉 다시 말해서 은비 과학들과 잘못된 과학들에 바쳐진 컬렉션이지요. 예를 들어 지구의 움직임에 대해 잘못 생각했던 프톨레마이오스의 책은 가지고 있는 반면, 올바르게 생각했던 갈릴레이는 없는 식이죠.

카리에르 그렇다면 당신은 분명히 아타나시우스 키르허의 저서들도 가지고 있겠군요? 당신이 좋아하는 백과사전적 정신의 소유자인 데다가, 잘못된 생각들을 꽤 많이 만들어 낸 사람이니까요.

에코 그의 책은 다 가지고 있는데, 최초의 저서인 『아르스 마그네시아*Ars magnesia*』만 없답니다. 그림 한 점 안 들어간 조그만 책에 지나지 않지만, 시중에 돌아다니는 게 없어요. 아마 키르허가 아직 알려지지 않았던 시기여서 많은 부수를 찍어 내지 않았을 겁니다. 이 책은 너무나 멋대가리가 없어서 정성껏 보관할 생각을 한 사람이 아무도 없어서 그런 건지도 모르죠. 하지만 내게는 로버트 플러드와 몇몇 다른 괴상한 정신의 소유자들이 쓴 작품들도 있지요.

토낙 키르허에 대해 조금 더 말해 줄 수 있나요?

카리에르 로마에서 상당히 오래 산 17세기의 독일 예수회 수도사였어요. 그는 30여 권의 책을 썼는데, 그 분야만 해도 수학, 천문학, 음악, 음향학, 고고학, 의학, 중국, 라티움,[49] 화산학 등등, 하도 많아서 더 이상 열거하지 못하겠습니다. 그는 때로는 이집트학의 아버지로 여겨지기도 해요. 상형 문자들을 일종의 상징으로 이해한 것은 완전히 잘못된 것이었지만요.

에코 그래도 샹폴리옹이 그에 관한 연구를 착수할 수 있었던 것은, 단지 로제타석만이 아니라, 키르허가 출판한 사본들이 있었기 때문이지요. 나는 1992년에 콜레주 드 프랑스에서 완전 언어를 주제로 강의를 한 적이 있어요. 그때

49 지금 로마의 남동쪽에 있었던 역사적인 지방.

한 시간은 아타나시우스 키르허와 상형 문자에 대한 그의 해석에 할애했지요. 그날 학과 조교가 와서 내게 이렇게 귀띔했어요. 「교수님, 조심하셔야 합니다. 소르본 대학의 이집트 전문가들이 모두 다 와서 맨 앞줄에 앉아 있답니다.」 이거 큰일 났구나 하는 생각이 들더군요. 그래서 정말 조심했고, 상형 문자에 대해서는 언급하지 않고, 단지 키르허가 어떤 입장을 취했는지에 대해서만 말했죠. 나는 그때 이집트학 전문가들은 키르허를 다룬 적이 없다는 사실을 알게 되었어요(그들은 키르허가 어떤 미친 사람이라는 정도로만 알고 있었더군요). 그래서인지 그들은 내 강의를 들으면서 무척 재미있어했어요. 그 강의를 통해 나는 이집트학 전문가이자, 상형 문자를 해독할 열쇠의 실종과 재발견의 문제에 대한 귀중한 서지(書誌)를 내게 제공해 준 장 요요트 씨를 알게 되었답니다. 어쨌든 간에, 보편적 문화의 유산을 위협하는 새로운 위험 요소들이 나타나고 있는 요즘, 언어 소멸의 한 예인 고대 이집트어의 소멸 같은 주제에 대해 우리가 관심을 갖는 것은 당연한 일이라고 할 수 있습니다.

카리에르 키르허는 처음으로 중국에 대한 일종의 백과사전을 펴낸 사람이기도 합니다. 바로 『중국도설(中國圖說)*China monumentis illustrata*』이라는 책이죠.

에코 그는 중국 표의 문자의 기원은 도상(圖像)이라는 사실을 처음으로 발견한 사람이기도 합니다.

카리에르 『빛과 그림자의 위대한 마술Ars magna lucis et umbrae』이라는 그의 놀라운 저서도 잊어서는 안 되겠죠. 이 책에는 빙빙 도는 원판을 통해 움직이는 영상을 보고 있는 눈을 묘사한 그림이 나옵니다. 이런 종류의 그림으로는 최초의 것이었어요. 바로 이 때문에 키르허는 영화 이론의 발명가로 여겨지고도 있고요. 사실 유럽에 환등기를 들여온 사람도 바로 키르허라고 합니다. 그는 그야말로 당대 지식의 모든 영역을 다 건드려 본 사람이었죠. 어떤 의미에서 시대를 앞선 일종의 인터넷이라 할 수 있었지요. 다시 말해서 그는 당시에 알 수 있는 모든 것을 알고 있었으며, 그 지식의 50퍼센트는 정확했고, 50퍼센트는 잘못되었거나 공상적인 거였죠. 이런 비율은 요즘 우리가 컴퓨터 화면을 통해 얻을 수 있는 지식의 그것과 거의 비슷할 겁니다. 또 — 우리가 그를 좋아하는 것은 바로 이런 점 때문이기도 합니다 — 그가 고양이 합창단(그저 녀석들의 꼬리를 잡아당기기만 하면 됐지요)과 화산을 청소하는 기계를 상상했다는 사실도 빼놓아서는 안 되겠지요. 그는 한 무리의 예수회 수사들의 성원 속에 커다란 바구니를 타고 베수비오 화산의 연기 속으로 내려가기도 했답니다.

하지만 키르허가 수집가들의 표적이 되는 것은 무엇보다도 그의 책들이 뛰어나게 아름답기 때문입니다. 나는 우리 둘 다 키르허 애호가라고 생각하는데, 그렇지 않은가요? 최소한 기막히게 편집된 그의 책들에 대해서는 그럴 겁니다. 난 그의 저서를 한 권만 빼놓고 다 갖고 있어요. 하지만 없는 한 권이 아마 가장 중요한 책 중의 하나일 겁니다. 바로 『이집트의 오이디푸스*Œdipus aegyptiacus*』인데, 세계에서 가장 아름다운 책 중 하나로 여겨지고 있지요.

에코 내 호기심을 가장 많이 끄는 책은 『노아의 방주 *Arca Noe*』예요. 그중에서도 볼만한 것은 노아의 방주의 단면도이죠. 여러 번 접힌 도판에 그려져 있는 이 그림에서는 선창 밑바닥에 숨어 있는 뱀들을 포함하여 온갖 동물을 다 볼 수 있죠.

카리에르 그리고 대홍수 장면을 그린 도판도 기가 막힙니다. 또 『바벨탑*Turris Babel*』도 빼놓을 수 없지요. 이 책에서 키르허는 복잡한 계산을 통해 바벨탑이 완성될 수 없었던 이유를 설명하고 있어요. 만일 불행히도 그것이 완성되었더라면, 그것의 엄청난 높이와 무게를 못 이긴 지구는 그것을 축으로 빙글 돌아 버렸을 거라나요?

에코 거기에는 빙글 돌아서 엎어진 지구와, 그 결과 지구의 옆쪽으로 수평으로 나와 있는 탑의 이미지도 볼 수 있지요. 이러고 있으니까 탑이 꼭 지구의 남근 같지 않습니까? 정말 기막힌 그림이에요! 나는 키르허의 제자인 독일인 예수회 수사 가스파르 쇼트의 책들도 갖고 있어요. 하지만 내가 가진 것들을 더 이상 늘어놓고 싶은 생각은 없어요. 여기서 우리가 제기할 수 있는 문제는, 수집가는 어떤 동기로 특정한 종류의 책들에 이끌리게 되는가의 문제입니다. 예를 들어 왜 우리 두 사람은 키르허의 저서들을 수집할까요? 어떤 고서가 선택되는 데에는 여러 가지 이유가 있을 수 있습니다. 우선 책이라는 오브제에 대한 순수한 사랑이 있을 수 있지요. 예를 들어 어떤 수집가들은 서로 붙어 있는 페이지들이 아직 잘리지 않은 19세기의 책을 소유하고 있으면서, 이 세상 그 무엇을 준다 해도 그 페이지만큼은 절대 자르지 않으려고 합니다. 오브제를 그 자체로서 보호하기 위해서이죠. 그것을 처녀와도 같은 순결한 상태로 지키고 싶은 겁니다. 또 오직 장정에만 관심이 있는 수집가들도 있어요. 이들은 소유하고 있는 책들의 내용에 대해서는 상관하지 않지요. 관심의 대상이 발행인이어서, 예를 들어 마누체가 인쇄한 책들을 손에 넣으려고 하는 사람들도 있습니다. 어떤 사람들은 어떤 특정한 작품에만 열광하지요. 그들은 『신곡』의 모든 판본을 다 갖고 싶어 합니다. 어떤 사람들은 수집 대상을 단 하나의 영역으로 한정시키죠. 예를 들어 18세기 프랑스 문학 같은 것 말입니다. 또 어떤 하나의 주제를 중심으로 자신의 도서관을 꾸미려는 사람들도 있어요. 바로 나의 경우입니다. 앞에서 말했듯, 나는 잘못되고, 우스꽝스럽고, 은비적인 성격의 과학에 관련된 모든 것들, 그리고 상상적인 언어들에 관련된 모든 것들을 수집하고 있답니다.

카리에르 그 기묘한 선택의 이유를 설명해 주시겠습니까?

에코 나를 매혹하는 것은 오류와 허위 의식과 어리석음입니다. 그런 점에서 나는 매우 플로베르적이죠. 당신처럼 나도 바보 같은 짓들을 아주 좋아합니다. 그래서 『가짜 전쟁』에서는 예술 작품의 복제품들을 (밀랍으로 되어 있고, 두 팔이 달려 있는 밀로의 비너스 등등) 모아 놓은 미국의 미술관들을 묘사해 보았지요. 『해석의 한계』에서는 가짜와 위조의 이론을 다듬어 보았고요. 그리고 내 소설 중에서 『푸코의 진자』는 광신적으로 모든 것을 믿는 은비론자들에게서 영감을 얻었습니다. 『바우돌리노』의 중심 인물은 천재적인 위조꾼, 그리고 결국에는 사람들을 행복하게 해주는 위조꾼이죠.

카리에르 당신이 이런 것들에 관심을 갖는 또 다른 이유는, 가짜가 진실에 이를 수 있는 유일한 길이기 때문이겠죠.

에코 가짜는 어떤 진리 이론을 수립하려는 모든 시도에 대해 질문을 던집니다. 가짜를 그것을 탄생시킨 진품과 비교하는 것이 가능하다면, 그것이 가짜인지 아닌지를 알 수 있는 방법이 존재하는 것입니다. 진품만을 가지고 그것이 진품인지를 입증하는 것은 더 어려운 일입니다.

카리에르 나는 진정한 수집가라고 할 수는 없습니다. 평생 동안, 나는 어떤 책이 그냥 마음에 들기 때문에 사곤 했어요. 어떤 서가에서 내가 무엇보다도 좋아하는 것은, 잡다한 구성, 심지어는 서로 대립되고 서로 다투는 다양한 물건들이 인접해 있는 모습입니다.

에코 밀라노의 내 이웃도 당신처럼 그저 자기가 보기에 멋진 책들만 산답니다. 비트루비우스의 저서 한 권,『신곡』의 인큐내뷸러 한 권, 현대 미술가의 멋진 책 한 권, 이런 식으로 잡다하게 갖고 있는 거죠. 하지만 내 경우는 전혀 달라요. 키르허에 대한 내 열정을 조금 전에 말했었죠. 그의 모든 책을 소유할 수만 있다면, 예를 들어 그의 책 중 가장 떨어지는 『아르스 마그네시아』를 얻을 수만 있다면 나는 거금이라도 내놓을 준비가 되어 있어요. 그런데 아까 얘기한 그 이웃은 나처럼 아마도 세계에서 가장 아름다운 책일『히프네로토마키아 폴리필리*Hypnerotomachia Poliphili*』, 혹은『폴리필레의 꿈*Songe de Poliphile*』을 한 권 가지고 있답니다. 우리는 가끔 농담하면서 웃기도 하지요. 왜냐하면 카스텔로 스포르체스코 성 근처에 있는 우리 아파트 건물 앞에는 트리불치아나라는 유명한 도서관이 있는데, 바로 여기에도 『히프네로토마키아』가 또 한 권 있기 때문이죠. 즉 50미터 반경 안에 그 귀한 『히프네로토마키아』가 세 권이나 모여 있는 셈인데, 이건 아마도 세계 제일의 밀도일 거예요! 내가 여기서 말하는 것은 물론 1499년에 나온 인큐내뷸러이지, 그 이후의 판본들이 아닙니다.

카리에르 지금도 계속해서 장서를 늘리고 있나요?

에코 옛날에는 신기한 수집품들을 찾아내려고 사방을 뛰어다녔어요. 하지만 지금은 가끔씩만 돌아다니죠. 이제는 질을 추구합니다. 혹은 한 저자의 전작에서 빠진 구멍을 메우려고 하기도 해요. 바로 키르허의 경우이죠.

카리에르 수집가의 강박증이라는 것은 많은 경우 어떤 희귀한 대상을 단순히 입수하고 싶은 욕구이지, 그것을 오래 보존하겠다는 욕구는 아닌 것 같아요. 나는 이 주제와 관련하여 아주 재미있는 일화를 하나 알고 있죠. 『구아라니*Guarani*』는 1840년경 리우데자네이루에서 출간된 소설인데, 브라질 문학의 초석이라 할 수 있는 이 책은 두 권 남아 있었어요. 한 권은 어떤 박물관에 있었고, 다른 하나는 어딘가에 돌아다니고 있었죠. 내 브라질인 친구이자 대(大)수집가인 호세 민들린은 누군가가 이 책을 소장하고 있는데, 지금 파리에 와 있는 그 사람이 그걸 팔려고 한다는 사실을 알게 되었어요. 그는 당장에 상파울루-파리 비행기 표를 사고, 파리의 리츠 호텔에 방을 하나 예약했죠. 그렇게 해서 두 사람은 리츠 호텔에 틀어박혀서 장장 사흘 동안을 협상했답니다. 치열한 격론으로 이어진 사흘이었죠. 결국 두 사람이 합의점에 도달했고, 책을 소유하게 된 호세 민들린은 즉시 브라질행 비행기에 올랐어요. 비행 중에 그는 방금 구입한 그 따끈따끈한 책을 느긋하게 감상할 수 있었죠. 책은 그 자체로서 별로 대단할 게 없어서 조금은 실망했지만, 그거야 어느 정도 예상했던 일이었고요. 그렇게 그는 뭐 희귀한 세부라도 없나, 특이한 점이라도 없나 하면서 책을 이리저리 들쳐 보다가 그냥 옆에다 내려놓았대요. 그런데 브라질에 도착해서는 그만 책을 비행기에 놓고 내렸답니다. 그는 원하던 대상을 얻었지만, 얻는 그 순간 그 대상은 중요성을 잃어버린 것이지요. 그런데 작은 기적이 일어났어요. 에어 프랑스 항공사 직원이 책을 발견해서 잘 보관하고 있었던 거죠. 덕분에 민들린은 책을 찾을 수 있었습니다. 그런데 그의 말로는, 책을 찾긴 했지만 그저 무덤덤했다고 해요. 나도 이렇게 단언할 수 있습니다. 어느 날 내가 내 장서의 일부분을 처분해 버려야 하는 때가 온다 해도, 특별히 힘들지 않을 거라고요.

에코 나도 똑같은 경험이 있습니다. 진정한 수집가는 소유보다는, 찾아 헤매는 행위 자체에 흥미를 느끼는 법이죠. 진정한 사냥꾼의 일차적인 관심은 사냥 그 자체이듯 말이에요. 물론 잡은 동물들로 요리를 하거나 맛보는 것을 즐길 수도 있겠지만, 그건 그다음의 일이죠. 나는 어떤 완전한 컬렉션을 이루기 위해 평생을 바치지만, 일단 컬렉션이 이루어지면 그걸 팔아 버리거나, 심지어는 어떤 도서관이나 박물관에 기증해 버리는 수집가들을 알고 있어요. 아세요? 사람들은 그야말로 온갖 것을 수집한답니다. 책, 우표, 우편엽서, 샴페인 마개 등등……. 다시 말해서 대상 그 자체는 큰 의미가 없다는 뜻이죠.

카리에르 당신도 그러하겠지만 난 서점 카탈로그들을 엄청나게 많이 받고 있어요. 그 대부분은 책의 목록들을 모아 놓은 목록이죠. 이른바 〈북 온 북스(책들에 대한 책)〉라는 것들 말입니다. 서점 카탈로그들만을 취급하는 경매도 있어요. 18세기에 나온 카탈로그도 있거든요.

에코 나는 그런 카탈로그들을 다 치워 버린답니다. 그 가운데는 예술 작품이라고 할 수 있을 정도로 멋지게 꾸며진 것들도 많지만, 아무 책이나 서가의 한 자리를 차지할 수는 없는 노릇이니까요. 이 문제에 대해서는 나중에 얘기하기로 하고요, 나는 이 카탈로그들을 대학교에 가지고 갑니다. 난 거기서 미래의 편집인들을 위한 석사 과정을 지도하고 있고, 이 과정에는 당연히 책의 역사에 대한 강좌도 포함되어 있기 때문이에요. 물론 버리지 않는 카탈로그도 있지요. 하지만 그것은 내가 좋아하는 주제들에 관련된 것이거나, 정말로 기가 막히게 아름다운 책들에 국한되죠. 이 카탈로그 중 어떤 것들은 진정한 도서 애호가가 아니라, 고서에 투자하려는 졸부들을 겨냥한 것입니다. 이런 경우, 카탈로그는 그야말로 미술책을 연상시킬 정도로 화려하게 만들어지죠. 그것들이 공짜로 보내지기에 망정이지, 그렇지 않으면 값이 엄청날 거예요.

토낙 그런 얘기를 들으니, 그 인큐내뷸러들의 가격이 얼마나 되는지 알고 싶군요. 그런 책 몇 권을 소유하고 있으면 정말 엄청난 부자가 되는 건가요?

에코 책에 따라 달라요. 요즘 수백만 유로를 호가하는 인큐내뷸러들도 있지만, 어떤 것은 수백 유로 정도면 구입할 수 있습니다. 아주 귀한 책을 찾아내 반값이나 4분의 1 가격으로 사는 것, 이것은 수집가가 얻을 수 있는 또 하나의 큰 기쁨이지요. 물론 이 시장도 마치 〈마술 부적〉[50]처럼 축소되고 있기 때문에, 이런 일은 점점 더 드물어져 가고 있어요. 하지만 이따금 괜찮은 거래를 하는 게 전혀 불가능한 일은 아니에요. 심지어는 아주 비싸다고 알려진 골동품 가게에서도 괜찮은 구매를 할 수 있죠. 한 가지 예를 들어 보겠습니다. 미국에서는 라틴어로 쓰인 책은 그것이 아주 귀한 것이라 할지라도 수집가들의 관심을 끌지 못합니다. 그렇잖아도 외국어로 쓰인 책을 잘 읽지 않는 사람들인데, 라틴어는 더 말할 나위가 없겠죠. 특히 문제의 책을 어떤 큰 대학 도서관에서 열람할 수 있는 경우에는 더욱 관심이 없어집니다. 그들의 강박적인 관심의 대상은 예를

---

50 발자크의 소설 『마술 부적 La peau de chagrin』에 나오는 오돌토돌한 가죽으로 된 마술 부적. 이 부적을 가지고 있으면 모든 욕망이 이루어지는 동시에 그만큼 수명이 줄어든다고 한다.

들어 마크 트웨인 작품의 초판본 같은 것이지요(이런 책은 정말이지 값을 따지지 않지요). 어느 날 나는 뉴욕의 유서 깊은 골동품 가게인 (불행히도 몇 년 전 문을 닫았죠) 크라우스에서 1525년에 인쇄된 기막힌 책인, 프란체스코 조르지의 『세계 화합에 관하여 *De harmonia mundi*』를 발견했어요. 사실 그 이전에 밀라노에서 사본을 한 권 본 적이 있는데 너무 비싸서 사지 못했었죠. 하지만 난 크라우스에서 이 책을 밀라노에서 제시된 것의 5분의 1 가격으로 살 수 있었어요. 그곳의 큰 대학 도서관들은 이미 그 책을 보유하고 있었고, 평범한 미국 수집가들은 라틴어 책에 전혀 관심을 보이지 않았기 때문이죠.

독일에서도 비슷한 횡재를 할 수 있었지요. 한번은 수천 권의 책이 영역별로 분류되어 소개되고 있는 어떤 경매 카탈로그를 훑어보고 있었어요. 거기서 별다른 생각 없이 〈신학〉이라는 항목으로 모여 있는 책들의 리스트를 보고 있었는데, 갑자기 어떤 제목 하나가 눈에 띄는 거예요. 알로이시우스 구트만의 『신의 위엄의 계시 *Offenbarung göttlicher Mayestat*』였지요. 구트만, 구트만…… 뭔가 알 것도 같은 이름이었죠. 나는 재빨리 찾아보았고, 그 결과 놀라운 사실을 알게 되었어요. 구트만은 장미 십자회의 거의 모든 성명서에 영향을 준 인물로 여겨지고 있었는데, 그의 책은 최소한 최근 30년 동안은 한 번도 관련 분야의 카탈로그에 나타나지 않았던 것이죠. 그런데 바로 이 책이 지금 100유로에 해당하는 경매 시작가로 정해져 있는 거예요. 그때 이런 생각이 떠오르더군요. 이 책은 정상적으로는 〈비교(秘教)〉 항목에 포함되어야 옳기 때문에, 관심 있는 수집가들의 눈을 벗어났을 가능성이 있다……. 그 경매는 뮌헨에서 있었어요. 나는 내 책의 독일 발행인(뮌헨 사람이었죠)에게 편지를 써서 그 책의 매수 신청을 하되, 200유로 이상은 올리지 말아 달라고 부탁했어요. 그는 결국 150유로에 살 수 있었죠.

이 책은 엄청나게 희귀한 것일 뿐 아니라, 각 장의 여백마다 고딕체의 주(註)들이 빨강, 검정, 녹색으로 인쇄되어 있는, 그야말로 그 자체로 하나의 예술 작품이라 할 만한 것입니다. 하지만 이런 엄청난 행운이 항상 있는 것은 아니지요. 사실 최근 몇 년 사이에, 고서적의 경매가는 유례없는 액수들을 기록하고 있답니다. 책에 대해서는 아무것도 모르는, 하지만 고서적 구입이 좋은 투자가 될 수 있다는 말을 누군가한테 듣고서 몰려든 구매자들 때문이죠. 하지만 이것은 완전히 잘못된 생각이에요! 만일 당신이 1천 유로짜리 국채를 한 장 샀다고 해요. 얼마 후에 당신은 은행에 전화 한 통만 하면, 그걸 같은 가격에, 혹은 다소간 차이 나는 가격에 팔 수 있어요. 하지만 1천 유로짜리의 책을 사는 경우, 내일 당신은 그걸 1천 유로에 다시 팔 수 없습니다. 서적상도 이윤을 취해야 하니까요. 그에게는 그럴 만한 이유들이 있습니다. 이 책을 팔기 위해 제작해야 했던 카탈로그 비용, 서점 운영비 등등. 그가 정직하지 못한 사람인 경우에는 시장 가격의 4분의 1도 안 되는 가격을 쥐어 주려고 할 것입니다. 어떤 책이든 좋은 구매자를 만나기 위해서는 시간이 필요해요. 돈을 번다고요? 그건 당신이 당신 책들의 판매를 크리스티 경매에 위탁하고서 죽고 난 후에야 가능하겠죠.

그건 그렇고, 지금부터 5년 전이었던가 6년 전이었던가, 밀라노의 한 골동품상은 프톨레마이오스의 기막힌 인큐내뷸러 한 권을 내게 보여 주었어요. 아쉽게도 그는 내게 10만 유로를 요구하더군요. 너무 비쌌어요. 최소한 내게는 너무 비싼 가격이었죠. 또 내가 이 책을 살 경우, 제 값을 받고 다시 파는 일이 하늘의 별따기가 될 가능성이 농후했고요. 그런데 3주 후에 무슨 일이 있었는지 아세요? 그것과 비슷한 프톨레마이오스 한 권이 어떤 공매(公賣)에서 무려 70만 유로에 팔린 거예요. 이른바 〈투자자〉라는 사람들이 장난하듯이 값을 올린 거죠. 그리고 그 이후, 그 책이 카탈로그에 나타날 때마다 확인해 보니까, 그 70만 유로 이하로는 안 내려가더군요. 한마디로 진짜 수집가들은 쳐다볼 수도 없는 책이 되어 버린 겁니다.

카리에르 책이 하나의 재테크 대상, 하나의 상품이 되어 버린 것인데, 참으로 슬픈 일이죠. 도서 수집가들, 다시 말해서 책을 진정으로 사랑하는 사람들은 일반적으로 큰 재산이 있는 사람들은 아니거든요. 이제는 책도 은행을 거쳐야 하고, 책에도 〈투자〉라는 딱지가 붙는 세상이 됐어요. 다른 영역에서도 마찬가지지만 여기서도 우리는 뭔가를 잃고 있는 거죠.

에코 우선, 수집가들은 경매장에 가지 못해요. 이런 경매는 세계 이곳저곳에서 열리기 때문에, 경매를 모두 좇아 다니려면 많은 돈과 시간이 필요하기 때문이죠. 그런데 두 번째 이유는 서적상들이 매물을 말 그대로 몽땅 삼켜 버리고 있다는 점이에요. 예를 들어 그들은 호가를 올리지 않기로 사전에 담합하고, 경매가 끝난 후에는 호텔에서 만나 산 물건을 나누어 갖는답니다. 그렇게 사놓고서 한정 없이 꼭 붙들고 있는 거죠. 그러니 우리로서는 좋아하는 책 한 권을 사기 위해 10년을 기다려야 하는 일이 종종 생긴답니다. 여기서 내 인생에서 최고로 괜찮았던 거래 중의 하나를 소개해드려야겠군요. 이번에도 뉴욕의 크라우스 상점에서 있었던 일인데, 한데 묶어 장정한 다섯 권의 인큐내뷸러를 내놓는데, 물론 내게는 가격이 너무 비쌌어요. 하지만 그 집에 들를 때마다 나는 농담 삼아 말하곤 했어요. 여전히 그 책이 팔리지 않은 걸 보니 가격이 너무 세다는 증거가 아니겠냐고요. 결국 사장은 나의 한결같은 정성과 끈질김이 보상을 받을 만하다고 말하면서, 그 책들을 처음 요구했던 것의 약 반 가격에 넘겨 줬어요. 그로부터 한 달 후, 어떤 다른 카탈로그를 보니까, 그 인큐내뷸러들 중 하나의 가격이 내가 산 다섯 권 전체의 가격보다도 대략 두 배나 비싼 액수에 나와 있더라고요. 그리고 이후에도 그 다섯 권 각각의 가격은 계속해서 올라갔어요. 10년 동안 인내했더니 그런 일이 일어난 겁니다. 참 재미있는 게임이죠.

카리에르 사람들의 고서 애호 취미가 계속되리라고 생각하세요? 이것은 양식 있는 서적상들이 약간의 불안감을 느끼며 스스로에게 던지고 있는 질문이지요. 만일 이들의 고객으로 남은 것이 은행가들뿐이라면, 이 직업도 이제는 끝장난 셈이니까요. 내가 아는 많은 서적상들이 말하기를, 신세대 가운데는 진정한 도서 애호가가 점점 줄어들고 있다고 합니다.

에코 우선 고서들이란 필연적으로 사라져 가고 있는 물건들이라는 사실을 상기해야 할 것입니다. 내가 아주 희귀한 보석 하나를, 혹은 라파엘의 작품을 한 점 소유하고 있는 경우, 내가 죽으면 내 가족들은 그걸 팔아 버립니다. 하지만 훌륭한 장서를 소유하고 있을 경우, 사람들은 일반적으로 유서에다 쓰기를, 평생을 바쳐 이룩해 놓은 것이니 흩어지게 하지 말라고 당부할 것입니다. 그러면 이것은 어떤 공공 기관에 기증되거나 크리스티 경매의 중개를 통해 어떤 큰 도서관 — 대개는 미국의 도서관 — 에 팔릴 것입니다.

그러면 이 모든 책들은 시장에서 영원히 사라지게 되지요. 다이아몬드는 소유주가 죽을 때마다 다시 시장에 돌아옵니다. 하지만 인큐내뷸러는 다릅니다. 그것은 이제 보스턴 도서관의 장서 목록에 기입되어 있습니다.

카리에르 다시 말해서 다시는 거기에서 못 나오는 거죠.

에코 그렇습니다. 다시는 못 나오죠. 따라서 소위 〈투자자〉라고 하는 사람들이 여러 가지 해악을 끼치는 점도 있지만, 고서 자체가 갈수록 드물어져 가고, 따라서 필연적으로 갈수록 비싸져 간다는 사실도 무시할 수 없습니다. 그렇다면 신세대들은 어떻느냐고요? 난 그들 가운데 고서 애호 취미가 사라졌다고 생각하지는 않습니다. 아니 오히려 신세대에게 고서 애호 취미라는 것이 과연 한 번이라도 존재한 적이 있었는지 물어보고 싶군요. 고서의 가격은 항상 젊은 사람들의 경제적 능력을 넘어서는 것 아니었나요? 하지만 이 점도 말해야겠군요. 즉 만일 누군가가 진정으로 열정을 가지고 있다면, 그는 많은 돈을 쓰지 않고도 도서 수집가가 될 수 있다는 점 말입니다. 나는 내 서가에서 16세기에 출판된 아리오스토 두 권을 찾아냈는데요, 그건 내가 젊은 시절에 호기심으로 샀던, 그리고 요즘 돈으로 치면 2유로밖에 되지 않았던 책입니다(제목 페이지에 고서적상이 연필로 써놓은 걸 보면 알 수 있지요). 물론 어떤 골동품상의 눈으로 보면, 지금도 별 것 아닌 책이겠죠.

내 친구 하나는 독일의 레클람 문고와 같은 종류인 리촐리 세계 문고에서 나온 조그만 책들을 수집하고 있어요. 1950년대에 출간된 이 책들은 보잘것없는 외양 때문에 아주 희귀해졌지만, 값도 거의 나가지 않아서 그 누구도 정성들여 보존할 생각을 하지 않았지요. 하지만 시리즈 전체(작품이 거의 천여 편이나 되지요)를 복원하는 것은 지극히 흥미로운 작업입니다. 그렇다고 해서 돈을 많이 가져야 할 필요도 없고, 럭셔리한 골동품상에 가야할 필요도 없지요. 그저 여기저기 벼룩시장(요즘은 이베이겠지만요)만 열심히 돌아다니면 되는 일입니다. 이렇듯 많은 돈을 들이지 않고도 도서 애호가가 될 수 있지요. 나의 또 한 친구는 그가 애정을 갖는 시인들의 소박한 옛날 판본들(꼭 초판을 찾는 건 아니어요)을 수집해요. 왜냐하면 — 그의 말로는 — 당대에 인쇄된 책으로 시를 읽으면 또 다른 〈맛〉을 느낄 수 있기 때문이라는 거죠.

하지만 이 사람이 과연 도서 애호가인 걸까요? 아니면 그냥 단순히 시를 열정적으로 좋아하는 사람인 걸까요? 고서를 파는 시장은 어디를 가든 쉽게 찾을 수 있습니다. 식당에서 슈쿠르트[51] 한 그릇 사먹는 돈이면 19세기 판본의 책들이나, 심지어는 20세기의 초판본까지도 구할 수 있는 그런 곳들 말이죠(물론 보들레르의 『악의 꽃』의 초판본은 어렵겠지만요). 내가 가르치던 한 학생은 각 도시의 관광안내 책자만을 수집했습니다. 세월이 지나 아무 쓸모없는 것들이라서 정말 아무런 값어치도 없는 책들이었죠. 하지만 그는 그 책들을 바탕으로 해서, 〈수십 년에 걸친 한 도시의 변천사〉라는 주제의 박사 논문을 썼답니다. 그런 다음 이 논문을 출간했죠. 즉 그는 수집한 책들로 책 한 권

---

51 프랑스 알자스 지역에서 즐겨 먹는 식초에 절인 양배추 요리. 양배추를 썰어 발효시킨 다음 소시지와 곁들여 먹는다.

을 만들어 낸 셈이죠.

카리에르 나도 여기서 내가 어떻게 로버트 플러드의 전집을 얻게 되었는지 말해야겠군요. 전집의 장정이 일률적인데 이는 당대에 이루어진 거고요, 아마 이런 식의 형태로는 유일할 겁니다. 자, 이 이야기는 매우 귀중한 장서와 많은 아이들이 있었던 영국의 한 부유한 가족에서 시작됩니다. 흔히 있는 일이지만, 이 아이들 가운데 단 한 사람만이 책들의 진정한 가치를 알고 있었어요. 아버지가 사망하자, 보는 눈이 있는 그 사람은 그의 형제, 누이들에게 이렇게 말했답니다. 「나는 단지 책들만 가지겠어. 나머지는 너희들이 알아서 해.」 이 말에 다른 사람들은 좋아라 했다죠. 그들은 땅과 돈과 가구와 성(城)을 가졌습니다. 하지만 책들의 새 주인은 그걸 공개적으로 팔기는 힘든 입장이었어요. 가족이 판매 결과를 알게 되면, 〈단지 책들〉이 아무것도 아닌 게 절대로 아니고, 자기들이 속아 넘어갔다는 사실을 알게 될 위험이 있었으니까요. 그래서 그는 가족들에게 얘기하지 않고, 비밀리에 책을 국제적 중개인들에게 팔기로 결심했어요. 그런데 이 〈국제적 중개인〉이라는 사람들은 정말 이상한 사람들인 경우가 적지 않아요. 플러드 전집은 한 중개인을 통해 내게 도착했는데, 그 사람은 자전거 오토바이를 타고 다녔어요. 그런데 말이죠, 그 자전거 오토바이 핸들에 비닐봉지가 하나 걸려 있는데, 그는 그 보물 같은 책들을 그 비닐봉지에 넣어 운반하곤 했지요. 내가 그 전집 값을 모두 치르는 데는 꼬박 4년이 걸렸어요. 하지만 영국 가족의 그 누구도 그 책들이 누구에게, 그리고 얼마에 팔려갔는지 전혀 알지 못했답니다.

기어코 우리에게까지
도달하려 하는 책들

토낙 두 분은 어떤 종류의 책들을, 때로는 대단한 집요함으로 사냥해 온 것 같군요. 한 작가의 전집을 완성하기 위해, 혹은 관심 있는 주제에 관련된 장서를 풍부하게 만들기 위해…… 혹은 단순히 아름다운 오브제를 좋아하는 마음에서, 또는 어떤 특별한 책이 두 분에게 갖는 상징적 의미 때문에 그리하신 거겠죠. 탐정의 그것과도 같은 이 치밀한 작업과 관련하여 우리에게 들려줄 재미난 이야기라도 있는지요?

카리에르 이 주제와 관련하여 지금으로부터 약 10여 년 전에 국립 문헌 보관소의 소장에게 일어난 일을 얘기해 드리겠습니다. 문헌 보관소가 있는 다른 나라에서도 마찬가지이겠지만, 프랑스 국립 문헌 보관소에서는 폐기하기로 결정한 고문서들을 매일 트럭이 와서 실어 간답니다. 매일 문헌 보관소에 들어오는 새 문헌들을 위해 자리를 마련하기 위해서입니다. 여기서도 파괴하고 또 여과해 내야 합니다. 이것이 세상의 법칙인 것입니다. 트럭이 도착하기 전에 때로는 〈종이 수집가〉들을 오게 하는 일도 있습니다. 공증 문서, 결혼 계약서 같은 고문서 애호가들인 이 〈종이 수집가〉들로 하여금 어차피 폐기될 것들을 공짜로 가져가게 하는 거죠. 이 문헌 보관소 소장이 내게 이런 얘기를 들려주었습니다. 어느 날 출근하여 건물에 들어가려 하고 있는데 트럭 한 대가 나와, 막 그녀 앞을 지나가고 있었어요. 바로 이때, 그녀의 〈노련한 눈〉이 작동한 겁니다. 어떤 특정한 것을 보는 법을 배운 눈, 오직 그것만을 기다리고 있는 눈 말입니다(이것은 내가 아주 좋아하는 개념 중의 하나이죠). 그녀는 트럭을 지나가게 하려고 옆으로 몸을 피해 주었어요. 그런데 이때 그녀의 눈은 커다란 짐 꾸러미에서 조금 삐져나와 있는 누르스름한 종잇조각을 본 겁니다. 그녀는 당장 트럭을 멈추게 한 다음, 케이블을 풀고 문제의 짐 꾸러미를 열어 보게 했어요. 그런데 그 안에 뭐가 있었는지 아십니까? 몰리에르가 아직 지방에서 활동하던 시절, 그가 이끌던 〈성명(盛名) 극단〉의 아주 귀한 포스터 중 하나였어요! 어떻게 그 포스터가 거기까지 오게 되었을까요? 그리고 왜 지금은 소각장으로 보내려 하는 걸까요? 얼마나 많은 귀중한 문서와 희귀한 책들이 부주의함으로, 정신을 놓음으로, 소홀함으로 그런 식으로 파괴되어 왔던 걸까요? 아마 이렇게 부주의한 사람들이 초래한 손실은 노골적인 파괴자들의 그것보다도 많을 겁니다.

에코 정말이지 수집가에게는 당신이 말한 그 〈노련한 눈〉이 필요하지요. 몇 달 전에 난 그라나다에 간 일이 있었어요. 먼저 알람브라 궁전과 사람들이 주로 가는 필수 코스를 구경한 후에, 내 요청에 따라 한 친구가 나를 한 고서 전문 서점으로 데려가 주었어요. 그곳은 어마어마하게 무질서했고, 나로서는 전혀 흥미 없는 스페인어 책들의 무더기를 뒤져 보았지만 별 소득이 없었습니다. 그런데 갑자기 책 두 권이 내 눈길을 끌었고, 난 그것들을 꺼내 달라고 부탁했죠. 그것은 스페인어로 쓰인 기억술 관련 서적들이었어요. 나는 한 권 값을 치렀고, 다른 한 권은 점원이 선물로 주었죠. 사람들은 이렇게 말할지도 모릅니다. 그것은 순전히 운이 좋았던 거고, 그 서점에는 아마 다른 보물들도 있었을 거다. 나는 절대 아니라고 확신해요. 우리에게는 먹잇감으로 곧장 이끄는 어떤 사냥개 같은 후각이 존재하는 게 아닐까요?

카리에르 나는 유명한 서적상이자 훌륭한 작가이기도 한 제라르 오베를레를 따라서 서점들을 돌아다닌 적이 있답니다. 그는 한 서점에 들어서면 말없이, 그리고 아주 천천히 서가를 훑어보지요. 그리고 어느 순간, 그를 기다리고 있었던 〈바로 그〉 책 앞으로 다가갑니다. 그 책이 그 서점에서 그가 손을 대고, 또 구입하는 유일한 책이죠. 그렇게 지난번에 그가 고른 책은 사뮈엘 베케트가 프루스트에 대해 쓴 책의 초판으로, 아주 구하기 힘든 것이었습니다.

또 난 대학생 시절에 위니베르시테 가(街)에서 과학에 관련된 서적들과 물건들의 전문가인 한 훌륭한 서적상을 알고 있었습니다. 그분은 학생인 우리가 돈이 없어 아무것도 사지 못한다는 사실을 잘 알면서도, 나와 친구들을 가게에 들어오게 해주었죠. 그리고 여러 가지 좋은 말씀도 해주고, 멋진 물건들도 보여 주곤 했어요. 나의 취향을 형성해 준 분입니다. 그런데 그분은 생제르맹 대로 맞은편에 있는 바크 가에서 살고 있었어요. 그분이 어느 날 저녁, 집에 들어가는 길이었대요. 대로를 건너서 걷고 있는데, 문득 어떤 쓰레기통에서 삐죽 솟아나온 놋쇠 조각 하나가 눈길을 끌었다는 겁니다. 그분은 걸음을 멈추고 뚜껑을 열고는 뭐 쓸 만한 거라도 없는지 뒤져 보았답니다. 그리고 거기서 파스칼이 만든 열두 개의 계산기 중 하나를 꺼내게 됐다지 뭡니까? 값으로 따질 수 없는 보물이었죠. 지금은 파리 국립 기술 공예 박물관에 들어가 있고요. 누가 그것을 거기다 버렸을까요? 그리고 그 〈노련한 눈〉이 바로 그날 밤 거기를 지나가게 되었으니, 이 또 얼마나 놀라운 우연의 일치입니까!

에코 조금 전에 나는 그라나다의 서점에서 있었던 일을 얘기하면서 좀 웃었지요. 그것은 간단히 말해서 아까 말은 그렇게 했지만, 사실 그때 나는 전혀 확신하지 못했기 때문이에요. 다시 말해서 그 서점에 그 두 권의 책만큼이나 나를 열광시킬 제3의 책이 없다고는 전혀 확신할 수 없었죠. 아마 당신의 친구 분이라는 그 서적상도 그에게 손짓

하는 물건을 보지 못한 채 세 번이나 지나쳤을 수 있어요. 네 번째에야 비로소 그 파스칼의 기계를 보게 됐는지도 모를 일이죠.

카리에르 카탈루냐어의 역사에서 아주 중요한 13세기의 문헌이 하나 있습니다. 두 페이지 남짓한 분량의 이 필사본은 오래전에 사라졌지만, 대신 15세기의 인쇄본이 남아 있어요. 바로 인큐내뷸러본인데 아주 귀한 것입니다. 카탈루냐 문화의 애호가들에게는 세계에서 가장 귀중한 인큐내뷸러라고 할 수 있겠지요. 그런데 내가 아는 바르셀로나의 한 서적상은 마치 지워진 자취를 찾는 탐정처럼 수년간을 찾아 헤맨 끝에 마침내 그 귀중한 인큐내뷸러를 구할 수 있었답니다. 그는 그것을 사서 바르셀로나 도서관에 되팔았는데, 그 판 가격은 내게 밝히지 않았지만 아마 상당했을 거예요.

그렇게 몇 년이 지났어요. 어느 날 이 서적상이 큼직한 이절지 크기의 책을 한 권 샀는데, 그 표지 장정 속에는, 흔히 있는 일이지만, 옛날 종이들로 가득 채워져 있었죠. 그는 이런 경우 보통 하는 방식대로 했습니다. 즉 면도칼로 장정의 가죽을 살짝 쪼개어 그 안에 있는 종이들을 꺼냈지요. 그런데 그 안에 있는 옛날 종이 가운데는, 아까 말한 오래전에 없어졌다고 여겨진 그 13세기의 필사본이 들어 있었던 겁니다. 바로 그 필사본의 원본이었어요. 그는 기절할 것 같은 기분이었답니다. 진짜 보물이 거기 있었으니까요.

누군가가 순전한 무지에 의해 그것을 그 안에다 집어넣었던 거죠.

에코 영국에서, 아니 전 세계에서 가장 중요한 고서적 전문 서점일 퀴리치에서는 장정 속에서 발견된 필사본들만을 가지고 전시회를 개최하고, 또 카탈로그도 만든 적이 있어요. 이 카탈로그에는 『장미의 이름』의 도서관 화재에서 살아남은 어떤 필사본에 대한 상세한 묘사도 포함되어 있지요. 물론 그 필사본은 전적으로 그들이 꾸며 낸 가공의 것입니다. 나는 그것을 발견했고(묘사에 따라 추정해 보니 우표만 한 크기의 아주 작은 것이더군요), 그 일을 인연으로 해서 우리는 친구가 되었답니다. 하지만 많은 사람들이 그것이 진짜 문서라고 믿었죠.

카리에르 소포클레스의 비극을 또 한 편 찾아내는 것도 가능하다고 생각하세요?

에코 얼마 전에 이탈리아에서는, 토리노의 산파올로 은행 재단이 상당한 고가에 구입한 아르테미도로스[52]의 파피루스 문서를 둘러싸고 큰 논쟁이 벌어졌었습니다. 이탈리아의 두 유명한 전문가가 맞붙었죠. 과연 이 책이 그리스학자 아르테미도로스의 진짜 저서가 맞느냐, 아니면

---

52 기원전 1세기경의 그리스의 지리학자. 꿈의 해석에 대한 책을 남긴 2세기의 아르테미도로스와는 다른 인물이다.

가짜냐? 매일 같이 언론에 새로운 전문가가 나타나서 어제 발표된 내용을 지지하거나 혹은 반박하곤 했지요. 내가 왜 이 얘기를 하느냐 하면, 과거의 자취들은 여기저기에서 계속해서 다시 나타나고 있다는 사실을 보여 주기 위함입니다. 우리가 사해 문서를 발견한 것은 불과 50년 전의 일이죠. 나는 이런 문서들을 다시 찾게 될 가능성은 오히려 요즘이 더 크다고 봐요. 왜냐하면 오늘날 우리는 옛날보다도 건설 사업을 많이 하기 때문에 땅을 많이 파헤치기 때문입니다. 따라서 소포클레스의 필사본을 발견하게 될 가능성은 요즘이 슐리만[53] 때보다도 더 많지 않겠어요?

토낙 책을 사랑하는 애서가로서 두 분이 갖고 있는 가장 큰 소망은 무엇인지요? 예를 들어 내일 어떤 신축 공사장에서 무언가가 땅에서 튀어나온다면, 그것이 무엇이기를 바라는지요?

에코 내가 개인적으로 꼭 갖고 싶은 게 있다면, 그것은 최초의 인쇄본인 구텐베르크의 성서입니다. 따라서 그 책이 또 한 권 발견되었으면 좋겠어요. 또 지금은 실전되었지만 아리스토텔레스가 『시학』에서 언급한 그 비극 작품들도 다시 발견된다면 흥미로울 것 같고요. 하지만 이것들 이외에는 사라져 버린 책들 가운데 없다고 해서 그렇게 아쉽게 느껴지는 것은 없습니다. 그것들이 사라져 버린 데에

---

53 Heinrich Schliemann(1822~1890). 독일의 고고학자로 대규모 발굴 작업을 통해 트로이와 미케네 문명의 유적을 발굴했다.

는 그럴 만한 이유가 있을 테니까요. 다시 말해서 불이나 그것들을 파괴해 버린 종교 재판관들을 뚫고 살아남을 만큼의 가치가 없었던 것인지도 모르죠.

카리에르 나는 알려지지 않은 마야의 코덱스 한 권이 발견된다면 정말로 기쁘겠어요. 내가 1964년에 처음으로 멕시코에 갔을 때, 놀라운 사실을 하나 알게 되었습니다. 지금까지 확인된 마야의 피라미드가 10만 개인데, 그중에서 불과 300여 개만이 발굴되었다고 하더군요. 몇 년 후, 난 팔란케에서 작업하고 있는 한 고고학자에게 그 지역의 발굴 작업이 얼마나 더 계속될 것인지 물었더니, 「약 550년입니다」라고 대답하더군요. 서구인들이 콜럼버스 도래 이전의 중남미 세계에 자행한 일은 아마도 하나의 〈글〉을 말살하려 했던 시도의 가장 참혹한 예일 것입니다. 하나의 글을, 즉 하나의 언어, 하나의 표현, 하나의 문학, 다시 말해서 하나의 사상의 모든 흔적을 완전히 파괴해 버리려 했지요. 이 정복된 민족들은 그 어떤 기억도 간직할 자격이 없는 듯이 말입니다. 당시 유카탄 반도에서는 몇몇 기독교 탈레반들의 지시에 따라 코덱스들이 산처럼 쌓여져 불태워졌다고 합니다. 그래도 몇 권은 간신히 살아남을 수 있었답니다. 여기에는 마야 민족의 것들만이 아니라 아즈텍족의 것들도 포함되는데, 그 상황이 때로는 기가 막히기 이를 데 없어요. 예를 들어 19세기의 파리에서 한 〈노련한 눈〉이 마야 코덱스 한 권을 발견한 적이 있습니다. 벽난

로에 불쏘시개로 막 들어가기 직전에 찾아낸 거지요.

그런데 아메리카의 고대 언어들은 아직 죽지 않았습니다. 오히려 부활하고 있는 중이죠. 아즈텍족의 언어인 나후아틀어는 멕시코의 국어 자리를 넘보고 있기까지 합니다. 최근에는 베케트의 『고도를 기다리며』가 나후아틀어로 번역되었습니다. 난 그 〈초판본〉을 벌써 예약해 두었죠.

토낙 우리가 존재조차 모르고 있던 어떤 책이 어느 날 갑자기 발견될 수도 있지 않을까요?

카리에르 정말로 굉장한 이야기를 하나 들려 드리지요. 이 이야기의 주인공은 폴 펠리오라고 하는 이로써, 프랑스의 언어학자이자, 20세기 초반의 젊은 탐험가입니다. 그는 1세기 전의 샹폴리옹과도 약간 비슷한 점이 있는 천재적인 언어학자이며 고고학자였습니다. 그는 한 독일 팀과 함께 비단길이 지나가는 중국 서부의 둔황 지방에서 작업했어요. 사실 아주 오래전부터 대상들의 입을 통해 이 지역에는 불상들이며 기타 유물들로 가득한 동굴들이 많다는 사실이 잘 알려져 있었죠.

1911년, 펠리오와 그의 동료들은 10세기경부터 밀폐된 상태로 내려온 한 동굴을 발견했습니다. 그들은 중국 정부와 협상을 하여 그것을 열게 했죠. 그리고 그 안에는 모두가 10세기 이전의 것인 필사본이 6만 점이나 들어 있었던 겁니다! 어떤 사람은 이것이 20세기 최대의 고고학적 발견이라고 주장하기도 하죠. 사람들이 모르고 있던 책들로 가득 찬 동굴! 우리가 모든 것이 보존되어 있는 알렉산드리아 도서관의 한 방에 갑자기 들어섰다고 생각해 보세요! 펠리오는 — 최고의 〈노련한 눈〉으로 — 이와 비교될 수 있는 무언가를, 어떤 강렬한 기쁨을 느꼈겠지요. 그의 심장이 얼마나 세차게 뛰었을까요? 사진 한 장은 그 고서 무더기 한 가운데 촛불을 밝히고 앉아 있는 그의 모습을 보여 주고 있지요. 의심할 바 없이 정말 행복했을 겁니다.

그는 이 보물들에 둘러싸여 동굴에서 3주를 지내면서 분류 작업을 시작합니다. 그는 사라진 언어 두 개를 발견하게 되는데요, 그중 하나가 페르시아의 고어인 팔레비어입니다. 또 그는 거기서 마니교 경전도 발견했습니다. 이 글은 마니교의 적들이 아닌 마니교도들 자신이 쓴 — 한자로 되어있습니다 — 것으로 지금까지 남아 있는 유일한 것인데, 내 아내 나할은 이 책에 대해 학위 논문을 쓰기도 했지요. 이 책에서 마니는 〈빛의 부처〉라고 불리고 있습니다. 이 책 이외에도 믿을 수 없이 놀라운 자료가 무수히 쏟아져 나왔지요. 세계의 갖가지 전통들에서 나온 책들이지요. 펠리오는 프랑스 정부를 설득해서 중국인들의 동의하에 이 필사본 중 약 2만 점을 구입하는 데 성공했습니다. 오늘날 이 문서들은 프랑스 국립 도서관의 〈펠리오 컬렉션〉을 이루고 있죠. 아직도 번역과 연구가 진행되고 있는 중입니다.

토낙 그렇다면 이런 질문은 어떻겠습니까? 지금껏 우리에게 알려지지 않은 걸작이 발견되는 것도 가능할까요?

에코 이탈리아의 한 작가는 「위대한 불가리아 시인이란 있을 수 없다」는 아포리즘을 쓴 적이 있습니다. 이 생각 자체는 약간 인종주의적으로 보일 수도 있겠지요. 하지만 이 작가는 아마 다음의 두 가지 중의 하나, 혹은 두 가지 모두를 말하고 싶었을 것입니다(그는 불가리아 대신에 그 어떤 다른 작은 나라를 넣어서도 똑같이 말할 수 있었을 겁니다). 첫째, 불가리아에 위대한 작가가 존재했다 하더라도, 불가리아어가 충분히 알려져 있지 않기 때문에 우리가 이 시인을 만나게 될 기회는 없습니다. 따라서 〈위대함〉이 유명함을 의미한다면 좋은 시인은 될 수 있을지언정 유명한 시인, 즉 〈대시인〉은 될 수 없는 거죠. 내가 그루지야에 간 적이 있었는데, 그곳의 누군가가 루스타벨리의 「호랑이 가죽의 사내」는 자기네의 국민시(詩)로서 어마어마한 걸작이라고 말하더군요. 나는 그 사람 말을 믿긴 하지만, 셰익스피어 같은 엄청난 국제적 명성은 이 시인에게는 없는 겁니다.

두 번째로, 한 나라가 보편적으로 사고할 수 있는 의식을 형성하기 위해서는, 반드시 역사적 대사건들을 통과해야만 한다…….

카리에르 파라과이에도 얼마나 많은 헤밍웨이들이 태어났을까요? 아마 그들은 굉장히 독창적인 작품을 만들어 낼 수 있는 능력을 가지고 태어났을 겁니다. 하지만 그들은 그렇게 하지 않았지요. 아니, 할 수 없었던 거지요. 왜냐하면 그들은 글을 쓸 줄 몰랐거든요. 혹은 그들의 작품에 관심을 갖는 편집자가 존재하지 않기 때문이죠. 심지어 그들은 자신이 글을 쓸 수 있다는 사실, 자신이 〈작가〉가 될 수 있다는 사실조차 몰랐겠지요.

에코 아리스토텔레스는 『시학』에서 우리로서는 접할 길이 없는 20여 편의 비극을 언급하고 있습니다. 따라서 진정한 문제는 다음과 같다고 말할 수 있습니다. 왜 소포클레스와 에우리피데스의 작품들만 살아남은 것일까요? 이 작품들이 더 훌륭해서일까요? 더 후대에 남겨질 가치가 있었기 때문이었을까요? 아니면 그 작가들이 교묘한 책략을 통해 동시대인들의 지지를 얻어 내어 다른 경쟁자들, 즉 역사가 마땅히 기억했어야 했을 사람들이었기에 아리스토텔레스가 언급하고 있는 그 작가들을 물리쳐 버린 것일까요?

카리에르 더불어 소포클레스의 작품들 가운데도 어떤 것들은 사라져 버렸다는 사실도 잊어서는 안 되겠죠. 사라진 작품들은 보존된 작품들보다 질적으로 더 뛰어났을지도 모릅니다. 어쩌면 우리가 간직해 온 작품들은 단순히 아테네 관객들이 더 선호했던 작품들, 그렇다고 해서 반드시 — 적어도 우리의 눈에는 — 가장 흥미로운 것은 아닌 작품들일 수도 있습니다. 지금까지 남아 있었다면 우리는 오히려 다른 작품들을 선호했을지도 모릅니다. 그렇다면 대체 누가 결정한 걸까요? 이 작품 말고 저 작품을 보존하자고, 혹은 보존하지 말자고, 또 혹은 아랍어로 번역해 놓자고, 누가 결정했을까요? 또 우리가 그 실체를 전혀 모르는 위대한 〈저자〉들이 얼마나 많은 걸까요? 하지만 이들이 — 심지어 실제로 지은 책이 없다 할지라도 — 엄청난 영광을 누리는 경우가 종종 있지요. 여기서 우리는 앞에서 말한 〈유령〉의 개념을 다시 만나게 되는군요. 누가 알겠어요? 어쩌면 가장 위대한 작가는 우리가 한 번도 읽어 본 적이 없는 미지의 작가일지도 모릅니다. 영광의 정상에는 오직 익명성만이 존재할 수 있는 것인지도 모릅니다. 여기서 나는 셰익스피어와 몰리에르의 작품들을 실제로 쓴 사람이 누구인지를 따지는 그 주석자들이 생각나는군요. 어리석은 질문일 뿐입니다. 그게 무슨 중요성이 있나요? 〈진짜 셰익스피어〉는 셰익스피어의 영광 속에 사라져 버립니다. 작품과 분리된 셰익스피어는 아무것도 아닙니다. 반대로 셰익스피어의 작품은 셰익스피어가 없어도 셰익스피어의 작품으로 남을 것입니다.

에코 우리가 던지고 있는 질문에 대해 어쩌면 이런 대답이 가능할지도 모르겠습니다. 각각의 책에는 세월이 흐름에 따라 우리가 그 책에 부여한 해석들이 삽입됩니다. 우리는 셰익스피어를 그가 썼던 대로 읽지 않습니다. 따라서 우리의 셰익스피어는 그 시대의 독자들이 읽었던 책보다 훨씬 더 풍부한 것이지요. 걸작이 걸작이기 위해서는 알려져야 합니다. 즉 그 작품이 야기한 해석들을 흡수해야만 합니다. 그러면 그 해석들은 한 작품을 현재의 그것으로 만드는 데 기여하게 되는 거죠. 반면 알려지지 않은 걸작에는 충분한 독자들과 독서들과 해석들이 없습니다. 결국 성서를 만든 것은 탈무드라고 말할 수 있습니다.

카리에르 마치 우리가 통과하는 사건들이 우리를 변화시키듯, 독서가 행해질 때마다 책은 변화되는 법이죠. 위대한 책은 항상 살아 있습니다. 그것은 우리와 함께 자라나고 늙어가되, 결코 죽지는 않습니다. 시간은 책을 비옥하게 만들고 변화시킵니다. 반면 흥미를 끌지 못하는 책들은 역사 옆으로 미끄러져 나가 사라져 버리죠. 몇 년 전 얘기인데, 나는 라신의 「앙드로마크」를 다시 읽고 있는 중이었어요. 그러다 갑자기 앙드로마크가 시녀에게 트로이의 학살에 대해 길게 늘어놓고 있는 대목을 보게 되었죠. 〈세피즈, 그 잔혹한 밤을 생각해 보렴. / 한 백성 전체에게 영원한 밤이었던 그 밤을.〉 아우슈비츠의 참상을 겪고 난 우리로서는 이 구절을 다른 방식으로 읽을 수밖에 없습니다. 그 젊은 라신이 우리에게 벌써 그 인종 학살에 대해 묘사해 주고 있는 거지요.

에코 그게 바로 보르헤스의 단편 「피에르 메나르, 돈키호테의 저자」가 담고 있는 의미입니다. 여기서 보르헤스는

17세기 스페인의 역사와 문화를 완전히 소화함으로써 『돈키호테』를 다시 쓰려고 애쓰는 20세기 초반의 한 작가를 상상하고 있습니다. 이렇게 해서 그가 쓰게 된 작품은 세르반테스가 쓴 『돈키호테』 원본과 한 자도 다르지 않은 똑같은 텍스트인데, 그 의미만큼은 그렇지 않습니다. 왜냐하면 동일한 문장이라도 세르반테스 당대와 지금은 의미가 같지 않기 때문이죠. 또 우리 자신도 이 책을 다른 식으로 읽습니다. 왜냐하면 이 세르반테스의 작품이 야기한 무수한 독서들이 원 텍스트에 구성 요소들로 첨가되었기 때문입니다. 반면 알려지지 않은 걸작에는 이런 일이 일어날 수 없지요.

카리에르 걸작은 걸작으로 태어나는 것이 아니라 걸작으로 만들어지는 것입니다. 또한 위대한 작품들은 독자인 우리를 통하여 서로 간에 영향을 준다는 점도 덧붙여야겠지요. 우리는 세르반테스가 카프카에게 얼마나 큰 영향을 주었는지 설명할 수 있을 것입니다. 하지만 역으로 ― 제라르 주네트가 명쾌하게 보여 주었듯이 ― 카프카가 세르반테스에게 영향을 주었다고도 말할 수 있지요. 만일 내가 세르반테스보다도 카프카를 먼저 읽었다면, 나를 통하여, 그리고 나도 모르는 사이에 카프카는 『돈키호테』에 대한 나의 독서에 변화를 가져올 것이기 때문입니다. 마찬가지로 우리가 거쳐 온 삶의 행로들, 우리의 개인적인 체험들, 우리가 살고 있는 이 시대, 우리가 얻는 정보들, 심지어는 우리 집안의 불행한 일들이나 아이들의 문제들에 이르기까지 모든 것이 옛날의 작품들에 대한 우리의 독서에 영향을 끼치는 겁니다.

나는 이따금 손 가는 대로 이 책 저 책을 펼쳐 보곤 합니다. 지난달에는 『돈키호테』의 마지막 부, 즉 사람들이 가장 읽지 않는 그 부분을 펼치게 되었어요. 섬에서 돌아온 산초는 한 친구를 만나게 됩니다. 리코테라는 이름의 이 사내는 〈콘베르소〉, 즉 개종한 무어인인데, 어떤 왕령(王令)이 포고되어 아프리카의 바르바리[54] 지역으로 돌려보내지는 신세가 되었습니다(이것은 실제로 있었던 일이었죠). 그의 부모와 마찬가지로 스페인에서 태어났고, 스스로 선한 기독교인으로 여기고 있었던 그로서는 알지도 못하는 곳이었고, 그 언어도 몰랐던지라 너무도 어처구니없는 일이었습니다. 참으로 놀라운 페이지가 아닐 수 없습니다. 바로 우리 자신에 대해서 직접적으로 얘기하고 있는 것입니다. 읽으면 그 어떤 설명 없이도 간단히 이해가 됩니다.[55] 그 인물은 이렇게 말하죠. 〈불행에 처한 우리를 받아 주는 곳은 그 어디에도 없다.〉 이것이 바로 위대한 책의 권위요, 친근함이요, 시사성인 것입니다. 우리가 책을 펼치면, 책은 우리에 대해서 얘기해 주지요. 왜냐하면 우리는 그 시대부

---

54 동쪽으로는 이집트, 서쪽으로는 대서양, 남쪽으로는 사하라 사막, 북쪽으로는 지중해에 면한 북아프리카의 해안 지역의 옛 이름. 지금의 모로코, 알제리, 튀니지, 리비아 등에 해당한다.
55 오늘날의 프랑스에서는 북아프리카 출신 이민자에 대해 동일한 일이 벌어지고 있다. 이런 경험, 이런 〈기억〉이 있는 〈우리〉 프랑스 독자는 고전의 이 부분을 즉각 이해할 수 있는 것이다.

터 지금까지 살아 왔기 때문이며, 그런 우리의 기억들이 책에 덧붙여지고 섞여 들었기 때문입니다.

에코 「모나리자」의 경우도 마찬가지입니다. 다빈치는, 예를 들면 「바위 위에 앉아 있는 성모 마리아」, 「흰 담비를 안은 부인」 같은, 내가 생각하기에 훨씬 더 아름다운 작품들을 만들었지요. 하지만 「모나리자」는 사람들로부터 더 많은 해석을 받았고, 이 해석들은 시간이 흐름에 따라 마치 퇴적층처럼 화폭 위에 내려앉아 그것을 변형했습니다. T. S. 엘리엇은 『햄릿』에 대한 글에서 이 모든 문제에 대해 이미 논한 바 있었지요. 사실 『햄릿』은 걸작이 아닙니다. 그것은 그 안에 얽혀 있는 다양한 원천들을 조화롭게 정돈해 내지 못한 산만한 비극에 불과합니다. 이 때문에 이 작품은 알쏭달쏭해졌고, 사람들은 계속해서 이것의 주제가 무엇인지를 묻고 있는 것입니다. 『햄릿』이 걸작인 까닭은 그것의 문학적 질이 뛰어나서가 아닙니다. 그것이 걸작이 된 것은 바로 우리의 해석에 저항하기 때문이죠. 말도 안 되는 말을 내뱉어 놓으면 이름이 후세에 남게 되는 경우가 왕왕 있는 법입니다.

카리에르 그리고 걸작은 끊임없이 재발견되죠. 하나의 작품은 시간을 통과하면서 자신이 어둠에서 벗어날 시간을 기다리는 것 같아요. 언젠가 한 텔레비전 방송에서 발자크의 『고리오 영감』을 각색할 생각이 있느냐고 내게 물어왔습니다. 내가 그 책을 읽지 않은 지가 최소한 30년은 된 때였죠. 그래서 어느 날 저녁, 난 그 책을 한 번 훑어볼 생각으로 자리에 앉았습니다. 그런데 끝날 때까지 책을 손에서 놓을 수가 없었어요. 다 읽고 나니 새벽 서너 시가 되어 있더군요. 페이지마다 느껴지는 어떤 불끈불끈 치미는 힘, 그 글쓰기의 에너지는 너무도 강렬한 것이라서 나는 한순간도 눈을 뗄 수가 없었어요. 어떻게 집필 당시 서른두 살에 불과했던 발자크가, 그것도 결혼도 안했고, 자녀도 없었던 그 청년이 한 노인과 그의 딸들 간의 관계를 그처럼 잔혹하고 정확하고 적확하게 분석할 수 있단 말입니까! 예를 들어 고리오 영감은 같은 하숙집에 있는 라스티냑에게 자신은 매일 저녁 딸들이 지나가는 모습을 보려고 샹젤리제 거리에 간다고 말합니다. 영감은 딸들에게 돈을 대주어, 마차와 하인을 비롯하여 그녀들을 행복하게 해줄 수 있는 모든 것을 갖추게 해주지요. 물론 이 때문에 가난해지고, 심지어는 파산까지 합니다. 하지만 자신의 존재로 인해 딸들이 불편해할까 봐 딸들에게 모습을 드러내지 않고 감히 손짓조차 보내지 못하지요. 다만 그들이 지나가는 모습을 보는 행인들이 발하는 찬탄 어린 논평을 듣는 것으로 만족하면서, 라스티냑에게는 이렇게 말합니다. 〈딸들의 무릎에 앉아 있는 강아지가 되고 싶다오.〉 이런 깊은 진실을 찾아내다니요! 이처럼 가끔씩 일어나는 집단적 재발견들이 있을 뿐 아니라, 어느 날 저녁 잊어버리고 있었던 어떤 책을 집어든 우리 각자에게 일어나는 소중한 개인적인 재발견들도 있는 것입니다.

에코 나는 젊었을 때 조르주 드 라투르를 발견하고, 완전히 사로잡혀 버렸던 일이 생각나요. 그때 나는 왜 사람들이 그를 카라바조에 비견될 만한 천재로 여기지 않는지 참 궁금했어요. 그로부터 수십 년 후, 라투르는 과연 재발견되어 찬탄의 대상이 되더군요. 심지어는 대중적 인기까지 얻게 되었어요. 때로는 어떤 전시회 하나 — 혹은 어떤 책의 새로운 판본 — 가 이런 갑작스런 열광을 일으키기도 하지요.

카리에르 그런데 여기서 잠시, 어떤 책들이 파괴의 위협 앞에서 보여 주는 끈질긴 저항력이라는 주제에 대해 얘기해 볼 수 있지 않을까요? 스페인 사람들이 아메리카 원주민 문명들에 대해 어떤 식으로 행동했는지에 대해서는 앞에서 이미 말한 바 있습니다. 그 언어들 중에서, 그 문학들 중에서 우리가 보존할 수 있었던 것은 마야 코덱스 3권과 아즈텍 코덱스 4권이 전부이지요. 그중에 두 권은 기적적으로 다시 발견되었어요. 하나는 마야 코덱스로 파리에 있고, 다른 것은 아즈텍의 것으로 피렌체에 있는데, 이 때문에 〈코덱스 플로렌티노(피렌체의 코덱스)〉라고 불리지요. 언젠가는 우리에게 다시 읽히기 위하여 무슨 일이 있어도 살아남으려고 발버둥 치는 그런 꾀바르고도 끈질긴 책들이 존재하는 걸까요?

토낙 만일 누군가가 어떤 귀중한 필사본이나 책들의 가치를 정확히 알고 있다면, 그것들을 빼돌리고 싶은 유혹마저 느끼지 않겠습니까? 최근 파리의 국립 도서관의 한 보존관은 자신이 맡고 있는 히브리 컬렉션에 속한 필사본 한 점을 빼돌린 혐의로 기소되었다고 합니다.

에코 사실 도둑들 덕분으로 살아남은 책들도 있죠. 장 클로드, 당신의 질문을 들으니 피렌체 출신의 위대한 수학자로 프랑스로 귀화한 지롤라모 리브리 백작의 이야기가 떠오르는군요. 존경받는 대학자였던 그는 국가 문화재에 속하는 필사본들을 보존하는 임무를 맡은 특별 위원으로 임명되었어요. 그는 이 사명을 수행하기 위해 프랑스 방방곡곡을 돌아다녔답니다. 수도원, 마을 도서관 할 것 없이 모두 뒤지면서 높은 가치를 지닌 자료들과 수많은 귀중한 서적들을 그들의 슬픈 운명에서 꺼내 주려 애를 썼지요. 그를 한 시민으로 받아 준 나라는 그의 이런 노력에 아낌없는 박수를 보내 주었고요. 그런데 어느 날, 그가 값으로 따질 수 없는 그 자료들과 책들을 자신의 용도를 위해 빼돌렸다는 사실이 발견된 겁니다. 그는 재판을 받게 될 위기에 처했지요. 이때 기조[56]부터 시작해서 메리메에 이르기까지, 그야말로 당대의 프랑스 문화계 전체가 불쌍한 지롤라모 리브리를 옹호하는 성명서에 서명하고, 그는 정직

---

56 프랑수아 기조 François Guizot(1787~1874). 프랑스의 역사가이자 정치가.

한 사람이라고 열렬히 외쳐 댔지요. 이탈리아 지식인들도 일어섰습니다. 억울하게 비난받고 있는 그 불행한 인물을 위해 완전무결한 변론이 펼쳐졌지요. 심지어는 그가 빼돌린 것으로 의심되는 수천 점의 자료들이 발견되었을 때에도 그의 옹호는 계속되었습니다. 당시 사람들은 그가, 이집트에서 발견한 문화재들을 유럽으로 가져오는 것을 아주 당연하게 생각한 유럽인들과 별반 다를 바가 없다고 생각한 것 같아요. 한 가지 차이가 있다면 그 자료들이 아직 정확히 분류되지 않았기 때문에 일단 자기 집에 가져가서 잘 보관하고 있었다는 점뿐이겠죠. 어쨌든 지롤라모 리브리는 재판을 피하기 위해 영국으로 망명을 떠나, 거기서 그 엄청난 스캔들로 얼룩진 삶을 마감하게 됩니다. 하지만 그가 정말로 죄가 있었는지 아닌지는 아직까지도 밝혀지지 않고 있어요.

토낙 우리가 그 존재는 알고 있지만 아무도 보거나 읽지 못한 책들. 알려지지 않았으며, 앞으로도 그렇게 남아 있어야 할 걸작들. 누군가가 훔쳐갔거나, 혹은 어떤 동굴 속에서 천 년에 가까운 세월 동안 기다리고 있는, 값으로 따질 수 없이 귀중한 필사본들……. 이 모두가 부당하게 어둠에 잠겨 있는 책들이라 할 수 있겠죠. 그렇다면 역으로 갑자기 〈아버지〉를 잃게 된 책들, 즉 다른 작가의 것이라고 주장되어 지금까지 그 창조자라고 여겨졌던 작가를 졸지에 잃은 책들에 대해서는 어떤 말을 할 수 있을까요? 셰익스피어는 〈셰익스피어〉를 썼을까요? 호메로스는 정말로 〈호메로스〉일까요?

카리에르 셰익스피어와 관련된 추억을 한 가지 얘기해 드릴 게요. 나는 문화 혁명 직후에 베이징에 간 적이 있습니다. 호텔에서 아침 식사를 하면서 「차이나 투데이」지를 훑어보고 있었지요. 그런데 그날 아침, 일면을 채우고 있는 일곱 단 중에서 다섯 단이 한 〈충격적인〉 사건을 다루고 있었습니다. 영국에서 전문가들이, 셰익스피어의 어떤 작품들은 그가 쓴 것이 아니라는 사실을 발견해 냈다는 거였습니다. 나는 급히 기사를 자세히 읽어 보았죠. 그랬더니 문제가 되고 있는 부분은 그의 희곡들 여기저기에 흩어져 있는 몇몇 구절, 그것도 별로 중요하지 않은 구절들에 불과하다는 것을 알게 되었지요.

그날 저녁, 나는 중국 전문가 두 명과 식사를 하면서 참으로 놀랍다고 말했어요. 어떻게 그다지 뉴스라고 할 것도 없는 셰익스피어 이야기가 「차이나 투데이」 일면의 거의 전부를 채울 수 있느냐고요. 그러자 중국 전문가 한 분이 이렇게 말하더군요. 「이곳은 만다린[57]의 나라, 즉 글이 오래전부터 권력과 연결되어 온 나라, 글이 가장 중요한 것으로 여겨지는 나라라는 사실을 잊어서는 안 됩니다. 따라서 서구에서, 아니 어쩌면 전 세계에서 가장 위대한 작가 중의 한 명에게 어떤 일이 일어났다면, 그건 일면의 다섯

---

57 신해혁명 이전의 고급 관리를 지칭하는 말. 송대 이후 이들은 과거를 통해 채용되었으므로, 유교가 몸에 밴 문인들이다.

단을 차지할 만한 일인 겁니다.」

에코 셰익스피어의 작품들이 정말로 그가 쓴 것들이라는 사실을 확인하거나 반박하기 위한 논문들은 수없이 많습니다. 나는 적어도 가장 유명한 논문들은 다 가지고 있지요. 〈셰익스피어-베이컨 논란〉이라는 이름으로 알려진 논쟁이죠. 나도 이에 대해 약간의 농담이 섞인 글을 쓴 적이 있습니다. 만일 셰익스피어의 모든 작품이 베이컨에 의해 쓰인 거라면, 베이컨은 자신의 저서들을 쓸 시간이 없었을 것이고, 따라서 그것들은 셰익스피어가 썼을 것이라고요.

카리에르 프랑스에도 비슷한 문제가 있지요. 앞에서도 말씀드린 바 있는 코르네유와 몰리에르에 관한 얘기입니다. 몰리에르의 작품들의 실제 저자가 누구인가……? 아니 그게 몰리에르가 아니라면 대체 누구겠어요?

내가 고전 문학을 공부하던 시절, 한 교수님께서는 4개월 동안 이른바 〈호메로스 문제〉에 대해 줄기차게 강의했습니다. 그분의 결론은 이러했지요. 〈지금 우리가 아는 바로는, 아마도 호메로스의 서사시들을 쓴 사람은 호메로스가 아니라, 역시 호메로스라고 불린 그의 손자였을 것입니다.〉 그 이후로 사정은 많이 변했습니다. 왜냐하면 요즘 전문가들은 『일리아드』와 『오디세이』는 동일 작가의 작품이 아닌 것이 분명하다고 의견이 일치하고 있으니까요. 즉 호메로스의 손자에 대한 가설은 이제는 완전히 포기된 듯이 보입니다.

어쨌든 간에 코르네유와 몰리에르가 작품들의 공동의 〈아버지〉라는 가정은 사람들로 하여금 온갖 종류의 시나리오들을 상상하게 하고 있습니다. 〈몰리에르는 직원들과 배우들, 그리고 무대 감독 등으로 구성된 극단을 이끌어야 했고, 또 많은 사람들을 만나야 하는 바쁜 사람이었다. 또 그의 이런 활동 내용이 수입 내역 등과 함께 적힌 장부들이 존재했다……. 이 모든 것들을 볼 때 무언가 숨겨진 중요한 진실이 있었다고 추정할 수 있다. 코르네유는 한밤중에 검은 망토로 몸을 감싸고 찾아와 텍스트를 건네주었으리라…….〉 하지만 정작 몰리에르 당대에 아무도 이 사실을 알아차리지 못했다는 사실이 더 놀랍지 않습니까? 그러나 맹신의 유혹은 합리적인 사고보다 강한 법입니다. 이것도 또 하나의 터무니없는 음모 이론이라고 할 수 있는 것이죠. 어떤 사람들에게는 세상을 있는 그대로 받아들이는 것이 불가능합니다. 세상을 다시 만들 수는 없는 노릇이므로, 고쳐 쓰기라도 해야 직성이 풀리는 거죠.

에코 창작 행위에는 반드시 어떤 신비가 결부되어야 하는 법이죠. 대중은 그것을 요구합니다. 그렇지 않다면 어떻게 댄 브라운 같은 작가가 먹고살 수 있겠습니까? 우리는 이미 지난 세기의 샤르코가 밝혀 준 덕분으로, 왜 히스테리 환자들이 몸에 성흔(聖痕)을 갖게 되는지 잘 알게 되었습니다. 하지만 아직도 우리는 파드레 피오[58] 같은 사

[58] 프란체스코파 카푸치노 수도회 수사(1887~1968)로 23세 때 성흔(예

람을 우상시하고 있지요. 코르네유가 그냥 코르네유라면 평범하지요. 하지만 코르네유가 코르네유일 뿐 아니라 또 몰리에르이기도 하다면, 사람들의 흥미는 증폭되는 것입니다.

카리에르 다시 셰익스피어에 대해 말하자면, 그의 생전에 출간된 작품의 수는 몇 되지 않았다는 점을 상기해야 합니다. 그가 죽고 나서 한참 후에, 일단의 영국 학자들이 모여서 그의 전집을 만들었지요. 1623년에 나온 이 전집은 셰익스피어 작품의 초판으로 간주되며, 〈폴리오〉[59]라는 명칭으로 불리고 있어요. 말할 것도 없이 보물 중의 보물이지요. 이 초판이 지금 어딘가에 남아 있는 게 있나요?

에코 워싱턴에 있는 폴거 셰익스피어 도서관에서 세 권을 본 적이 있어요. 네, 물론 존재하죠. 하지만 골동품 시장에는 더 이상 돌아다니지 않습니다. 나는 내 소설 『로아나 여왕의 신비한 불꽃』에서 한 서적상과 1623년의 〈폴리오〉에 얽힌 이야기를 한 적이 있지요. 그것은 모든 서적 수집가들의 꿈이랍니다. 구텐베르크의 성서와 1623년의 〈폴리오〉를 입수하는 것……. 하지만 앞에서도 말했듯이 구

수가 십자가에 매달렸을 때 입은 상처)을 가졌고, 또 치유 능력도 지녀 많은 신도들의 추앙을 받았다. 2002년 6월 교황 요한 바오로 2세로부터 성인으로 시성되었다.

59 *folio*. 중세 및 근대에 나온 2절판의 큰 책. 셰익스피어 초판이 지닌 한 속성에서 착안한 별명이므로 일종의 제유법이라고 할 수 있다.

텐베르크의 성서는 더 이상 시장에 존재하지 않아요. 그것들은 모두가 대형 도서관 안에 들어가 있죠. 난 뉴욕의 피어폰트 모건 도서관에서 두 권 본 적이 있어요. 그나마 둘 중 한 권은 완전한 상태가 아니더군요. 바티칸 도서관에서는 양피지로 된 한 권을 직접 만져 볼 수도 있었지요. 각 장의 첫 글자는 손으로 직접 그리고 채색한 것이었어요. 바티칸을 이탈리아에 포함하지 않는다면, 이탈리아에는 구텐베르크의 성서가 한 권도 없다고 할 수 있어요. 이 구텐베르크 초판 성서 중에서 세상에 알려진 마지막 책은 20년 전에 한 일본 은행에 팔렸지요. 가격은 내 기억이 맞는다면 당시 돈으로 약 3, 4백만 달러 정도 됐을 겁니다. 지금 그런 책이 시장에 나온다면 그 값이 얼마나 될지는 아무도 몰라요. 수집가라면 다 한 번씩 품어 보는 꿈이 뭔지 아세요? 그것은 오래된 장롱에 구텐베르크 성서 한 권을 가지고 있는 어떤 노부인을 어딘가에서 찾아내는 일이죠. 나이는 95세이고, 병든 그런 노부인. 그럼 수집가는 그 낡은 책 가격으로 20만 유로를 제의하는 겁니다. 노부인으로서는 남은 생을 쾌적하게 보내기에 충분한 금액이죠. 하지만 곧장 문제가 하나 제기됩니다. 이 성서를 집에 가져간 다음에, 그걸 가지고 어떻게 하느냐의 문제이죠. 먼저 아무에게도 얘기하지 않고 혼자만 즐길 수 있겠죠. 이 경우, 그것은 혼자서 코미디를 보는 것이나 마찬가지입니다. 즉 조금도 웃기지가 않죠. 그래서 사람들에게 사실을 얘기하기 시작하면 무슨 일이 일어날까요? 곧바로 이 세상 도둑놈들이 다 몰려옵니다. 그러면 당신은 절망하여 그 책을 당신이 살고 있는 도시의 시청에 기증합니다. 그렇게 그것은 안전한 장소에 보관되고, 당신은 원할 때면 언제나 친구들과 함께 가서 볼 수 있게 됩니다. 한밤중에 일어나 그것을 만지거나 쓰다듬을 수는 없게 되겠지만요. 자, 그렇다면 구텐베르크의 성서를 갖고 있는 것과 갖고 있지 않는 것의 차이가 과연 무엇일까요?

카리에르 맞아요. 정말 무슨 차이가 있습니까? 나는 때때로 다른 꿈을 꾸어보곤 합니다. 아니, 어떤 백일몽이라고 해야겠군요. 나는 도둑인데 엄청난 고서 수집품들이 잠자고 있는 어떤 개인 집에 숨어들어 갑니다. 나는 책을 열 권만 넣을 수 있는 자루를 하나 가져갑니다. 호주머니에다 두세 권 더 쑤셔 넣을 수도 있겠지요. 따라서 나는 선택해야 합니다. 나는 서가를 엽니다. 경찰서에 연결된 경보 시스템이 이미 작동했을 수 있으므로, 10분이나 12분 안에 선택을 해야 합니다……. 이건 내가 아주 좋아하는 달콤한 상황이지요. 어떤 돈이 많은 수집가, 하지만 역설적으로 무식하면서도 못되기 이를 데 없는 어떤 수집가의 단단히 방어된 닫힌 공간 속으로 침입해 들어가는 것……. 너무도 못된 사람이라서 때로는 아주 귀한 어떤 책을 낱장으로 팔아먹기 위해 한 장 한 장 잘라 버리는 수집가이죠. 내 친구 하나는 그런 식으로 해서 구텐베르크 성서의 한 페이지를 갖고 있답니다.

에코 도판이 있는 내 어떤 책들을 내가 그런 식으로 마구 잘라 학살해 버린다면, 나는 내가 지불한 돈의 백 배는 벌 수 있을 거예요.

카리에르 그렇게 판화가 있는 페이지들을 팔기 위해 책들을 잘라 버리는 사람들을 〈폐서업자〉[60]라고 부르죠. 이들은 애서 취미가들의 공공연한 적이죠.

에코 나는 이런 식으로 고서를 팔았던 뉴욕의 한 서적상을 알고 있어요. 그는 내게 이렇게 말하곤 했죠. 「나는 민주적 목적의 문화재 훼손 활동을 하고 있는 겁니다. 나는 불완전한 상태의 책들을 사서 그것을 분해하지요. 당신은 『뉘른베르크 연대기』를 가질 기회가 없으셨겠죠? 자, 내가 한 페이지를 단돈 10달러에 드리겠습니다.」 하지만 정말로 그가 불완전한 책들만 분해했을까요? 그 진실은 영원히 알 수 없을 것입니다. 또 그분은 지금은 이 세상 사람이 아니기도 하지요. 수집가들과 서적상들 간에 일종의 협약 같은 걸 맺자는 제안이 나온 적도 있었어요. 수집가들은 낱장을 사지 않기로 서약하고, 서적상들은 판매하지 않기로 하는 거지요. 하지만 1백 년 혹은 2백 년 전부터 낱장들은 책(당연히 그 책은 사라져 버리죠)에서 계속 떼

---

60 원문의 *casseur*를 번역한 신조어. 이 단어는 폐차업자처럼 낡은 물건을 분해하여 파는 사람을 의미하지만, 〈도둑〉, 〈시위할 때 공공시설 등을 파괴하는 사람〉 등의 부정적인 의미도 들어 있다.

어져 나오고 있습니다. 예쁜 그림이 있는 페이지를 액자에 넣고 싶은 유혹을 어떻게 이겨낼 수 있겠어요? 나도 코로넬리의 채색 지도 한 장을 가지고 있어요. 정말로 멋진 것이죠. 하지만 그게 어디서 나왔을까요? 난 몰라요.

과거에 대한 우리의 지식은 천치들, 멍청이들, 혹은 우리의 적들이 준 것이다

토낙 두 분께서는 수집하는 옛날 책들을 통해 과거와 모종의 대화를 나누는 건가요? 다시 말해서 두 분에게 옛날 책은 과거에 대한 하나의 증언이라고 할 수 있나요?

에코 나는 〈오류〉나 〈허위〉와 관계가 있는 책들만을 수집한다고 말씀드렸었지요. 이런 책들이 확실한 증인들이라고는 할 수 없겠죠. 하지만 이런 책들은 설령 거짓말을 한다 해도, 우리에게 과거에 대해 뭔가를 가르쳐 주는 건 사실입니다.

카리에르 15세기의 학자가 어떤 사람이었을지 한번 상상해 보자고요. 이 사람은 2, 3백 권의 책을 소장하고 있습니다. 그중에는 지금 우리가 가지고 있는 것들도 있죠. 또 그의 집 벽에는 예루살렘이나 로마의 풍경을 그린 목판화 대여섯 점이 걸려 있습니다. 사실과는 동떨어진, 매우 불완전한 그림들이죠. 즉 그는 세계에 대해 아주 흐릿한 지식을 가지고 있을 뿐입니다. 만일 그가 정말로 지구에 대해 알고 싶었다면, 그는 직접 여행을 떠나야 했습니다. 당시의 책들은 아름다웠지만 충분치 못했으며, 당신이 말했듯이 〈오류〉, 즉 잘못된 것도 많았습니다.

에코 『뉘른베르크 연대기』는 세계 창조부터 1490년까지의 세계사입니다. 그런데 이 책에서 동일한 판화가 다른 도시를 표현하기 위해 여러 번 사용되는 경우가 종종 있습니다. 다시 말해서, 당시 인쇄공의 관심은 정확한 정보를 제공하는 것보다는 책을 멋지게 꾸미는 데 있었던 거지요.

카리에르 나와 나의 아내는 〈페르시아 여행〉이라고 이름 붙일 수 있을 서적 컬렉션을 함께 만들어 왔답니다. 이 컬렉션에서 가장 오래된 것들은 17세기까지 거슬러 올라가지요. 이 중에서 가장 오래되었고, 또 가장 알려진 책 중 하나가 1686년에 나온 장 샤르댕의 책입니다. 그런데 이 책의 다른 판본도 있어요. 앞에서 말한 책보다 40년 후에 출간된 것인데, 훨씬 작은 크기의 8절판으로 되어 있고, 여러 권으로 나누어져 있지요. 제9권에는 페르세폴리스의 폐허들에 관한 폴드아웃[61] 페이지가 하나 들어 있는데, 펼치면 길이가 3미터는 족히 될 겁니다. 판화 도판들을 한 장 한 장 풀로 이어붙인 거지요. 그리고 책마다 똑같은 작업

---

61 주로 작은 규격의 책 안에 접어 넣는 큰 페이지로, 펼쳐서 볼 수 있다.

이 필요했으니, 얼마나 대단합니까? 정말로 상상할 수 없는 작업이지요.

이 책은 18세기에 똑같은 판화들을 사용하여 다시 한 번 인쇄되었습니다. 그리고 백 년 후에도 또 한 번 인쇄되었지요. 마치 이 페르시아는 2세기 동안 조금도 변하지 않는 듯이 말입니다. 이 마지막 책이 인쇄된 때는 낭만주의 시대입니다. 프랑스에서는 루이 14세가 다스리던 17세기와는 비슷한 점이 하나도 없는 시대였죠. 하지만 이 책들에서 페르시아는 조금도 변하지 않았습니다. 마치 이 나라가 일련의 그림들 가운데 고정되어 버린 듯이, 이 나라가 변화할 능력이 없는 듯이 말이죠. 이러한 편집자의 결정은 사실 우리 문명의 결정, 우리 역사의 결정이기도 합니다. 이렇게 프랑스에서는 19세기까지 2백 년 전에 저술되고 인쇄된 책들을 학술 서적이랍시고 계속 출판해 왔던 겁니다!

에코 책들에 잘못된 내용이 담겨 있는 경우는 종종 있습니다. 하지만 어떤 때는 우리 자신의 틀린 해석, 혹은 지나친 해석이 문제가 되기도 하지요. 나는 1960년대에 어떤 짓궂은 장난 이야기를 쓴 적이 있습니다(『파스티슈와 포스티슈*Pastiches et postiches*』에 발표한 거지요). 여기서 나는 어떤 미래 문명이 호수 밑바닥에서 무언가 귀중한 것이 보관되어 있는 티타늄 상자를 발견하는 상황을 상상해 보았지요. 그 상자 안에는 버트런드 러셀이 넣어 둔 자료가 들어 있었습니다. 즉 핵이 세계를 파괴해 버릴지도 모른다는 위기감이 지금보다도 훨씬 심했던 시절에 핵무기 반대 운동을 벌였던 러셀 자신이 그 견고한 상자 안에 보관해 놓은 자료였던 것입니다(그렇다고 해서 핵의 위험이 감소한 것은 아니고, 우리가 거기에 익숙해졌을 뿐입니다). 여기서 짓궂은 장난이 무엇이냐면, 이렇게 보존된 자료라는 것이 사실은 시시한 노래 가사들이었을 뿐이었다는 점입니다. 그런데 미래의 문헌학자들은 이 노래들을 우리 시대 최고의 시들이라고 해석하고서, 그것들을 기반으로 하여 사라진 문명, 즉 우리의 문명을 재구성하려고 애쓰게 됩니다.

나중에 알게 된 바로는, 내가 쓴 이 글이 어떤 그리스 문헌학 세미나에서 토론되었다고 하더군요. 거기서 학자들은 그들이 연구하고 있는 그리스 시들의 조각들도 결국은 같은 것이 아니겠느냐라는 말들을 했답니다.

사실 하나의 출처에 의지하여 과거를 재구성하는 일은 절대 삼가는 게 좋습니다. 어떤 종류의 텍스트들은 시간적 거리가 있으면 해석이 불가능해지니까요. 난 이 주제와 관련하여 아주 재미있는 이야기를 하나 알고 있어요. 지금부터 약 20년 전에, 미국 항공 우주국(NASA)인지, 아니면 다른 미국 정부 기관인지는 잘 모르겠는데, 여하튼 이들이 앞으로 1만 년 동안 — 천문학적인 시간이라 할 수 있겠죠 — 방사능을 방출할 수 있는 핵폐기물을 어디에다 묻어야 하는지의 문제로 고민했답니다. 그런데 문제는 폐기물을 묻을 장소를 어디선가에서 찾아낸다 하더라도, 접근을 금지하기 위해 그것 주위에 어떤 표시를 해놓아야 하는 거였어요.

지난 2, 3천 년 동안 우리가 해독의 열쇠를 잃어버린 언어가 한둘이 아니지 않습니까? 만일 5천 년 후에 인류가 사라져 버리고, 먼 외계에서 방문객들이 온다면, 이 외계인들에게 그 문제의 지역에 들어가서는 안 된다고 어떻게 설명해야 할까요? 그래서 미국 기관의 전문가들은 언어학자이자 인류학자인 톰 시비오크Tom Sebeok로 하여금 이러한 난점을 해결할 수 있는 의사소통 형태를 연구하게 했습니다. 시비오크가 가능한 해결책들을 모두 검토해 본 끝에 내린 결론은 그것이 탄생한 맥락 외부에서 이해될 수 있는 언어는 — 심지어는 그림 문자도 — 존재하지 않는다는 것이었습니다. 우리는 동굴 속에서 발견된 선사 시대의 도형들의 의미를 확실하게 해석해 낼 수 없습니다. 심지어는 상형 문자로 표현된 언어도 진정으로 이해될 수는 없지요. 시비오크가 생각하는 유일한 가능성은 어떤 종교 조직 같은 것들을 만들어, 그 가운데에 어떤 금기를 이어 가게 하는 것이었습니다. 〈이것은 건들지 말 것〉, 혹은 〈저것은 먹지 말 것〉 같은 금기 말입니다. 금기란 세대가 바뀌어도 계속 전승될 수 있는 것이니까요. 나는 다른 아이디어가 있었습니다. 뭐, 그렇다고 해서 미국 우주 항공국에서 돈을 받은 것은 아니고, 그냥 나 혼자만 해본 생각이었죠. 그게 뭐냐면, 핵폐기물을 묻되, 매우 희석된 상태, 즉 방사능이 아주 약한 상태의 폐기물을 맨 윗층에 두고, 점차로 방사능이 강한 층들을 깔아 나가는 겁니다. 만일 외계인의 실수로 그 폐기물에 손이나 혹은 손처럼 사용하는 다른 기관이 닿는다 하더라도, 그는 단지 손가락 한 마디를 잃게 될 뿐입니다. 만일 더 해본다면 손가락 하나를 잃게 되겠죠. 하지만 그가 더 이상 고집을 부리는 일은 없으리라고 확신할 수 있습니다.

카리에르 아시리아의 도서관들이 처음 발견되었을 때에도, 우리는 설형 문자에 대해 아는 바가 전혀 없었지요. 이런 식으로 문명들은 소멸의 위험에 처하게 되는 거지요……. 그러니 무엇을 구해 낼 것인가? 무엇을 전달할 것이며, 어떻게 전달할 것인가? 또 오늘 내가 사용하는 언어가 내일, 혹은 모레에 이해될 수 있으리라고 어떻게 확신할 수 있는가? 이러한 문제들을 스스로에게 제기하지 않는 문명이란 존재할 수 없는 법입니다. 당신은 모든 언어 코드들이 사라져 버려, 언어들이 이해할 수 없는 것이 되어 버린 상황을 언급했습니다. 그리고 반대의 상황도 상상해 볼 수 있지 않을까요? 만일 오늘 내가 벽에다 아무런 의미도 없는 낙서를 해놓는다면, 내일 누군가가 그 의미를 해독해 냈노라고 주장할 것입니다. 나는 일 년 동안 장난삼아 문자들을 만들어 본 적이 있습니다. 확신하건대, 언젠가 다른 이들이 그것들에 어떤 의미를 찾아 줄 겁니다.

에코 당연하죠. 왜냐하면 엉뚱한 것처럼 해석을 풍부하게 만들어 내는 것은 없으니까요.

카리에르 또 해석처럼 엉뚱한 것, 즉 새로운 의미를 많이 만들어 내는 것도 없죠. 그것이 바로 초현실주의자들이 기여한 점입니다. 그들은 아무런 공통점, 혹은 관계가 없는 말들을 연결해 어떤 감추어진 의미를 태어나게 했죠.

에코 철학에서도 마찬가지입니다. 버트런드 러셀의 철학은 하이데거의 그것만큼 많은 해석을 낳지 못했죠. 왜입니까? 왜냐하면 하이데거는 모호한 반면, 러셀은 아주 명확하고 이해하기 쉬웠기 때문입니다. 난 여기서 누가 옳고 누가 그르다라고 말하는 것은 아닙니다. 내게는 두 사람 모두 경계의 대상입니다. 하지만 러셀이 멍청한 말을 할 때는, 그는 최소한 그것을 명쾌하게 표현합니다. 반면 하이데거는 뻔하기 이를 데 없는 말을 해도 우리는 잘 알아차리지 못합니다. 따라서 역사에 남기 위해서는, 오래가기 위해서는 모호해야 합니다. 헤라클레이토스는 이미 그 진실을 알고 있었죠…….

여기서 여담 한 가지 하겠습니다. 왜 소크라테스 이전의 사상가들은 단편적인 글만 썼는지 아세요?

카리에르 모르겠는데요…….

에코 그들은 폐허 가운데서 살았기 때문이죠. 이건 농담이고요, 우리가 이 단편들의 자취를 접할 수 있는 것은, 그 글들이 야기한 논평들 — 그중에는 수 세기 후에 나온 것들도 있지요 — 을 통해서인 경우가 많습니다. 스토아학파 철학을 예로 들어 봅시다. 이 철학은 아직 우리가 그 중요성을 제대로 평가하지 못하고 있는 지적 성취라고 할 수 있지요. 그런데 지금 우리가 이 사상을 알 수 있는 것은, 다름 아닌 이 사상을 반박하기 위해 글을 쓴 섹스투스 엠피리쿠스 덕분이지요. 또 우리는 그야말로 완벽한 바보라고 할 수 있는 아에티우스의 글을 통해 소크라테스 이전의 수많은 단편들을 알고 있습니다. 이 아에티우스가 얼마나 바보였는지 알기 위해서는 그가 쓴 증언들을 읽는 것만으로 충분하지요. 따라서 그가 우리에게 전해 주는 말들이, 정말 소크라테스 이전 철학자들의 정신에 충실한 것인지 의심하지 않을 수 없습니다. 같은 맥락에서 우리는 카이사르의 붓끝으로 묘사된 골족의 경우와 타키투스가 묘사한 게르만 민족의 경우를 언급할 수 있지요. 우리가 이 민족들에 대해 무언가를 알고 있다면, 그것은 그들의 적들의 증언을 통해서입니다.

카리에르 이른바 〈이단〉들에 대해 말하고 있는 교부들에 대해서도 마찬가지로 말할 수 있겠지요.

에코 그것은 이를테면 오직 라칭거[62]의 회칙(回勅)[63]을 통해서만 20세기의 철학을 알게 되는 것과 같지요.

---

62 현 교황인 베네딕토 16세의 본명(요제프 알로이스 라칭거). 보수적인 성향이 강하고, 강경한 교리의 신봉자로 알려져 있다.
63 교황이 전 세계 가톨릭 신도들이나 한 나라의 주교에게 보내는 편지.

카리에르 나는 〈마술사 시몬〉이라는 인물에 깊은 흥미를 느낀 적이 있습니다. 그래서 예전에 그에 관한 책을 한 권 쓰기도 했지요. 예수와 동시대 인물이었던 그는 「사도행전」을 통해서만 알려지고 있을 뿐입니다. 즉 그를 이단으로 선언했으며, 또 그는 성 베드로에게서 예수의 마법적 능력을 사려고 한 불순한 의도의 인물이라고 비난한 사람들을 통해 우리에게 알려지고 있는 것이죠. 이것이 우리가 그에 대해 아는 전부, 혹은 거의 전부입니다. 하지만 그는 실제로 어떤 사람이었을까요? 그를 따르는 제자들도 있었고, 그가 기적을 일으킨다고 말하는 사람도 많았습니다. 그의 적들이 우리에게 소개하듯, 가소로운 돌팔이 사기꾼만은 아닌 것이지요.

에코 우리는 이른바 보고밀파와 바울파가 아이를 잡아먹는 이단이라고 — 물론 그들의 적들을 통해 — 알고 있습니다. 하지만 사람들은 유대인에 대해서도 같은 말을 했지요. 누군가의 적들은 언제나 아이들을 잡아먹어 왔습니다.

카리에르 우리는 과거에 대한 지식의 대부분을 책을 통해 얻습니다. 즉 천치들, 멍청이들, 그리고 광신적인 적들이 우리에게 준 것이죠. 이를테면 이렇게 말할 수 있겠지요. 과거의 모든 흔적이 사라져 버렸으므로, 우리가 과거를 재구성할 수 있는 재료로는 이런 문학적 광인들, 이런 의심스러운 천재들뿐인 것입니다. 이런 사람들의 운명에 대해서는 앙드레 블라비에[64]가 오랫동안 성찰한 바 있었죠.

에코 내 소설 『푸코의 진자』에 나오는 한 인물은 복음서 기자들에 대해서도 같은 문제를 제기할 수 있지 않은가 하고 자문합니다. 어쩌면 예수는 그들이 우리에게 전하는 것과는 전혀 다른 말을 했을지도 모를 일이지요.

카리에르 오히려 그랬을 가능성이 크다고 봐야겠지요. 우리가 갖고 있는 가장 오래된 기독교 텍스트는 사도 바울의 서신들인데, 우리는 이 사실을 자주 잊어버리지요. 복음서들은 가장 늦게 나온 것입니다. 그런데 기독교의 진정한 창시자라 할 수 있는 바울은 상당히 복합적인 인물입니다. 사람들은, 그가 예수의 동생이었던 야고보와 당시에는 극히 중요한 문제였던 할례에 대해 격렬한 논쟁을 벌인 것으로 생각하고 있습니다. 왜냐하면 예수는 아직 살아 있을 때, 그리고 야고보는 형이 죽고 난 후에 계속해서 유대교 성전을 드나들었기 때문이죠. 즉 그들은 유대교도로 남아 있었던 것입니다. 유대교에서 기독교를 분리하고, 이른바 〈이방인〉, 즉 비유대인들에 손짓을 한 사람은 바울이었습니다. 그가 바로 창시자이죠.

에코 물론입니다. 또 그는 아주 영리한 사람이었기 때문에, 예수의 말씀이 더 큰 반향을 일으키기 위해서는 기

[64] André Blavier(1922~2001). 벨기에의 시인, 문학 비평가.

독교를 로마인들에게 팔아야 한다는 점을 이해했습니다. 바로 이 때문에 바울에서 나온 전통에서, 즉 복음서들에서 빌라도는 비겁하기는 하지만 진정한 죄인은 아닌 인물로 그려지고 있습니다. 예수의 죽음에 대해 정말로 책임이 있는 것은 유대인이었죠.

카리에르 그리고 아마도 바울은 또 한 가지 사실을 이해하고 있었을 거예요. 즉 유대인들에게는 예수를 새로운 신, 유일한 신으로서 팔지 못하리라는 점이죠. 왜냐하면 당시 그리스-로마의 종교는 완전히 쇠락해 있었던 반면에, 유대교는 아직 새로운 종교, 심지어는 정복적이고도 전도열에 불타는 종교였기 때문입니다. 하지만 종교와는 달리 로마 문명 자체는 아직 쌩쌩했어요. 그것은 고대 세계를 체계적으로 변형하고 또 단일화하고 있었으며, 제국 내의 다양한 민족들에게 앞으로 수 세기 동안 지속될 〈팍스 로마나(로마의 평화)〉를 부과하고 있는 중이었죠. 정복적이긴 했지만, 명확하게 규정되었으면서 만인에게 통용될 수 있는 문명을 기반으로 한 평화였습니다. 부시의 미국은 이런 종류의 평화를 제안할 능력이 전혀 없었죠.

에코 이론의 여지없는 광인들에 대해 말할 것 같으면, 미국의 텔레비전 목사들을 언급하지 않을 수 없지요. 일요일 아침에 미국 방송들을 한 번만 훑어본다면 문제의 규모와 심각성을 실감할 수 있을 겁니다. 사샤 배런 코헨Sacha

Baron Cohen이 『보라트 Borat』에서 묘사한 것은 단순히 그의 상상의 소산만은 아니에요. 1960년대에 내가 오클라호마 주에 있는 오럴 로버츠 대학(오럴 로버츠는 일요일에 텔레비전으로 설교하는 목사 중의 한 명이지요)에서 가르치기 위해 다음과 같은 질문에 대답해야 했던 일이 떠오릅니다. 〈*Do you speak in tongues?*(당신은 방언을 할 줄 아십니까?)〉「사도행전」에서 묘사되고 있는 그 현상, 즉 아무에게도 알려져 있지 않지만 모든 사람이 이해하는 어떤 신기한 언어를 능숙하게 구사하느냐는 질문이었죠. 한 동료 학자는 그 학교에 받아들여졌는데, 그 이유는 〈*Not yet*(아직은 아닙니다)〉이라고 대답했기 때문이라죠.

카리에르 나도 미국에 있을 때 다양한 기독교 집회에 참석하여 안수 기도, 연출된 병 치료, 인위적인 황홀경 등의 광경을 본 적이 있어요. 정말로 섬뜩하더군요. 어떤 때는 내가 지금 정신 병원에 들어와 있는 게 아닌가 하는 생각이 들 정도였어요. 하지만 다른 한편으로 나는 이런 현상들에 너무 불안해할 필요는 없다고 생각해요. 나는 항상 이렇게 생각하고 있어요. 만일 신이 존재한다면, 만일 신이 갑자기 미쳐 날뛰는 광신도들의 편을 든다면, 그렇다면 종교적 근본주의, 교조주의, 광신주의 등은 심각한, 심지어는 아주 심각한 문제일 거라고요. 하지만 지금까지는 그가 특별히 누구의 편을 들었다고 말할 수는 없지요. 그것들은 단순히 역사 속에서 일어났다가 사그라지기를 반복하는 수많은 움직임들 중 하나일 뿐입니다. 왜냐하면 그것들에는 초월적인 버팀목이 없고, 따라서 애초부터 허망하게 꺼질 운명으로 출발하는 거니까요. 우리가 걱정해야 할 위험이 있다면, 그것은 미국의 신 창조론자들이 성서에 담긴 〈진리들〉을 과학적인 진리로서 학교에서 가르칠 수 있는 권리를 얻어 내게 되는 일일 거예요. 이거야말로 퇴행이라고 할 수 있죠. 이처럼 자신의 관점을 부과하고자 하는 사람은 이들만 있는 게 아닙니다. 지금부터 최소한 15년 전의 이야기인데, 난 파리의 로지에 가에 있는 한 유대교 랍비 학교를 방문한 적이 있었어요. 거기서는 이른바 〈교수〉들이 세상은 지금부터 약 6천 년 전에 신이 창조했고, 선사 시대의 모든 유적들은 사탄이 우리를 속이기 위해 퇴적층에다 넣어 둔 거라고 가르치고 있더군요.

그곳의 풍경은 지금도 별로 변하지 않았으리라고 생각해요. 이런 〈가르침들〉은 그리스의 과학을 불태워 버린 바울의 그것과도 비교될 수 있겠죠. 신앙이란 언제나 지식보다 강한 것이었죠. 우리는 이런 것들을 보고 놀라기도 하고 통탄하기도 하지만, 세상이란 원래 그런 겁니다. 하지만 이런 비뚤어진 가르침들이 세상 만물의 흐름을 뒤엎는다고 말하는 것은 지나친 걱정이에요. 아닙니다. 세상 만물은 항상 그것 자체일 뿐입니다. 볼테르가 예수회 수사들의 제자였다는 사실을 상기할 필요가 있겠죠.

에코 위대한 무신론자들은 모두가 신학교 출신이죠.

카리에르 그리고 그리스 과학은 사람들이 그것의 입을 막으려 그렇게 애썼음에도 불구하고 결국은 승리했어요. 이 진리의 길 위에 숱한 장애물과 화형대와 감옥, 그리고 때로는 인종 말살 수용소들이 뿌려져 있음에도 불구하고 말이죠.

에코 종교적 부흥은 몽매주의 시대들과 연결되어 있는 게 절대로 아닙니다. 오히려 그것은 우리 시대 같은 기술이 극도로 발전한 시대에 번성하죠. 그것은 거대 이데올로기들이 끝날 때에, 도덕적 해이가 극도에 달하는 시대에 일어납니다. 이럴 때 우리는 무언가를 믿어야 할 필요성이 생기기 때문이죠. 기독교도들이 떼 지어 카타콤에 내려간 것은, 로마 제국이 가장 번성했을 때, 다시 말해서 원로원 의원들이 입술에다 루주를 바르고 매춘부를 끼고 돌아다녔던 때였습니다. 그것은 다시 균형을 잡기 위한 움직임들로, 어떻게 생각하면 정상적인 현상이에요.

이러한 신앙의 필요성은 여러 가지 형태로 표현될 수 있습니다. 사람들은 타로 과학에 관심을 갖기도 하고, 뉴에이지 사상을 신봉하기도 합니다. 요즘 재연되고 있는 다윈 이론에 관한 논쟁에 대해 한 번 생각해 봅시다. 지금 이 논쟁을 일으키고 있는 것은 개신교의 근본주의자들만이 아니라, 보수적인 가톨릭 신도들이기도 하죠(요즘 이탈리아에서 일어나고 있는 일입니다). 그런데 사실 가톨릭교회는 오래전부터 진화론에 대해 더 이상 신경 쓰지 않고 있었습니다. 성서는 여러 가지 비유를 통해 말씀하시며, 따라서 창조의 엿새는 지질학적 시대와 완전히 일치할 수 있다는 사실을 사람들은 이미 교부 시대부터 알고 있었거든요. 그리고 창세기도 사실은 매우 다원적입니다. 창세기에서 인간은 동물들 가운데 가장 나중에 출현했고, 또 진흙으로 이루어져 있습니다. 따라서 (진화론에서 말하듯) 인간은 땅의 산물인 동시에, 진화의 정점인 거죠.

여기서 신자는 적어도 한 가지만은 확보해 두고 싶어 했지요. 즉 이 진화는 우연히 이루어진 게 아니라, 어떤 〈지적인 계획〉의 결과라는 점만큼은 잃지 않기를 원했던 겁니다……. 하지만 요즘 벌어지고 있는 논쟁은 단순히 〈의도〉만이 아니라, 다윈 이론 전체를 문제 삼고 있습니다. 즉 지금 우리는 세상이 퇴행하고 있는 광경을 보고 있는 겁니다. 신기술의 위협에 직면한 우리는 다시 한 번 신화 가운데서 피신처를 찾고 있습니다. 그리고 이런 신드롬은 파드레 피오 같은 인물을 숭배하는, 그런 케케묵은 형태를 다시 취하고 있는 거지요!

카리에르 그래도 관점을 약간 달리하여, 한 가지 사실을 지적하고자 합니다. 지금 우리는 신앙을 모든 죄악의 원천으로 고발하고 있는 듯한 느낌을 주고 있는데요. 하지만 1933년에 히틀러가 권력을 잡았을 때부터 20년 후에 스탈린이 죽을 때까지, 폭력에 의해 희생된 사망자의 수가 지구 전체를 통틀어 1억여 명이나 됩니다. 인류 역사의 다른 모든 전쟁에서 죽은 사망자의 수를 합한 것보다도 많은 숫자일 겁니다. 그런데 나치즘과 마르크스주의는 두 무신론적 괴물이라 할 수 있어요. 대학살을 겪고서 아연실색하여 깨어난 사람들이 종교로 돌아온 것은 어떻게 보면 너무도 당연한 일이라 하겠죠.

에코 하지만 나치는 〈고트 미트 운스*Gott mit uns*(하나님은 우리와 함께하신다)〉라고 외치면서 일종의 세속 종교를 실행했어요! 소련 같은 곳에서 무신론이 국가 종교가 되었을 때, 신자와 무신론자 사이에는 더 이상 아무런 차이가 없지요. 거기서는 둘 다 근본주의자 또는 탈레반이 될 수 있는 겁니다. 나는 예전에, 종교는 민중의 아편이라고 한 마르크스의 말은 정확하지 않다는 내용의 글을 쓴 적이 있어요. 아편은 사람을 꼼짝 못하게 하고, 마비시키고, 잠들게 합니다. 아니에요. 종교는 민중의 코카인입니다. 그건 군중을 흥분시키죠.

카리에르 이를테면 아편과 코카인의 혼합물이라고 할 수 있겠죠. 맞습니다. 지금 이슬람 근본주의자들은 전투적인 무신론의 횃불을 이어받은 듯이 보이고, 돌이켜 보면 마르크스주의와 나치즘은 두 기이한 세속 종교로 간주될 수 있는 것이 사실이에요. 어쨌든 지독한 학살이었습니다!

그 무엇도 허영을 막을 수는 없다

토낙 과거는 갖가지 방식으로 왜곡되어 우리에게 도달합니다. 특히 그것을 우리에게 전달하는 과정에 인간의 어리석음이 끼어들면 결과는 더 심각해집니다. 또 두 분은, 창조의 영역에서 ─ 히말라야의 웅장한 거봉들 같은 ─ 산봉우리 같은 것들만을 취하고, 우리가 보기에 그다지 영광스럽지 못한 것들의 거의 대부분은 소홀히 한다는 점을 누차 강조하였습니다. 그렇다면 이 소홀히 취급된 다른 범주의 〈걸작〉들의 예를 몇 가지 들어주겠습니까?

카리에르 금방 머리에 떠오르는 책이 하나 있어요. 세 권으로 된 『예수의 광증』이라는 기가 막힌 저서인데, 여기서 저자는 예수는 사실은 〈육체적-정신적으로 결함이 있는 사람〉이었다고 설명하고 있죠. 20세기 초반, 즉 1908년에 나온 논저로, 저자는 샤를 비네-상글레인데, 이 사람은 그래 봬도 당시에는 유명한 의학 교수였답니다. 이 책의 유명한 구절을 하나 예로 들어 보죠. 〈(……) 만성적인 거식증 증세와 한 차례의 혈한증(血汗症) 발작을 보여 준 바 있으며, 십자가 위에서는 정상적인 경우보다 빨리 사망했는데, 그 원인은 결핵성이며 아마도 몸 좌측부에 위치했을 늑막염성 혈액일출(血液溢出)로 인해 촉진되었을 연하곤란성 실신으로 (……)〉 저자는 예수는 키가 작고 체중도 적게 나갔으며, 포도 재배농 집안 출신이라 좋은 포도주를 많이 마셨다는 등의 설명을 해주고 있어요. 한마디로 〈1900년 전부터 서구인들은 진단상의 오류라는 기반 위에서 살아왔다〉는 거예요. 그야말로 광인의 책이라고도 말할 수 있겠지만, 내용 자체는 너무도 진지하고 충실하여 함부로 대할 수만은 없는 책이지요.

나는 또 다른 보석도 갖고 있어요. 어느 날 갑자기 계시를 보게 된 19세기 프랑스의 한 고위 성직자가 쓴 책이죠. 그는 이렇게 생각해요. 무신론자들은 사악한 자들이 아니고, 나쁜 놈들도 아니다. 그들은 단지 광인들일 뿐이다. 그러니 치료법은 아주 간단하다. 그들을 무신론자 수용소에 가둬 놓고 치료해 주면 된다. 또 치료를 위해서는 냉수로 샤워를 시키고, 매일 보쉬에[65]의 저서를 20페이지씩 읽게 해야 한다. 그러면 대부분은 건강을 되찾게 된다.

이렇게 완전히 돌아 버린 — 르페브르라는 이름의 — 이 저자는 자신의 책을 당대의 두 위대한 정신 의학자인

---

65 Jacques-Bénigne Bossuet(1627~1704). 예수회 출신의 주교로, 17세기의 대표적인 설교가, 역사가이다.

피넬과 에스키롤에게 보여 주었지만, 그들은 물론 그의 생각을 받아들이지 않았지요. 나는 25년 전에 자크 드레가 연출한 텔레비전 극인 「신조(信條)」의 시나리오를 쓴 일이 있습니다. 여기에서 나는 모든 무신론자들을 가둬 놓고 샤워를 시켜야겠다고 작정한 이 정신 나간 성직자와는 정반대의 이야기를 해봤지요. 내가 「르몽드」지에서 읽은 한 단문 기사에서 소재를 가져온 거였어요. 우크라이나 키에프의 한 역사 교수가 신을 믿는다는 이유로 KGB에 체포되고, 신문(訊問)받고, 광인으로 판정되어 감금되었습니다. 나는 그가 겪었을 신문 과정을 상상해 보았죠.

에코 내가 들고 싶은 예들은 이보다는 훨씬 이전의 책들입니다. 나는 완전 언어에 대한 연구서를 쓰다가 어떤 미치광이 언어학자들, 즉 언어 기원의 이론들을 쓴 저자들에 대해 알게 되었어요. 그중에서도 가장 재미있는 사람들은 민족주의자들로, 자기 나라의 언어가 아담의 언어였다고 생각했죠. 기욤 포스텔에게 켈트족은 노아의 직계 후손이었어요. 스페인의 민족주의자들은 카스티야어의 연원은 야벳의 아들 두발로 거슬러 올라간다고 주장했고요. 고로피우스 베카누스에 따르면, 모든 언어는 한 원초 언어에서 나온 것인데, 안트베르펜 지방의 방언이 바로 그 원초어였다고 하죠. 아브라함 밀리우스도 어떻게 히브리어가 튜튼어를 낳았으며, 안트베르펜 방언의 가장 순수한 형태가 바로 이 튜튼어라는 사실을 보여 주었어요. 리콜트 남작은 플라망어는 인류의 요람기에 사용된 유일한 언어라고 주장했죠. 역시 17세기 사람인 예오리 스티에른히엘름은 저서 『언어 기원론*De linguarum origine praefatio*』에서 노르웨이어의 고어인 고딕어는 지금까지 알려진 모든 언어의 근원이라는 사실을 논증했어요. 스웨덴 학자 올라우스 루드베크는 『아틀란티카*Atlantica sive Mannheim vera Japheti posterorum sedes ac patria*』(모두 3천 페이지나 됩니다!)에서 스웨덴은 야벳의 조국이었고, 스웨덴어는 아담이 사용한 최초의 언어라고 주장했지요. 루드베크와 동시대인인 안드레아스 켐페는 이 모든 이론들에 대한 패러디를 한 편 썼지요. 하느님은 스웨덴어를, 아담은 덴마크어를 하는데, 하와는 프랑스어를 사용하는 뱀한테 유혹되었다나요? 그러고 나서 나중에 앙트완 드 리바롤은 물론 프랑스어가 원초적 언어라고 주장하지는 않았지만, 가장 합리적인 언어인데, 왜냐하면 영어는 너무 복잡하고 독일어는 너무 거칠며 이탈리아어는 너무 불명확하기 때문이라고 했지요.

그러고 나서 우리는 하이데거에 이릅니다. 그는 철학은 오직 그리스어와 독일어로만 행해질 수 있다고 단언했죠(데카르트와 존 로크에게는 안된 일이죠). 좀 더 최근의 예를 들자면, 피라미드학 전문가들이 아주 재미있는 사람들이에요. 그중에서 가장 유명한 스코틀랜드 천문학자 찰스 피아지 스미스는 케옵스 피라미드 안에서 우주의 모든 척도를 찾아냈지요. 이 장르는 풍부한 작업이 이루어지는 하나의 전문 분야를 이루고 있고, 요즘에는 인터넷이 이어받아 더욱 발전하고 있지요. 인터넷에서 〈피라미드〉란 단어를 한번 쳐보세요. 피라미드의 높이에다 100만을 곱하면 지구와 태양 사이의 거리가 된다. 그것의 무게에다 10억을 곱한 것이 지구의 무게이다. 그것의 네 면을 합친 길이의 2배수는 지구 적도 위도의 60분의 1도에 해당하는 길이가 된다고 합니다. 즉 케옵스의 피라미드는 지구 둘레의 43,200[66]분의 1 크기로 지어졌다는 거죠.

카리에르 그런 식으로 어떤 사람들은, 예를 들면 프랑수아 미테랑 대통령이 투트모세 2세의 환생일지도 모른다고 말하고 있죠.

토낙 또 루브르 박물관의 유리 피라미드를 이루는 유리판이 모두 666개라고 주장하는 사람들도 있지요. 이 구조물을 설계한 사람들과 공사한 사람들은 계속 아니라고 부인하는데도 말입니다. 댄 브라운도 이 숫자가 맞는다고 말했답니다…….

에코 이런 광기의 목록은 계속하자면 끝이 없지요. 예를 들어, 두 분도 자위 행위 연구로 유명한 그 티소 박사를 알고 있죠? 그는 자위가 실명, 난청, 조발성 치매 등 갖

---

66 이 43,200이라는 수는 〈피라미드 단위〉라고 하며, 지구의 남극과 북극 사이의 거리를 2천만으로 나눈 수이다. 또 지구의 반지름을 이 숫자로 나누어 나온 값인 147미터는 피라미드의 높이와 거의 일치한다고 한다.

가지 질병의 원인이 된다고 주장했습니다. 여기에 지금 이름이 잘 떠오르지 않는 어떤 사람의 저서도 덧붙이고 싶어요. 그는 매독이 결핵으로 이어질 수 있기 때문에 아주 위험한 병이라고 했지요.

또 안드리우라는 사람은 이쑤시개의 나쁜 점에 대해 밝히기 위해 1869년에 책까지 한 권 냈어요. 에코쇼아르라는 양반은 사람을 꼬챙이로 꿰어 죽이는 다양한 기술에 대해 글을 썼고요, 푸멜이라는 양반은 1858년에 몽둥이 찜질의 기능에 대해 썼지요. 그의 저서는 부알로에서 볼테르, 모차르트에 이르는, 매를 맞고 자란 유명한 작가, 예술가들의 리스트를 제공하고 있지요.

카리에르 1915년에 독일인의 대변 양은 프랑스인의 그것보다 더 많다는 내용의 글을 쓴, 프랑스 학사원 회원 에드가 베리용도 잊어서는 안 되겠죠. 심지어는 그들의 배설물을 보면 그들이 어디를 거쳐 왔는지 알 수 있답니다. 그래서 여행자가 자신이 지금 독일의 팔츠 지방에서 프랑스의 로렌 지방을 나누는 국경선을 넘었는지를 확인하려면 길섶에다 대변을 누고 그 크기를 살펴 보면 된다나요? 베리용은 〈독일 인종의 과다 대변증〉에 대해 말하고 있어요. 이 표현은 그의 저서 제목이기도 합니다.

에코 셰니에-뒤샹이라는 양반은 1843년에 프랑스어를 모든 민족들이 이해할 수 있게끔 상형 문자로 번역할 수 있는 시스템을 만들어 냈지요. 또 카시농이라는 양반은 1779년에 『상상력의 백내장, 글쓰기 광증(狂症)의 홍수, 문학적 토악질, 백과사전적 뇌일혈, 괴물 중의 괴물』이라는 제목의 4권짜리 저서를 썼습니다. 이 괴상망측한 책의 내용에 대해서는 두 분의 상상에 맡기고요(거기에는 예를 들어 예찬(禮讚)에 대한 예찬도 있고, 감초 뿌리에 대한 성찰도 있습니다).

하지만 가장 희한한 괴짜는 뭐니 뭐니 해도 광인들에 대해서 글을 쓴 광인들이라고 할 수 있겠지요. 귀스타브 브뤼네는 『문학적 광인들』(1880)에서 완전히 정신없는 내용을 담고 있는 책들과, 내용이 진지하기는 하지만 정신 의학적으로 문제가 있었을 작가들이 쓴 책들을 전혀 구별하지 않고 있습니다. 그의 목록 가운데에는 — 어쨌든 매우 흥미로운 것은 사실입니다 — 1718년에 아담의 키에 대한 논문을 쓴 앙리옹뿐 아니라, 시라노 드 베르주라크, 사드, 푸리에, 뉴턴, 포, 월트 휘트먼 같은 사람들도 포함되어 있습니다. 그는 소크라테스도 포함시킵니다. 소크라테스가 글을 쓴 일이 없어서 작가가 아니라는 사실은 인정하지만, 그가 자기 안에 어떤 친숙한 〈악마〉가 있음을 고백했기 때문에 (그것은 분명히 일종의 편집증 증세였죠) 광인으로 분류하는 게 옳다는 거였습니다.

이 문학적 광인들에 대한 책에서 블라비에가 언급하고 있는 광인들은 참으로 다양합니다. 모두 해서 자그마치 1500 항목이나 되는데요, 새로운 종류의 창조론을 전하는 사도들, 뒤로 걷기의 이점들을 드높이는 위생학자들, 철도의 신학(神學)을 다룬 마드롤이라는 인물, 1829년에 『지구의 부동성에 대한 논증』을 출간한 파송이라는 인물, 1878년에 지구의 자전 시간은 48시간이라는 사실을 논증한 타르디라는 사람의 작업 등등…….

토낙 당신은 『푸코의 진자』에서 영어로 〈배니티 프레스〉[67]라고 하는 어떤 자비(自費) 출판 전문 출판사에 대해 말씀하셨지요. 그런 곳이라면 이런 류의 또 다른 걸작들이 나올 수 있을 것 같은데요?

에코 그렇습니다. 하지만 이런 출판사는 소설 속 허구만은 아니에요. 이 소설을 쓰기 전에, 나는 이런 유형의 출판사들을 조사한 내용을 발표한 적이 있지요. 예를 들어 당신이 당신의 글을 이런 출판사 중의 하나에 보냈다고 가정합시다. 그러면 그 출판사는 그 글의 명백한 문학적 우수성에 대해 입에 침이 마르게 칭찬을 하면서 그 책을 출판하자고 제안합니다. 당신은 감격하여 할 말을 잊게 됩니다. 그들은 당신에게 계약서를 주면서 서명하라고 하지요. 그 계약서는 이렇게 규정하고 있지요. 당신 원고의 출판 비용은 당신 자신이 댄다. 그 대신, 출판사는 당신이 수많은 언론 기사들과 — 안 될 것도 없다! — 무언가 달콤한 문학상 같은 것들을 얻을 수 있게끔 노력해 줄 것이다.

[67] *vanity press*. 직역하면 〈허영의 출판사〉라는 뜻이다.

계약서는 출판사가 인쇄해야 할 부수를 명시해 놓지는 않아요. 반면 팔리지 않은 책들은 〈당신 자신이 구입하려는 뜻이 있는 경우를 제외하고는〉 폐기될 것이라는 점을 강조하죠. 출판사는 3백 부를 찍어 내죠. 1백 부는 저자가 가져가 가까운 사람들에게 나누어 주고, 2백 부는 각 언론사로 가는데, 가자마자 곧바로 쓰레기통으로 들어가죠.

카리에르 출판사 이름만 보고서 그리하겠죠.

에코 하지만 출판사한테는 뒷구멍으로 통하는 잡지사들이 있지요. 그들은 이 〈중요한〉 책을 한껏 띄워 주는 서평을 실어 줍니다. 그러면 저자는 가까운 사람들이 감탄하는 모습을 보고자 — 예를 들면 — 1백 부 정도를 더 사요(출판사는 이 1백 부를 재빨리 찍어 내죠). 일 년 후, 출판사는 그에게 알려 주죠. 책의 판매 실적은 그다지 좋지 않았고, 인쇄된 책들 중(사실은 모두 1만 부 찍었다고 알려 줘요) 남은 분량은 모두 폐기될 것이라고요. 그러고 나서 이 중 몇 권이나 사겠느냐고 물어요. 저자는 자신의 소중한 책이 그렇게 사라져 버린다는 사실에 크나큰 좌절감에 사로잡히죠. 그래서 그는 3천 부를 삽니다. 출판사는 즉시 그때까지 존재하지 않던 3천 부를 찍어 저자에게 팔아요. 출판사는 책의 배급을 위한 비용이 한 푼도 안 들어가니, 사업은 갈수록 번창해 나가죠.

이 〈허영의 출판〉의 또 다른 예로 (이런 식으로 출판되는 책들은 수도 없이 많지만) 내가 가지고 있는 『현대 이탈리아인 인명 사전』이라는 책을 들 수 있어요. 원리는 간단해요. 이 사전에 실리는 대가로 돈을 내는 거죠. 예를 들어 이렇게 적혀 있지요. 〈파베제 체자레, 1908년 9월 9일 산토 스테파노 벨보에서 출생하여 1950년 8월 26일 토리노에서 사망. 번역가이자 작가.〉 이게 전부예요. 그런데 그 누구도 이름 한 번 들어 본 적 없는 파올리치 데올라토라는 인물에게는 무려 2페이지나 할애되지요……. 이 〈유명한〉 무명씨들 중에 가장 위대한 인물은 아마도 줄리오 세르 자코미라는 사람일 겁니다. 그는 자신이 아인슈타인과 교황 피오 12세와 교환한 서신들을 모은 무려 1500쪽에 달하는 책을 〈질러 버렸지요〉. 그런데 그 서신들이란 게 모두가 두 사람에게 보낸 그의 편지들뿐이에요. 당연한 얘기지만 두 사람 모두 한 번도 답장을 주지 않았거든요.

카리에르 나도 〈저자 자비(自費)〉로 책을 한 권 낸 적이 있어요. 하지만 애초에 팔겠다는 희망은 품지 않았죠. 배우 장 카르메에 대한 책으로, 그가 죽고 나서, 고인과 생전에 가까웠던 몇몇 분들을 위해 쓴 것이었어요. 나는 한 여성 조력자와 함께 이 책을 내 컴퓨터에 쳐서 만들었어요. 그런 다음, 50부를 찍어 가제본했죠. 오늘날에는 누구나 〈책 만들기〉를 할 수 있게 됐지요. 그것을 배본하는 일은 또 다른 문제이지만요.

에코 한 이탈리아 일간지는 — 꽤 괜찮은 일간지이 죠 — 독자들의 요청에 따라 그들의 글을, 아주 낮은 가격으로 편집, 출간해 주는 서비스를 제공하고 있어요. 하지만 여기서 편집인은 이 출판물에 자기네 이름을 올려 놓지는 않아요. 저자의 생각들을 보증해 주고 싶지 않기 때문이죠. 이런 종류의 서비스는 〈허영의 출판사〉들의 활동은 감소시키겠지만, 허영심 많은 사람들의 활동은 오히려 증가시킬 거예요. 그 무엇도 허영을 막을 수는 없는 법입니다.

하지만 여기에도 긍정적인 측면이 있습니다. 이런 출판물은 익명적이에요. 따라서 책으로 출간된 것은 아니지만, 인터넷을 통해 자유롭게 돌아다니는 글들과 마찬가지로 사미즈다트[68]의 현대적 형태, 즉 어떤 독재 체제하에서 자신의 생각을 퍼뜨리고 검열을 피할 수 있는 유일한 방법일 수 있다는 얘기죠. 과거에는 신변의 위험을 무릅쓰고 사미즈다트 활동을 해야 했던 사람들은 이제 큰 위험 없이 자신의 글을 인터넷상에 올릴 수 있게 된 거죠.

사실, 사미즈다트라는 기술은 아주 오래된 것이랍니다. 옛날 책들을 수집하다 보면 〈프랑코폴리스〉라든가, 그와 비슷한 다른 도시들 — 모두가 지어낸 이름들이죠 — 에서 출간된 12세기의 책들을 발견할 수 있지요. 이런 책들은 이단적인 저자들을 위험에 빠뜨릴 수 있는 책들이었습니다. 이러한 사실을 알고 있기에, 저자들과 인쇄업자들은

---

68 *samizdat*. 구소련과 동구권에서 검열을 피해 금지된 문학 작품들을 지하 출판하던 활동, 혹은 그런 출판물.

이런 책을 지하 서적으로 만든 거지요. 만일 당신의 서가에 꽂힌 이 시대의 책 중에, 제목 페이지에 발행인 이름이 적혀 있지 않으면, 그건 분명히 이런 지하 서적입니다. 이런 것들이 꽤 있었지요. 스탈린 독재 치하에서도 마찬가지예요. 당신의 생각이 당의 의견과 일치하지 않을 때, 당신이 할 수 있는 최대한의 일은 사미즈다트를 한 권 만드는 거였어요. 그러면 당신의 글이 은밀하게, 혹은 약간은 공공연하게 돌아다닐 수 있었지요.

카리에르 1981년에서 1984년 사이에 폴란드에서는 누군가가 밤중에 찾아와 이런 책들을 집 문 아래에 슬그머니 넣어 주고는 했지요.

에코 원칙적으로는 검열이 존재하지 않는 민주 체제들 안에서도 이러한 활동의 디지털판이라고 할 수 있는 것이 존재합니다. 바로 모든 출판사가 거절한 글을 저자가 인터넷에 띄우는 것이죠. 나는 이탈리아에서 이런 식으로 행한 젊은 작가들을 알고 있어요. 그들 중 몇 사람은 이 방식으로 행운을 얻게 되었습니다. 편집자가 그들의 글을 읽고 그들을 부른 거지요.

토낙 잘못하면 우리가 편집자들을 틀림없는 후각을 지닌 존재로 여기고 있는 것처럼 비칠 수도 있겠습니다. 하지만 그건 전혀 사실이 아니지요. 이 주제는 책의 역사에서 또 하나의 재미

있는, 혹은 사뭇 놀라운 페이지라고 할 수 있겠지요. 여기에 대해서도 뭔가 얘기해 봐야 하지 않을까요? 과연 편집자들이 작가보다 보는 눈이 정확하다고 할 수 있을까요?

에코　결코 그렇지 않지요. 그들은 불후의 걸작들을 거부하는 멍청하기 짝이 없는 모습을 보여 주곤 했습니다.[69] 말씀한 대로 이것은 〈멍청한 짓의 역사〉의 또 하나의 장(章)을 이루고 있지요. 〈내가 조금 편협할 수도 있겠지만, 나로서는 이해할 수가 없다. 왜 침대에 누워서도 잠이 들지 못하고 몸을 이리 뒤척, 저리 뒤척 하고 있는 누군가에 대해 얘기하기 위해 30페이지를 할애해야 하는지를.〉 이것은 프루스트의 『잃어버린 시간을 찾아서』의 첫 번째 편집자 리뷰의 일부입니다. 『모비 딕』에 대해서는 이렇게 말했지요. 〈이런 작품이 젊은 독자층의 관심을 끌 가능성은 거의 없다.〉 『보바리 부인』을 쓴 플로베르에게 보낸 답변은 이랬지요. 〈당신은, 잘 묘사된 것은 사실이지만 완전히 불필요한 세부들의 무더기 속에 당신의 소설을 파묻어 버렸습니다.〉 에밀리 디킨슨에게는 〈당신의 각운은 모두가 잘못되었습니다〉라고, 또 콜레트의 『학교에 간 클로딘』에 대해서는, 〈열 권도 팔지 못하게 될까 봐 겁납니다〉라고 말했지요. 조지 오웰에게는 그의 『동물농장』에 대해서 이렇게 말했어요. 〈동물들에 대해 쓴 이야기를 미국에서 파

---

69 아래에서 에코가 언급하는 예는 모두 『퇴짜맞은 걸작들 *Rotten Reviews and Rejections*』(2012년 열린책들에서 번역 출간 예정)에 언급된 내용이다.

는 것은 불가능합니다.〉『안네의 일기』에 대해서는 아래와 같이 말했고요. 〈이 아이는 자신의 책이 단순한 흥밋거리에 불과한 것일 수 있다는 사실을 전혀 모르고 있는 것 같다.〉 하지만 멍청한 사람들로는 편집자들만 있는 게 아니라, 할리우드 제작자들도 있지요. 1928년에 프레드 아스테어가 처음 출연한 영화 「탤런트 스카우트」에 대한 평가는 이랬어요. 〈그는 연기도, 노래도 제대로 못한다. 그는 대머리이며, 춤의 영역에 있어 몇 가지 기초적인 것들을 알고 있을 뿐이다.〉 클라크 게이블에 대해선 이렇게 말합니다. 〈그런 괴상한 귀를 가진 사람을 가지고 우리가 무얼 할 수 있는가?〉

카리에르 그 목록을 듣고 있으려니 그야말로 현기증이 이는군요……. 전 세계에서 써지고 출판된 그 모든 것들 중에서 정말로 아름답고, 감동적이고, 잊지 못할 것으로 우리가 취한 것들이 차지하는 부분은, 아니 그냥 단순히 읽을 만한 저서들의 목록은 과연 얼마나 될까요? 1퍼센트? 0.1퍼센트? 우리는 책을 무언가 대단한 것이라고 생각하고 있습니다. 하지만 실제로 자세히 들여다보면, 아무 재능이 없는 사람들이나 바보 천치들, 혹은 강박증 환자들이 쓴 책들이 우리 도서관의 기가 막힐 정도로 많은 부분을 차지하고 있지요. 알렉산드리아의 도서관에 있었다가 연기로 날아가 버린 20만 혹은 30만 권에 달하는 두루마리 책들의 대부분은 분명히 멍청한 책들일 것입니다.

에코 나는 알렉산드리아 도서관에 책이 그렇게 많았다고는 생각하지 않습니다. 앞에서도 말한 바 있지만, 우리는 고대 도서관들에 대해서는 항상 과장해서 말하는 경향이 있지요. 중세 시대의 가장 유명한 도서관 중의 어떤 곳들에는 기껏해야 4백여 권의 책밖에 없었답니다! 물론 알렉산드리아에는 이보다는 많았을 겁니다. 전하는 말에 따르면, 카이사르 시대에 일어난 첫 번째 화재 때에는 건물의 한쪽 동(棟)만 피해를 입었음에도 4만 권에 달하는 두루마리 책이 불탔다고 하니까요. 어쨌든 오늘날의 도서관과 고대의 도서관을 단순 비교해서는 안 되겠지요. 파피루스 책을 제작하는 일은 인쇄본 책의 그것과 비교될 수는 없으니까요. 두루마리 책 한 권을 만들거나, 손으로 써서 코덱스 한 권을 만들어 내는 일은 같은 책을 인쇄기로 여러 권 찍어 내는 것보다 훨씬 많은 시간이 필요한 일입니다.

카리에르 하지만 알렉산드리아의 도서관은 아주 야심 찬 계획이었어요! 어떤 왕, 심지어는 어떤 대왕의 사적인 도서관이나, 혹은 어떤 수도원과는 어떤 점에서도 비교할 수 없는 대규모의 국가 도서관이었죠. 알렉산드리아의 도서관에 비교할 수 있는 게 있다면 그것은 오히려 페르가몬의 도서관이겠죠. 이 도서관 역시 불타 버렸지만요. 그러고 보면 어느 날 불타 없어져 버리는 게 모든 도서관의 공통적인 운명인 모양입니다.

토낙 하지만 이제 우리는 알고 있지 않나요? 불이 태워 없애는 것은 단지 걸작들만이 아니라는 사실을…….

카리에르 그거야말로 우리에게는 확실한 위안이 아닐 수 없죠. 너절한 책들은 대부분 사라져 버립니다. 그중 어떤 책들은 제법 재미있을 수도 있고, 어떤 점에서는 교훈적일 수도 있겠죠. 살아오면서 그런 책들은 언제나 우리를 꽤나 즐겁게 해주었지만, 결국은 허망한 것들입니다. 또 저자들의 정신적 건강 상태를 생각하면 아주 걱정이 되는 책들도 있었죠. 또 우리는 아주 고약한 책들도 읽었습니다. 공격적이고, 증오와 욕설로 가득한 책들, 범죄와 전쟁을 부르는 책들 말입니다. 그래요, 정말로 섬뜩한 책들이죠. 죽음의 물건들입니다. 만일 우리가 편집자였다면, 과연 히틀러의 『나의 투쟁』을 출판했을까요?

에코 어떤 나라에는 부정주의[70]를 처벌하는 법들이 존재하기도 하죠……. 하지만 어떤 책을 출판하지 않는 권리와 이미 출판된 책을 파괴하는 권리는 서로 구별해야 합니다.

카리에르 예를 들어 셀린의 미망인은 『학살해 마땅한 것들 *Bagatelles pour un massacre*』이 재출간되는 것을 항상 막아 왔지요. 그래서 한때는 이 글을 구해 보는 게 불가능했죠.

---

70 나치에 의한 유대인 대학살을 최소화하거나 부정하여 역사를 고쳐 쓰려는 시도나 경향.

에코 나는 미학 책 『추(醜)의 역사』를 집필하면서 반유대주의자들이 생각하는 유대인의 추함의 한 예를 들기 위해 『학살해야 마땅한 것들』의 한 부분을 선택했어요. 하지만 우리 편집자가 그 텍스트를 사용할 권리를 요청하자 셀린의 미망인은 거절했답니다. 하지만 인터넷에서 이 책의 전문을 찾아볼 수 있어요. 물론 어떤 나치 사이트에 실려 있지요.

앞에서 나는 자기 민족의 언어의 시간적 원초성을 주장하는 광인들에 대해 말했었지요. 그런데 여기 또 한 명의 광인 후보자가 있습니다. 당대에 반쯤은 옳고 반쯤은 논의의 여지가 있는 진실들을 제시한 사람이었지요. 어쨌든 그는 이단으로 취급되어 ― 기적적으로 화형대를 모면하기는 했지만 ― 거의 죽을 뻔했답니다. 바로 『아담 이전의 인류 *Prae-Adamitae*』를 쓴 17세기 프랑스의 신교도 이삭 드 라페레르입니다. 그는 설명하기를, 훨씬 더 긴 시간을 입증하고 있는 중국의 족보들을 비추어 볼 때, 세계의 나이가 성서가 말하듯 6천 년이 아니라고 했어요. 이렇게 되면 인류를 원죄에서 구원하려고 온 그리스도의 사명은 지중해 연안의 유대 세계와만 관계되고, 원죄에 감염되지 않은 다른 세계들과는 상관없는 것이 됩니다. 이것은 18세기의 자유 사상가들이 세계의 다수성과 관련하여 야기한 문제와도 비슷하죠. 세계가 여럿 존재한다는 이들의 가정이 맞는다면, 예수가 지구에만 오고 다른 곳에는 가지 않은 사실은 어떻게 정당화해야 하죠? 그렇다면 (정당화하기 힘들므로) 예수는 무수한 혹성들에서 십자가에 매달렸었다고 상상해야 하는데…….

카리에르 나는 부뉴엘과 함께 역시 기독교 이단들을 그린 영화인 「은하수」를 작업한 일이 있어요. 이때 나는 우리의 마음에 무척 들긴 했지만 비용이 너무 들어 포기한 어떤 장면을 상상했었지요. 어느 곳에 비행 접시가 요란한 소리와 함께 내려앉은 다음, 뚜껑인지 조종석인지, 하여튼 그런 것이 열려요. 거기서 더듬이가 달린 초록빛의 생명체가 나오는데, 역시 더듬이가 달린 초록빛 생명체 하나가 못 박혀 있는 십자가를 흔들면서 걸어 나오지요…….

그렇게 멀리 갈 것도 없이, 아까 말했던 스페인의 콘키스타도레스 얘기로 잠시 돌아와 보죠. 아메리카 대륙에 처음 상륙한 그들은 문제를 하나 풀어야 했어요. 왜 이곳 사람들은 기독교의 신과 예수와 구세주에 대해 한 번도 들어본 적이 없는지를 설명해야 했던 거죠. 그리스도께서는 이렇게 말씀하시지 않았습니까? 〈가서 모든 민족에게 내 말을 전하라〉라고요.

세상 모든 사람들에게 새 진리를 가르치라고 제자들에게 명한 하느님께서 틀릴 리는 없지요. 그래서 논리적인 결론은 이렇습니다. 이 존재들은 인간이 아니다……. 그래서 세풀베다는 이렇게 말했죠. 〈하느님께서는 당신의 왕국 가운데 저들의 존재는 원하지 않으신다.〉 그래도 아메리카 원주민들이 실제적으로 보이는 인간성을 부인할 수는 없는 노릇, 어떤 이들은 이 사실을 정당화해 보려고 애씁니다. 즉 가짜 십자가를 만들어서, 이것들은 여기에서 발견되었으며, 기독교 사도들이 스페인인들에 앞서 이 대륙을 찾아왔다는 사실에 대한 증거라고 주장한 겁니다. 하지만 이 사기 행위는 발각되었죠.

바보짓에 대한 예찬

토낙 제 생각이 틀리지 않다면, 두 분은 모두 〈바보짓〉[71]들의 애호가인 것 같군요…….

카리에르 미련한 말들에 대한 변함없는 애인이죠. 〈미련한 말〉은 우리를 믿어도 될 겁니다. 1960년대에 나는 기 베크텔과 함께 『바보 같은 말 사전』을 쓴 일이 있어요. 그 후에도 판을 달리하여 여러 차례 재출간되기도 한 이 책을 기획하면서 우리는 이렇게 말했었죠. 〈왜 지성과 걸작들과 정신의 위대한 기념비들에만 집착해야 하는가?〉 우리가 느끼기에, 플로베르에게도 소중한 개념이었던 이 〈바보 같은 말〉들은 〈똑똑한 말〉들보다 훨씬 더 광범위한 현상이었을 뿐만 아니라, 더 풍요롭고, 숨은 진실을 드러내는

---

71 bêtise를 우리말로 옮긴 것이며, 여기에는 바보 같은 말뿐 아니라 생각과 행동도 포함이 된다. 따라서 이 책에서는 문맥에 따라 〈바보 같은 말〉, 〈바보 같은 생각〉, 〈바보 같은 것〉, 〈바보짓〉 등의 다양한 표현으로 번역될 것이다.

힘이 있으며, 어떤 의미에서는 더 옳은 말이기도 했기 때문이었죠. 우리는 〈바보 같은 말에 대한 예찬〉이라는 제목의 서문도 썼고, 심지어는 〈바보 같은 생각에 대한 강의〉를 열겠다고 제의하기도 했답니다.

흑인, 유대인, 중국인, 여자, 위대한 예술가를 조롱하는 모든 〈바보 같은 말〉들은 우리가 보기에 지적인 분석보다 훨씬 더 숨은 비밀을 드러내는 힘이 있지요. 왕정복고 시대에 극도로 보수적인 인물인 드 퀠랑 대주교[72]는 파리의 노트르담 성당에서, 대혁명기에 망명을 떠났다가 돌아온 귀족들이 대부분인 청중 앞에서 이렇게 선언한 적이 있어요. 「예수 그리스도는 하느님의 아들일 뿐 아니라, 모친 쪽으로는 아주 훌륭한 가문에 속해 있기도 하십니다.」 이 멍청한 말을 통해 그는 우리에게 많은 말을 하고 있는 거지요. 즉 자기 자신에 대해서뿐 아니라 — 이것은 그렇게 중요하지 않을 수도 있겠지만 — 당대의 사회와 사고방식에 대해서도 많은 것을 얘기해 주고 있어요.

또 악명 높은 반유대주의자 휴스턴 스튜어트 체임벌린[73]이 한 다음과 같은 보석 같은 말도 떠오릅니다. 〈예수 그리스도께서 유대인이라고 주장하는 자는 무식하든지, 정직하지 않든지, 둘 중 하나이다.〉

---

72 Hyacinthe de Quélen(1778~1839). 프랑스의 성직자. 1821년에서 1839년까지 파리 대주교를 지냈다.
73 Houston Stewart Chamberlain(1855~1927). 영국의 작가, 저술가. 14세부터 독일에서 살면서 독일어로 글을 썼다.

에코 그런데 여기서 한 가지 개념 정의를 하면 좋을 것 같아요. 지금 우리가 얘기하고 있는 〈바보〉라는 주제에서는 특별히 중요한 일일 것입니다. 나는 내가 쓴 어떤 책에서 천치 crétin와 멍청이 imbécile와 어리석은 사람 stupide을 구분한 적이 있습니다. 우리는 천치에게는 흥미가 없습니다. 천치는 수저를 입 대신에 이마 쪽으로 가져가는 사람, 당신이 그에게 하는 말을 이해하지 못하는 사람입니다. 그의 경우는 이렇게 완전히 정리가 됩니다. 한편, 멍청함은 하나의 사회적 특질이고, 우리는 멍청함을 다른 식으로 부를 수도 있습니다. 왜냐하면 어떤 사람들에게 〈멍청함〉과 〈어리석음〉은 같은 것이니까요. 멍청함은 어떤 특정한 시점에서 말해서는 안 되는 것을 말하는 사람입니다. 무의식적으로 멍청한 실수를 연발하는 사람이죠. 어리석은 사람은 이와는 다릅니다. 그의 결함은 사회적인 것이 아니라 논리적인 것입니다. 언뜻 보기에 그는 올바르게 사고하는 듯한 인상을 줍니다. 그에게서 뭔가 잘못된 점을 찾아내기란 어려운 일입니다. 바로 이 때문에 그는 위험한 것이죠.

하나의 예를 들어 보겠습니다. 어리석은 사람은 이렇게 말합니다. 〈모든 피레아스[74] 주민은 아테네 시민이다. 모든 아테네 시민은 그리스인이다. 따라서 모든 그리스인은 피레아스 주민이다.〉 당신은 이 말 가운데서 뭔가가 잘못되

---

[74] 아테네 중심부에서 남서쪽으로 10여 킬로미터 떨어진 그리스 최대의 항구로, 아테네 대도시 구역의 일부이다. 고대에는 페이라이에우스라고 불렸다.

었다는 의심을 품습니다. 왜냐하면 당신은 그리스인 중에는 ― 예를 들면 ― 스파르타 사람들도 있다는 사실을 알고 있기 때문이죠. 하지만 당신은 어디에서, 그리고 어떻게 그가 틀렸는지 논증해 내지는 못합니다. 그러기 위해서는 형식 논리의 모든 규칙들을 알고 있어야 하지요.

카리에르 내가 생각하기에는, 어리석은 자는 틀리는 것만으로 만족하지 않아요. 그는 한 걸음 더 나아가, 자신의 틀린 생각을 강하게 주장하고 목청껏 외치면서, 모든 사람이 자기 말을 들어주기를 원합니다. 이 어리석음이라는 것이 얼마나 요란한 것인지, 참으로 놀라울 정도입니다. 「우리가 확실한 출처를 통해 알고 있거니와……」 그다음에는 어마어마하게 엿 같은 소리들이 이어지죠.

에코 바로 그렇습니다. 어떤 평범하고도 진부한 진실을 집요하게 외쳐 대기 시작하면, 그 진실은 곧바로 어리석음이 되어 버리는 법이죠.

카리에르 플로베르는 바보짓 *bêtise*이란 〈결론지으려 하는 것〉이라고 말했습니다. 바보는 자기 혼자서 항변의 여지가 없는 결정적인 해답에 이르기를 원합니다. 그는 어떤 문제를 영원히 종결짓기를 원하는 것이죠. 그런데 종종 어떤 사회에 의해 하나의 진리로 받아들여지기도 하는 이 미련함은 역사적으로 거리를 두고 보면 지극히 교훈적입니다. 즉 우리로 하여금 많은 것을 깨닫게 해주지요. 우리는 우리가 가르치는 내용을 미와 지성의 역사에 국한하는 경향이 있습니다. 아니, 다른 사람들이 그렇게 국한했다고 해야겠죠. 하지만 우리가 말했듯이 이 미와 지성의 역사는 인간 활동의 지극히 작은 부분에 불과합니다. 어쩌면 추(醜)의 역사 말고도 — 당신도 관심이 많으시겠지만 — 오류와 무지의 역사를 검토하는 것도 고려해 봐야 하지 않을까요?

에코 우리는 앞에서, 아에티우스가 소크라테스 이전의 작업들을 어떤 식으로 얘기했는지에 대해 말한 바 있습니다. 의심의 여지없이 그는 어리석었지요. 그런데 당신이 말하는 〈바보짓〉이란 내가 말하는 어리석음과는 조금 다른 것 같군요. 그것은 차라리 어리석음을 사용하는 하나의 방식인 듯합니다.

카리에르 그렇습니다. 어리석음을 강력하게, 때로는 웅변적으로 내세우는 방식이죠.

에코 그렇다면 어리석기는 하되 완전한 바보는 아닐 수 있겠군요. 그냥 어쩌다가 어리석음을 범하는 경우 말입니다.

카리에르 그렇죠. 그런 경우에는 바보짓을 업으로 삼지는 않게 되죠.

에코 맞습니다, 바보짓을 일용할 양식으로 삼을 수도 있지요. 그리고 당신이 언급한 예에서, 예수가 어머니 쪽으로 〈아주 훌륭한 가문〉 출신이라고 말하는 것은 내가 보기에 완전히 어리석은 행동만은 아닙니다. 왜냐하면 간단히, 주석자의 관점에서는 맞는 말이기 때문이죠. 나는 이것은 전적으로 멍청함의 문제라고 생각합니다. 나는 누군가가 훌륭한 가문 출신이라고 말할 수 있습니다. 그렇지만 예수 그리스도에 대해서는 이런 말을 하지 않지요. 왜냐하면 이 사실은 아무리 중요하다 해도 그가 하느님의 아들이라는 사실만큼 중요하지는 않거든요. 따라서 켈랑은 어떤 역사적 진실을 말하긴 했지만, 약간은 뜬금없이 말했어요. 멍청이는 항상 부적절하게 말하는 법이지요.

카리에르 또 다른 말이 하나 생각납니다. 〈난 좋은 가문은 아니지만, 내 자식들은 그렇다.〉 이게 어떤 유머 작가가 한 말이 아니라면, 자만심으로 꽉 찬 어떤 멍청이라고 할 수 있지요. 그리고 우리의 켈랑 예하에게로 돌아와 봅시다. 그래 봬도 그는 파리 대주교였습니다. 아주 보수적인 정신의 소유자였지만, 당시 프랑스에서는 막강한 도덕적 권위를 행사하던 사람이었어요.

에코 그렇다면 우리의 정의를 약간 수정하기로 하죠. 바보짓이란 어리석음을 거만하고도 줄기차게 사용하는 방식입니다.

카리에르 네, 아주 괜찮은 정의로군요. 우리는 또한 바보들에 대한 우리의 대화를 더욱 풍부하게 하기 위해, 오늘날 위대한 작가나 예술가로 여겨지고 있는 인물들을 짓뭉개 버리려고 한 사람들이 — 이런 사람들은 참으로 많지요! — 한 말들을 인용해 볼 수 있겠지요. 모욕이란 언제나 칭찬보다 화려하게 눈에 띄는 법입니다. 이 사실을 받아들이고 이해해야겠지요. 진정한 시인은 모욕의 폭풍우를 뚫고서 길을 가야하는 법이죠. 베토벤의 5번 교향곡은 〈음란함으로 가득한 요란한 소음〉, 〈음악의 종말〉이었죠. 또 셰익스피어, 발자크, 위고 등등의 목에 모욕의 화환을 걸어 준 고명한 인물들이 얼마나 많은지 우리는 상상도 못합니다. 심지어 플로베르마저도 발자크에 대해서 이렇게 말했어요. 〈발자크가 글만 제대로 쓸 줄 알았다면 어떤 사람이 되었을 것인가!〉

또 애국주의적, 군국주의적, 국수주의적, 인종주의적 바보짓들도 있지요. 내가 쓴 『바보 같은 말 사전』에서 유대인들에게 관련된 항목을 한번 읽어 보세요. 거기에 인용된 것들은 증오라기보다는 단순한 바보짓에 대해 말하고 있어요. 아주 못돼먹은 바보짓 말입니다. 예를 하나 들어 봅시다. 유대인들은 천성적으로 돈을 좋아한답니다. 그 증거는 이렇대요. 어떤 유대인 어머니가 난산을 하고 있을 때, 그녀의 복부 가까이에 돈을 흔들면 그걸 붙잡으려고 아기 손이 쑥 나온다는 겁니다. 이 글은 1888년에 페르낭 그레구아르라는 사람이 썼다고 합니다. 그런데 이런 글이 인쇄되어 발표되기까지 했지요. 그리고 푸리에는 유대인은 〈사회라는 몸의 페스트요 콜레라 같은 존재〉라고 말했어요. 또 프루동마저도 자신의 수첩에 이런 메모를 남겼지요. 〈이 종족을 아시아에 보내든지, 아니면 멸절해야 한다.〉 이것이 이른바 과학을 한다고 주장하는 사람들이 내놓은 〈진리〉입니다. 등이 오싹해지는 〈진리〉이지요.

에코 이런 사람들은 어리석은 걸까요, 아니면 천치인 걸까요? 참 진단하기 힘듭니다……. 말이 나온 김에 멍청함(내가 정의한 의미에서의 〈멍청함〉)의 절정을 보여 주는 예를 하나 들겠습니다. 이 이야기를 들려주는 사람은 제임스 조이스인데요, 대화 중에 셰핑턴 씨가 그에게 이렇게 말했답니다. 「당신 동생이 사망한 걸 알게 되었어요.」 조이스는 대답했죠. 「열 살밖에 안 됐습니다.」 그러니까 셰핑턴은 이렇게 대답했다는 겁니다. 「그렇다 해도 슬픈 일이네요.」

카리에르 바보짓은 종종 실수, 즉 오류에서 나오는 법이죠……. 이 바보짓에 대한 열정 때문에 난 〈틀림*faux*〉에 대한 당신의 연구에 항상 친근감을 느껴 왔습니다.
 바보짓과 틀림, 이것은 우리의 교육 내용에서 철저하게 무시되어 왔던 두 개의 길이죠. 각 시대에는 한편으로는 그 시대의 진리가 있고, 다른 한편으로는 악명 높은 멍청함들, 어마어마한 멍청함들이 있습니다. 하지만 우리의 교육이 후대에 가르치고 전달하는 것은 이 진리뿐이죠. 어떤 의미에서는 바보짓은 여과된다고 할 수 있습니다. 그래요, 〈정치적으로 올바른〉 것이 있지만, 또 〈지적으로 올바른〉 것도 있습니다. 다시 말해서 사고의 올바른 방식이 존재하는 겁니다. 우리가 원하든 원치 않든 존재하죠.

에코 리트머스지 검사는 우리 앞에 있는 것이 산인지 혹은 염기인지 구별할 수 있게 해줍니다. 정신의 영역에서도 바보와 멍청이를 구별해 낼 수 있게 해주는 리트머스 검사가 있다면 얼마나 좋겠습니까! 어쨌든, 당신은 바보짓과 틀림을 연결지었는데, 그 문제로 돌아와 봅시다. 틀림은 반드시 어리석음이나 멍청함의 표현이라고는 할 수 없습니다. 그것은 단순히 하나의 오류일 뿐입니다. 프톨레마이오스는 지구가 움직이지 않는다고 진심으로 믿었습니다. 그는 과학적인 정보가 없었기 때문에 오류를 범한 거지요. 하지만 어쩌면 내일 우리는 지구가 태양 주위를 돌지 않는다는 사실을 발견하게 될지도 모르고, 그리되면 프톨레마이오스의 혜안에 경의를 표하겠지요.

허위 의식에 따른 행동이란 무엇입니까? 그것은 자신이 참이라고 믿는 것과는 반대로 말하는 것입니다. 하지만 우리가 오류를 범할 때는 언제나 진심으로 그리하는 거죠. 따라서 오류는 인류의 역사를 관류해 왔다고 말할 수 있습니다. 그리고 이건 오히려 잘된 일이기도 합니다. 그러지 않았다면 우리는 벌써 신이 되었을 테니까요. 내가 연구한 〈틀림〉의 개념은 사실은 매우 미묘한 것입니다. 우선 〈원본〉이라고 여겨진 무언가의 모방에서 기인한, 그리고 그것의 모델과의 완벽한 동일성을 간직해야 하는 〈틀림〉, 즉 〈가짜〉가 있습니다. 이 경우, 원본과 가짜 사이에는 — 라이프니츠적 의미에서의 — 구별 불가능성 *indiscernabilité*이 존재할 것입니다. 이 경우에서 오류는 우리가 잘못된 것임을 알고 있는 무언가에 진실의 가치를 부여하는 데에 있죠. 또 진심으로 말하기는 했지만 잘못 생각했던 프톨레마이오스의 그것과 같은 틀린 추론도 있습니다. 하지만 이 경우는 지구가 태양 주위를 돌고 있다는 사실을 알고 있는 우리로 하여금, 지구는 움직이지 않는다고 믿게 만들자는 것이 아닙니다. 프톨레마이오스는 정말로 지구가 움직이지 않는다고 믿었습니다. 따라서 프톨레마이오스의 경우처럼 역사적 거리를 두고 볼 때 단순히 틀린 지식으로 간주될 수 있는 것은 위조와는 아무런 상관이 없습니다.

카리에르 우리의 정의(定義) 작업이 좀 더 복잡해지기는 하겠지만, 한 가지를 덧붙이고 싶습니다. 피카소는 고백하기를, 자기도 〈가짜 피카소〉, 즉 피카소의 위작을 만들 수 있다고 했어요. 심지어는 세계 최고의 피카소 위작을 만들어 낼 수 있다고 자랑하기도 했죠.

에코 키리코 역시 가짜 키리코를 만들었다고 고백했었죠. 그리고 나 자신도 〈가짜 에코〉 한 편을 만들어 냈다는 사실을 고백해야겠군요. 프랑스로 말하자면 『샤를리엡도』 같은 종류의 이탈리아 풍자 잡지인 『코리에레델레세라』지에서 화성인의 지구 도착을 주제로 특별호를 만든 적이 있어요. 물론 그것은 가짜였죠. 그런데 잡지사에서는 내게 에코를 패러디한 형태로 내 자신의 가짜 기사를 한 편 써달라고 부탁했었지요.

카리에르 그것은 자기 자신, 자신의 살, 자신의 질료로부터 탈출하는 하나의 방법이죠. 자신의 정신으로부터라고까지는 말할 수 없겠지만요.

에코 하지만 무엇보다도 우리 자신을 비판하고, 우리의 틀에 박힌 생각들을 명확히 드러내는 방법이라 할 수 있겠죠. 왜냐하면 〈에코적인 것〉을 만들기 위해서는 이 판박이 생각들을 반복해야 할 테니까요. 따라서 어떤 〈가짜 자기〉를 만들어 보는 훈련은 아주 건전한 행위입니다.

카리에르 우리가 여러 해 동안 바보짓에 대해 행한 조사도 마찬가지입니다. 베크텔과 나는 오랜 기간 악착같이 아주 형편없는 책들만 읽었습니다. 그렇게 도서관의 목록들을 샅샅이 뒤지며 훈련한 결과, 나중에는 제목만 훑어봐도 그 안에 어떤 보물이 당신을 기다리고 있는지 알 수 있게 되었죠. 예를 들어 목록 가운데 『세발자전거가 미풍양

속에 미치는 영향』 같은 제목을 발견하면, 그 속에서 당신의 보물을 찾아낼 수 있다는 걸 확신할 수 있는 거지요.

에코 그런데 어떤 광인이 당신의 삶에 끼어들면 문제가 발생하지요. 앞서 말했듯이, 난 〈허영의 출판사〉에서 나온 광인의 책들을 조사한 글을 쓴 적이 있어요. 물론 난 반어법적 시각으로 그들의 생각을 요약했죠. 그런데 그들 중 어떤 이들은 이 반어적 의미를 알아차리지 못하고, 그들의 생각을 진지하게 받아들여 주어 고맙다는 편지를 내게 보낸 거예요. 『푸코의 진자』 때도 같은 일이 일어났지요. 이 책은 진리의 〈보지자(保持者)〉들을 공격하는 내용이었는데, 때로 그들은 예상 밖의 열광적인 반응을 보였답니다. 아직도 성당 기사단의 한 〈그랜드 마스터〉는 내게 전화를 걸어 댄답니다(내 아내와 비서가 끊어 버리려고 중간에서 고생이 많지만요).

카리에르 아주 우스운 이야기가 하나 있어요. 내가 쓴 『바보 같은 말 사전』에 발표된 한 편지에 대한 것인데, 들어 보면 왜 우스운지 이해할 겁니다. 우리는 이 편지를 『사도(使徒)적 사명』이라는 잡지에서 찾아냈습니다(그래요, 우리는 이런 책들까지 뒤졌답니다). 이 서신에서 한 사제가 편지 수신인에게 어떤 기적의 물을 보내 주어 고맙다고 하고 있지요. 그 물은 어떤 〈병자〉에게 매우 긍정적인 영향을 미쳤는데, 이 일은 〈병자가 의식하지 못하는 사이에〉

이루어졌다는 거지요. 〈나는 그가 모르는 사이에 9일 동안 그 물을 마시게 했습니다. 그러자 지난 4년 동안 생사를 헤맸던 그가, 또 지난 4년 동안 그 절망적인 강퍅함과 전율마저 일게 하는 불경한 언사들로 내게 저항해 왔던 그가 9일 기도가 끝난 후에 아주 온유하게 숨을 거두었습니다. 나로서는 뜻밖이었기에 더욱 위로가 되었던 어떤 연민의 감정마저 보여 주면서 말입니다.〉

에코 이런 인간이 천치인지, 어리석은 자인지, 아니면 멍청이인지 결정하는 데 우리가 느끼는 어려움은 이러한 범주들이 이상적인 유형들 — 독일인들의 표현으로는 이데알티펜*Idealtypen* — 인 데서 기인합니다. 그런데 대부분의 경우, 이 세 가지 태도는 한 개인 안에서 혼합된 형태로 나타나지요. 현실은 이러한 유형 분류보다는 훨씬 더 복잡합니다.

카리에르 나는 이 문제를 손에서 놓은 지가 벌써 여러 해 됐는데요, 이 바보 같은 말에 대한 연구가 얼마나 흥미로운 것인지를 오늘 새삼스레 확인하게 됩니다. 그것은 단지 이것이 책의 신성화에 대해 문제를 제기할 뿐만 아니라, 우리로 하여금 우리 자신도 항상 비슷한 헛소리를 할 수 있었다는 사실을 발견하게 해주기 때문입니다. 우리는 언제라도 어리석은 말을 지껄일 수 있는 존재들이지요. 예를 들어, 다른 사람도 아닌 샤토브리앙 같은 이에게서 나온

다음의 문장을 한 번 보세요. 이것은 그가 아주 싫어하던 나폴레옹에 대해 쓴 글입니다. 〈사실 그는 수많은 전투에서 승리한 위대한 승자이다. 하지만 그 점만 빼놓고는, 가장 형편없는 장군이라도 그보다는 더 능란하다.〉

토낙 두 분은 인간성 가운데 그것의 한계와 불완전함을 드러내는 부분에 대한 열정을 공유하고 있습니다. 이 열정의 성격에 대해서 좀 더 자세히 설명해 주시겠습니까? 두 분에게 이 열정은 어떤 연민의 은밀한 표현은 아닐까요?

카리에르 내 인생의 어느 순간에 하나의 전환이 일어났어요. 그것은 내 나이 서른 살 무렵에, 고등 교육을 마치고 중요한 고전들을 모두 섭렵하고 난 후의 일이었습니다. 나는 알제리에 병사로 갔었어요. 1959년에서 1960년 사이, 즉 전쟁 때였지요……. 그리고 거기서 갑자기 발견한 거죠. 지금까지 내가 배운 것들이 아무짝에도 쓸모없음을, 너무나도 무의미함을 말입니다. 그때 나는 식민화를 옹호하는 글들을 읽었어요. 나로서는 상상조차 할 수 없었던 어리석음과 난폭함으로 가득 차 있는, 그 누구도 내게 보여 주지 않았던 그런 글들이었죠. 그때 이런 생각이 들기 시작했어요. 사람들이 너무나도 많이 다니는 통상적인 길들을 벗어나 본다면? 그래서 그 길들의 주변, 빈 땅, 덤불숲, 심지어는 늪지대를 발견해 본다면? 여기에서 더 많은 걸 배울 수 있지 않을까? 기 베크텔도 나와 같은 길을 거쳤답니다. 우리는 그랑제콜 준비반에서 만났지요.

에코 우리 둘은 접근 방식은 사뭇 다르지만 근본적인 관점은 일치하는 것 같군요. 장필리프, 당신이 전에 〈죽음과 불멸성〉이라는 주제로 백과사전을 만들면서[75] 내게 그 결론을 부탁했을 때, 나는 대략 이렇게 썼었죠. 〈우리가 끝난다는 사실을 받아들이기 위해서는 우리 뒤에 남는 모든 인간은 한심한 작자들뿐이며, 따라서 그들과 함께 더 이상의 시간을 보낼 필요가 없다고 확신해야 한다…….〉 이 말을 거꾸로 해석해 보면, 적어도 우리는 평생을 인류의 위대한 미덕들을 함양하며 살아왔다는 뜻도 됩니다……. 인간은 진실로 굉장한 존재죠. 그는 불을 발견했고, 도시들을 세웠고, 눈부신 시들을 썼고, 세계에 대한 해석들을 행했으며, 신화적인 이미지들을 만들었습니다. 하지만 동시에 그는 끊임없이 자신의 동류(同類)들을 상대로 전쟁을 벌였고, 오류를 범했고, 또 자신의 환경을 파괴해 왔지요. 이 드높은 지적 미덕과 한심한 짓거리를 서로 견주어 보면 거의 비등비등하다고 할 수 있어요. 따라서 우리가 바보짓에 대해 얘기하는 것은 어떤 의미에서는 이 반은 천재이고 반은 바보인 존재에게 바치는 것이라 할 수 있어요. 그리고 죽음에 가까워지게 되면 — 바로 지금 우리 두 사람이 그렇습니다만 — 우리는 한심한 짓거리가 미덕보다도 더 우세

---

75 『죽음과 불멸성 *La mort et l'immortalité*』, 프레데릭 르누아르와 장필리프 드 토낙 책임 편집, Bayard, 2004 — 원주.

하다고 생각하기 시작합니다. 이것은 물론 자신을 위로하는 최상의 방법이지요. 어떤 배관공이 우리 집 욕실의 새는 곳을 수리하러 와서 돈을 왕창 뜯어 갔습니다. 그런데 가고 나서 물이 여전히 새는 것을 발견하게 될 때 우리는 어떻게 합니까? 이렇게 말하면서 스스로를 위로하지 않겠습니까? 「그자는 천치야. 그렇지 않다면 저렇게 욕조나 고치고 — 그것도 형편없이 — 다니겠어? 볼로냐 대학 기호학과의 교수가 되어 있어야 옳겠지.」

카리에르 인간의 어리석음을 연구하면서 처음으로 발견하게 되는 것은 자기 자신이 멍청이라는 사실입니다. 그렇고말고요! 다른 사람들을 멍청이로 취급할 때, 우리는 그 대가를 치러야 합니다. 다시 말해서 그들의 어리석음은 바로 그들이 우리에게 내미는 거울이라는 사실을 발견하게 되지요. 항구적이고 정확한, 그리고 충실한 거울입니다.

에코 그렇다고 해서 모든 크레타인은 거짓말쟁이라고 말한 에피메니데스의 역설에 빠지지는 말자고요. 그는 크레타인이었으므로, 그 역시 거짓말쟁이가 되어 버렸죠······. 반면 어떤 멍청이가 다른 사람들은 모두 멍청이라고 말했다면, 그는 멍청이지만 그가 한 말 자체는 어쩌면 진실일 수도 있습니다. 나아가 그가 다른 모든 사람들은 〈자신처럼〉 멍청이들이라고 덧붙였다면, 그는 자신의 똑똑함을 증명한 것입니다. 따라서 그는 결코 멍청이가 아니죠. 왜냐하면 다른 사람들은 자신이 멍청이임을 감추기 위해 일생을 보내니까요.

또 우리는 오웬이 말한 또 다른 역설에 빠질 위험도 있습니다. 〈당신과 나만 빼놓고 모든 사람이 멍청이다 그런데 다시 생각해 보니 당신도…….〉

카리에르 정말이지 우리 정신은 넋 나간 소리를 할 때가 많습니다. 우리가 수집하는 모든 책들은 우리 상상력의 바로 이런 현기증 나는 차원을 증명하고 있습니다. 한편으로는 헛소리와 광기가 있고, 다른 한편으로는 어리석음이 있는데, 이 양쪽을 구별한다는 것은 참 어려운 일입니다.

에코 지금 어리석음의 또 다른 예 하나가 떠오릅니다. 네하우스Nehaus의 경우예요. 장미 기사단이 실제로 존재하는지 여부를 두고 프랑스에서 의견이 분분하던 1623년에 이 단체에 대한 소책자를 쓴 사람이죠. 〈자신들이 존재한다는 사실을 우리에게 감추고 있는 사실만으로도 그들의 존재가 입증된다.〉 그들이 스스로의 존재를 부인하는 것이 바로 그들의 존재 증거라는 논리이죠.

토낙 이건 저의 제안인데요, 우리는 어리석음을 하나의 병으로, 즉 이제 만인에게 열려 있는 우리의 신기술이 퇴치하는 데 기여할 수 있는 구시대적인 병으로 간주할 수 있지 않을까요? 이런 긍정적인 진단이 가능할까요?

카리에르 나는 우리 시대를 너무 비관적으로 보지 않으려 노력합니다. 그건 너무 쉽고도 흔한 생각이거든요. 하지만…… 여기서 미셸 세르Michel Serres가 한 말을 인용해 보겠습니다. 그것이 어떤 상황이었는지는 잘 생각나지 않지만, 어쨌든 어떤 기자가 아스완 댐을 건설하기로 결정한 일에 대한 의견을 묻자 그가 한 대답이었죠. 당국은 댐 건설을 위해 위원회를 발족하고, 수력학 기사들, 각종 재료 전문가들, 콘크리트 기사들, 심지어는 생태학자들까지 다 불러 모았어요. 그런데 거기에는 철학자도, 이집트학 전문가도 없었던 겁니다. 미셸 세르로서는 놀라지 않을 수 없었지요. 그런데 기자는 세르가 놀라는 걸 보고 오히려 놀라는 거예요. 그는 물었습니다. 「이런 위원회에 철학자가 무슨 필요가 있나요?」 미셸 세르는 이렇게 대답했죠. 「여기에 이집트학 전문가가 빠졌다는 사실을 지적했지 않았겠소?」

아닌 게 아니라 철학자는 왜 필요할까요? 미셸 세르의 대답은 지금 우리의 주제, 즉 어리석음과 기막히게 연결되지 않습니까? 우리는 대체 몇 살에, 또 어떤 방식으로 우리의 일용할 양식이며, 우리가 평생 더불어 살아야 하는 그 어리석음과 천박함과 멍청하고도 잔인한 고집과 만나야 하는 걸까요? 프랑스에는 철학에 입문할 수 있는 나이에 대한 논쟁이 — 프랑스에서는 모든 것에 대해 논쟁을 벌이죠 — 있습니다. 요즘 학생들은 리세의 테르미날 과정[76]에서 철학을 발견하죠. 하지만 왜 좀 더 일찍 하지 않는 거죠? 그리고 왜 아이들에게 인류학에 입문시켜 주지 않는 겁니까? 인류학은 문화적 상대주의에 이르는 하나의 통로가 될 수 있지 않은가요?

에코 세계에서 가장 철학적인 나라인 독일에서 고등학교에서도 철학을 가르치지 않는다는 것은 정말로 믿겨지지 않는 사실입니다. 반면 이탈리아에서는 독일의 이상주의적 역사주의의 영향으로 학생들은 3년에 걸쳐 철학사에 입문하게 되지요. 이런 과정은 학생들을 철학적 사고에 입문시키는 프랑스의 철학 교육과는 사뭇 다른 것이지요. 내 생각으로는, 소크라테스 이전 시대부터 오늘날에 이르는 역대의 철학자들이 사고했던 것들을 조금이나마 맛보이는 이탈리아의 철학사 교육은 전혀 무익한 것은 아닙니다. 한 가지 위험이 있다면 순진한 학생이 가장 나중에 생각한 사람이 옳다고 믿게 되는 점이겠죠. 하지만 프랑스에서 행해지고 있는 철학 교육이 젊은이들에게 어떤 영향을 주고 있는지에 대해서는 난 잘 모르겠군요.

카리에르 내 개인적으로는 리세 철학 과정의 1년 동

---

76 리세는 우리의 인문계 고등학교에 해당하는 3년제 후기 중등학교를 말하며, 테르미날은 그 최종 과정이다.

안 몹시 헤맸던 기억이 납니다. 그때 철학 교과 과정은 일반 철학, 심리학, 논리학, 도덕론 등, 여러 분야로 나뉘어져 있었죠. 그런데 말이죠, 어떻게 이른바 〈철학 교과서〉라는 것을, 그것도 단 하나를 만들 생각을 할 수 있는 거죠? 그렇다면 우리가 〈철학〉이라고 부르는 것이 존재하지 않았던 문화권들은 어떻게 되는 겁니까? 이건 내가 조금 전에 인류학에 대해서 한 말과 연결되는 문제예요. 예를 들어 〈철학적 개념〉의 개념은 순전히 서구적인 것입니다. 인도인 — 그가 아주 섬세한 정신의 소유자일지라도 — 에게 〈개념〉이 무엇인지, 혹은 중국인에게 〈초월성〉이 무엇인지 설명해야 한다고 생각해 보자고요! 그리고 이 주제를 교육의 문제로 — 그렇다고 해서 문제를 해결해 보겠다는 뜻은 물론 없습니다 — 확대해 봅시다. 이른바 〈쥘 페리 개혁〉 이후, 프랑스에서 학교는 공짜가 되었지만, 동시에 모두에게 의무적인 것이 되었습니다. 다시 말해서 공화국은 모든 시민에게 똑같은 것을, 아무 제한 없이 가르치는 것을 스스로의 의무로 삼게 된 것이죠. 물론 도중에 대다수가 따라가지 못하고 떨어져 나가리라는 것을 잘 알고 있지만 상관없습니다. 왜냐하면 여기서의 최종 목적은 이 나라를 이끌어 갈 엘리트들을 선별하여 키워 내는 데 있으니까요. 사실 내가 바로 이 시스템의 큰 수혜자 중의 한 사람이긴 합니다. 쥘 페리가 아니었더라면 내가 이렇게 당신과 얘기할 수 있겠습니까? 지금 난 프랑스 남부 지방의 빈털터리 늙은 농사꾼이겠죠. 하긴 내가 무엇이 되어 있을지 누가 알겠습니까?

모든 교육 체계는 그것의 탄생을 지켜보고, 그것을 만들고 부과한 사회의 반영이며, 또 그래야만 합니다. 그런데 쥘 페리 시대의 프랑스 사회와 이탈리아 사회는 현재의 그것들과는 완전히 달랐습니다. 제3공화국 때, 프랑스 국민의 75퍼센트는 아직 농부였고, 노동자는 아마 10~15퍼센트였으며, 우리가 엘리트라고 부르는 사람들은 더 적은 수였습니다. 그런데 지금, 이 75퍼센트이던 농부가 3~4퍼센트로 줄어 있는데, 여전히 똑같은 교육 원리가 적용되고 있는 실정입니다. 쥘 페리 시대에는 학교에서 배운 것을 제대로 써먹지 못한 사람이라 할지라도 농업, 수공업, 노동계에서 일자리를 찾을 수 있었고, 하다못해 하인이라도 될 수가 있었습니다. 한데, 이 모든 일자리들은 차츰 사라져 버렸고, 대신 전문 지식이 필요한 반면, 숫자는 한정되어 있는 각종 서비스직과 사무직 등이 생겨났습니다. 그 결과, 바칼로레아 전후 과정에는 도태되는 사람들은 그야말로 속절없이 추락할 수밖에 없게 된 것입니다. 추락하는 그들을 받아 주거나, 충격을 완화해 줄 보완 장치가 전혀 없는 까닭이죠. 우리 사회는 변했는데, 교육 시스템은 최소한 원칙적인 면에서는 옛날과 거의 같은 형태로 남아 있는 것입니다.

더욱이 요즘은 고등 교육을 받은 여성들이 많아져서, 전통적으로 인기 있는 분야들에 속한, 하지만 숫자는 늘지 않은 일자리들을 놓고 남성들과 경쟁하고 있는 실정입니다. 하지만 희망이 전혀 없는 것은 아닙니다. 일반 대중은 수공업 분야의 직업에 더 이상 매력을 느끼지 못하지만, 그래도 이 분야에 소명을 느끼는 사람들은 소수나마 여전히 존재합니다. 몇 해 전, 나는 수공업의 꽃이라 할 수 있는 이른바 〈공예〉 분야에 종사하는 분들에게 상을 수여하는 심사 위원회의 일원이었던 적이 있습니다. 그때 나는 그 사람들이 사용하고 완벽히 다루는 재료들과 기술들, 그리고 그들의 재능을 발견하고는 정말 입이 딱 벌어졌습니다. 어찌 됐든 이 분야에 아직 희망은 남아 있다는 걸 확인했습니다.

에코 맞아요. 지금 우리 사회에서는 모든 사람이 일자리 문제로 고민하고 있지만, 수공업 분야의 직업들을 다시 발견하는 젊은이들도 있어요. 이건 이탈리아에서는 확실히 밝혀진 사실이고, 프랑스와 다른 서구 국가에서도 마찬가지일 거예요. 나는 가끔 이런 새로운 장인들을 만나게 되는 일이 있는데, 그들이 신용 카드에 적힌 내 이름을 보고는 내 책들을 읽었다고 말하는 경우도 종종 있답니다. 즉 그들은 고등교육까지 받고 나서 수공업에 투신하게 된 사람들이죠.

내 친구 하나가 이런 얘기를 들려줬어요. 어느 날, 한 동료 철학자와 함께 뉴욕 프린스턴 대학에 가기 위해 택시에 탔대요. 택시 운전사는 내 친구 표현을 빌리자면 얼굴이 무성한 장발에 온통 가려진 한 마리 곰이었답니다. 운전사는 두 사람이 어떤 사람인지 알려고 말을 걸었대요. 두 사람은 자기네가 프린스턴에서 가르친다고 설명했다죠. 그러니까 운전사는 더 꼬치꼬치 캐물었답니다. 그 동료 철학자는 약간 짜증이 나서 자기는 〈에포케*epoche*〉[77]를 통한 초월적 인식을 연구한다고 말했더니, 운전사는 그의 말을 끊으면서 이렇게 말했다는 거예요. 「*You mean Husserl, isn't it?*(지금 후설을 말씀하시는 거죠?)」

물론 그 사람은 학비를 벌기 위해 택시 운전사 일을 하는 철학 전공 학생이었지요. 하지만 그 당시에는 후설을 알고 있는 택시 운전사는 극히 희귀한 종자였어요. 요즘은 좀 다르죠. 고전 음악을 틀어 주거나, 당신이 최근에 출간한 기호학 저서에 대해 질문하는 택시 운전사를 어렵지 않게 만날 수 있어요. 다시 말해서 요즘 그런 운전사는 완전히 초현실주의적인 존재만은 아니지요.

카리에르 이것들은 전체적으로 좋은 소식들 아닌가요? 내가 생각하기로는, 생태학적 위기들이 — 이것들은 결코 과장된 것이 아니지요 — 우리의 지성을 각성해 주고, 우리가 너무 오래, 그리고 너무 깊게 잠들어 있는 것을 막아 줄 수 있을 것 같아요.

에코 우리의 문화 가운데서 여러 가지 진보가 일어나

---

77 대상에 대해 판단을 중지하는 일. 고대 그리스 철학에서 쓰던 용어였는데, 후설은 이것을 현상학적 환원을 표현하는 말로 썼다.

고 있다는 사실은 부인할 수 없습니다. 이 진보는 명백한 것이고, 전통적으로 진보에서 제외되었던 사회적 범주들에서도 일어나고 있지요. 하지만 동시에 어리석음 또한 증가하고 있습니다. 옛날 농사꾼들이 말이 없었던 것은 사실이었지만, 그렇다고 해서 바보는 아니었어요. 배웠다고 해서 반드시 똑똑한 것은 아니니까요. 아뇨, 절대 그렇지 않습니다. 하지만 요즘은 이 모든 사람들이 자기 목소리를 내려하기 때문에, 어떤 경우에는 필연적으로 그들의 어리석음이 드러나기도 합니다. 말하자면 옛날에는 어리석음이 드러나지도 않았고, 알려지지도 않았다면, 오늘날에는 이 어리석음이 온 세상에 대고 호통을 쳐대고 있는 형국이죠.

그리고 사실, 똑똑함과 어리석음 사이에 명확한 경계선을 긋기란 어려운 일입니다. 나는 전구를 갈아야 할 때면 완전한 천치가 되어 버린답니다. 혹시 프랑스에도 〈전등 하나 갈려면 몇 명의 ……이 필요한가?〉라는 형식의 유머가 존재하는지 모르겠네요? 없나요? 우리 이탈리아에는 이런 시리즈로 상당히 많은 유머가 있답니다. 전에는 주인공이 피에몬테 지방의 도시인 쿠네오 시민들이었지요. 〈전등 하나 갈려면 몇 명의 쿠네오 사람이 필요한가?〉 답은 다섯 명입니다. 한 사람이 탁자 위에 올라가 전등을 잡고 있으면, 네 사람은 탁자를 돌려야 하니까요. 이런 종류의 유머는 미국에도 있답니다. 〈전등 하나 갈려면 몇 명의 캘리포니아 사람이 필요한가?〉 답은 열다섯입니다. 한 사람은 전등을 갈고, 열넷은 이 실험을 참관해야 한답니다.

카리에르 쿠네오 사람들에 대해 말씀하셨는데, 그 도시는 이탈리아 북부에 있지요. 그런데 어느 나라에서든 북부 지방 사람들은 항상 아주 어리석다고 여겨지는 것 같아요.

에코 물론입니다. 왜냐하면 갑상선종을 앓는 사람은 북부에 가장 많고, 고립을 상징하는 산들이 있는 곳도 북부이며, 이탈리아의 도시들을 덮친 야만인들이 쏟아져 나온 곳도 북부이기 때문입니다. 사실 이것은 더 가난하고, 기술적으로 더 낙후된 남부인들의 일종의 복수라고 할 수 있죠. 인종주의 운동의 하나인 〈북부 연맹〉의 수장이었던 보시가 처음으로 로마에 와서 연설을 하게 되었을 때, 로마 사람들은 도시 곳곳에서 이런 플래카드를 흔들었답니다. 〈너희들이 아직 나무 위에서 살고 있을 때, 우리는 이미 동성애자였어.〉

남부인들은 항상 북부인들에게 교양이 부족하다고 비난했어요. 기술적으로 좌절한 사람들이 마지막 카드로 문화를 꺼내드는 경우가 종종 있지요. 그런데 요즘 이탈리아에서 쿠네오 사람들은 일종의 국방 경찰이라 할 수 있는 〈카라비니에리〉로 대체되었답니다. 하지만 이탈리아의 국방 경찰은 자신들에게 부과된 고약한 명성을 오히려 교묘하게 이용해 왔어요. 이로써 그들은 어떤 의미에서 자신들의 똑똑함을 증명했다고 할 수 있겠지요.

국방 경찰 다음에는 축구 선수 프란체스코 토티의 차례

였습니다. 이번에는 정말로 한바탕 불꽃놀이가 벌어졌죠. 그런데 토티가 어떻게 반응했는지 아세요? 그는 자신에 대한 농담들을 모두 모은 책을 한 권 출간하여, 그 판매 수익금을 구호 단체에 기부했어요. 악평은 저절로 사라져 버렸고, 사람들은 그에 대한 의견을 바꾸게 되었죠.

인터넷, 혹은
〈담나티오 메모리아이〉[78]의 불가능성

토낙 『악마의 시』 금지 사태가 진행되는 동안, 두 분은 무엇을 느꼈는지요? 어떤 종교적 권위가 영국에서 출판된 책을 세계 각국에서 금지되게 만들었는데요, 이런 일을 볼 때 우리가 과연 미래에 대해 안심할 수 있을까요?

에코 살만 루슈디의 경우는 오히려 우리에게 강한 낙관주의의 근거가 돼야 한다고 생각합니다. 왜냐고요? 과거에는 어떤 책이 종교적 권위에 의해 단죄되면, 그 검열에서 빠져 나올 수 있는 가능성은 전혀 없었기 때문입니다. 그 저자는 화형당하든지 아니면 암살당할 것이 거의 확실했죠. 하지만 우리가 짜나간 커뮤니케이션의 우주 안에서 루슈디는 살아남았고, 그의 책은 사라지지 않았습니다. 모

---

78 *damnatio memoriae*. 직역하면 〈기억을 지옥으로 보내기〉라는 뜻으로서, 어떤 정치가가 중죄를 범했을 때, 그의 사후에 그에 관련된 모든 기억을 깡그리 없애 버리는 형벌을 뜻한다. 우리말로는 〈기록 말살형〉, 〈기록 말살〉 등으로 번역된다.

든 서구 사회 지식인들의 보호를 받을 수 있었던 거죠.

카리에르 모든 사람이 일어나서 루슈디를 구했죠. 하지만 특히 중동 지역에서 파트와[79]에 의해 단죄되고, 그에 따라 살해된 모든 작가들에 대해서도 마찬가지의 움직임이 있었는지는 분명치 않습니다. 우리가 간단히 말할 수 있는 것은 글쓰기란 과거에도 그랬지만, 지금도 여전히 위험한 활동이라는 사실입니다.

에코 그럼에도 나는 여전히 확신하고 있습니다. 세계화된 사회에 사는 우리는 모든 것에 대해 정보를 얻을 수 있고, 또 그에 따른 적절한 행동을 취할 수 있다고요. 만일 인터넷이 존재했었다면 홀로코스트가 과연 가능했을까요? 모든 사람들이 무슨 일이 일어나는지 즉시 알게 되었을 것입니다……. 지금 중국의 상황이 바로 그렇습니다. 중국 지도부는 네티즌들이 접할 수 있는 정보들을 여과하기 위해 갖은 애를 쓰고 있습니다만, 정보는 잘 순환하고 있어요. 그것도 양 방면으로 말입니다. 중국인들은 바깥 세계에서 일어나는 일들을 알 수 있고, 또 우리는 중국에서 일어나는 일들을 알 수 있죠.

---

79 *fatwa*. 어떤 특별한 사안에 대해 이슬람법 전문가가 내리는 법적 의견. 1989년 2월 14일, 아야톨라 호메이니는 이 파트와에 의해 『악마의 시』가 이슬람에 대한 신성 모독을 범했다고 판결하고, 살만 루슈디에 대해서는 사형을 촉구했다.

카리에르 이 인터넷상의 검열을 위해 중국인들은 극도로 교묘한 방법들을 만들어 냈어요. 하지만 그것들은 완벽하게 기능하지는 못했죠. 그 이유는 간단히, 네티즌들은 항상 빠져나갈 구멍을 찾아내기 때문입니다. 다른 곳들도 그렇지만 중국에서도 사람들은 휴대폰으로 자신들이 목격한 것을 촬영해서 그 이미지들을 전 세계에 돌립니다. 뭔가를 숨긴다는 것은 갈수록 어려운 일이 되고 있지요. 독재자들의 미래는 어둡습니다. 이제 그들은 아주 깊은 어둠 속에서 활동하지 않으면 안 되게 되었어요.

에코 여기서 아웅산 수지의 예를 생각하게 되네요. 그녀가 거의 전 세계적인 관심의 대상이 된 순간부터, 군인들로서는 그녀를 제거해 버리는 것이 아주 어려운 일이 돼버렸어요. 최근에 우리 모두가 보았듯이, 잉그리드 베탕쿠르[80]의 경우도 마찬가지입니다.

카리에르 그렇다고 해서 이 세계에서 검열과 전횡이 완전히 사라졌다는 듯한 느낌을 주지는 말자고요. 아직은 까마득합니다.

에코 사실, 〈빼기〉에 의한 검열은 제거할 수 있지만, 〈더하기〉에 의한 검열을 제거하기란 훨씬 어려운 일이지

---

80 Ingrid Betancourt(1961~). 콜롬비아 무장 혁명군의 인질로 6년여간 잡혀 있다가 구출된 전 콜롬비아 대통령 후보.

요. 미디어가 이 〈더하기 검열〉의 전형적인 예입니다. 이렇게 생각해 보세요. 정치인이 어떤 신문사에 서한을 보내어, 지금 사람들이 비난하고 있는 자신의 부패 혐의는 사실이 아니라고 설명합니다. 신문사는 이 서한을 발표하지만, 이 기사를 바로 그 정치인이 어떤 스낵바에서 타르틴을 먹고 있는 장면을 잡은 사진 바로 옆에 배치합니다. 그럼 끝난 겁니다. 이렇게 되면 그 이미지는 공금을 집어삼킨 한 남자를 암시하게 되니까요. 이것보다 더 좋은 방법도 있습니다. 내가 어떤 나라의 국가 수반이라고 칩시다. 그런데 내일 미디어의 머리기사로 뜰 수 있는, 나를 아주 난처하게 만들 수 있는 기사가 나온다는 사실을 알게 됐어요. 그러면 나는 오늘 밤, 중앙 역사에다 폭탄을 하나 장치해 놓는 겁니다. 그럼 내일 신문들은 머리기사를 바꾸게 되지요.

나는 어떤 테러 사건들의 숨은 이유는 바로 이런 차원의 것이 아닌가 하는 의심을 품고 있습니다. 그렇다고 해서 9·11 테러의 실체는 우리가 알고 있는 것과는 다르다는 식의 음모론에 동참하고 싶지는 않고요. 이런 종류의 음모론에 열광하는 사람들은 전 세계적으로 충분히 많으니까요.

카리에르 한 정부가 어떤 비리를 감추기 위해 3천 명이 넘는 자국민의 죽음을 받아들인다는 것은 상상할 수 없는 일이지요. 물론 상식적으로는 있을 수 없는 일입니다. 하지만 이와 관련하여 프랑스에서는 아주 유명한 전례가 있습니다. 바로 벤 바르카 사건이죠. 모로코 정치인인 메디 벤 바르카는 프랑스의 리프 맥주집 앞에서 납치되었고, 아마도 살해되었으리라 추정되고 있습니다. 엘리제 궁전에서 드골 장군과의 기자 회견이 열렸지요. 기자란 기자는 다 몰려들어 북새통이었습니다. 질문은 이랬습니다. 「장군님, 왜 메디 벤 바르카가 납치되었다는 사실을 알고 난 후, 사흘 후에야 그 정보를 언론에 발표한 건가요?」 「그건 내 경험 부족 탓이라오.」 장군은 짐짓 풀 죽은 몸짓을 해보이며 대답했지요. 모든 사람이 웃음을 터뜨렸고, 사건은 그것으로 종결되었습니다. 이 경우에는 주의 분산 전략이 주효한 거지요. 웃음이 한 인간의 죽음을 눌러 버린 셈입니다.

토낙 이제 인터넷 때문에 어려워지거나 불가능해질 다른 형태의 검열들도 있을까요?

에코 예를 들어 로마인들이 생각해 낸 담나티오 메모리아이가 있지요. 원로원 투표로 결정되는 이 담나티오 메모리아이는 누군가의 사후에 그를 침묵과 망각으로 빠뜨리는 형벌입니다. 그의 이름을 각종 공적부에서 삭제하거나, 그의 동상을 없애거나, 혹은 그가 태어난 날짜를 흉일로 지정하는 거지요. 스탈린 치하에서 망명 중이거나 살해된 이전 지도자의 사진들을 제거했던 것도 같은 부류라 할 수 있지요. 구체적으로는 트로츠키가 그 대상이었지요. 하지만 오늘날에는 사진 한 장으로 누군가를 없앤다는 것은 어려운 일이 되었습니다. 그 즉시 인터넷상에 돌아다니는 그의 옛날 사진을 찾아낼 수 있으니까요. 사라진 사람은 오래지 않아 다시 나타납니다.

카리에르 그런데 로마 원로원의 그것 같은 의식적인 결정에 의해서가 아니라, 〈저절로〉 이루어지는 집단 망각의 경우들도 있습니다. 내가 보기에는 집단이 부여하는 영광보다 더욱 강한 힘으로 이루어지는 현상이지요. 또 무의식적인 선택들이 있을 수도 있습니다. 일종의 암묵적인 개정작업, 은근히 이루어지는 추방이라 할 수 있지요. 이처럼 집단 기억이 존재하듯이, 집단 무의식과 집단 망각 또한 존재합니다. 〈영광의 순간을 맛보았던〉 어떤 인물이 아무런 집단적인 추방 운동이나 아무런 폭력 없이, 알게 모르게 우리를 떠나가는 것입니다. 그는 저절로, 조용히 떠나서 망령들의 왕국에 들어가는 것이죠. 앞에서 내가 말한 20세기 전반부의 그 영화감독들처럼 말입니다. 그리고 우리의 기억에서 나가게 되는 이 누군가, 우리의 역사책들과 우리의 대화들과 우리의 기념 행위들에서 조용히 추방되는 이 누군가는 결국에는 전혀 존재하지 않았던 존재처럼 되어 버립니다.

에코 내가 알고 있던 이탈리아의 한 대(大)비평가에게는, 그가 불운을 가져다준다는 고약한 소문이 따라다니고 있었지요. 그분 주위에는 어떤 전설 같은 것이 떠돌고 있었고, 결국에는 그분 자신마저 이 전설을 교묘하게 이용하게 되었다고 알고 있습니다. 오늘날까지도, 어떤 책들에서는 — 그분이 누구도 이의를 제기할 수 없는 자리를 차지하고 있는 영역임에도 — 그분 이름이 전혀 언급되고 있지 않지요. 이것은 담나티오 메모리아이의 한 형태라고 할 수 있습니다. 하지만 나는 기회가 닿을 때마다 그분을 인용하고 있지요. 나는 이 세상에서 미신과는 가장 거리가 먼 사람일 뿐 아니라, 그분을 너무도 존경하기 때문에 무슨 일이 있더라도 그분을 세상 사람들에게 알려 주고 싶거든요. 심지어 한번은 비행기를 타고 그분 집에 직접 방문하기로 마음먹은 적도 있습니다. 그런데 내게 나쁜 일이 전혀 일어나지 않았고, 이에 사람들은 내가 이제 그분의 가호를 받게 되었다고 말했지요. 어쨌든 아직도 그분에 대해 이야기하고 있는, 나를 포함한 이른바 〈행복한 소수〉의 공동체 말고는, 그분의 영광은 가려져 버린 셈이지요.

카리에르 어떤 인물, 어떤 작품, 어떤 문화를 침묵과 망각 속에 빠뜨리는 방법에는 물론 여러 가지가 존재합니다. 우리는 그중 몇 가지를 검토해 보았지요. 스페인 사람들이 아메리카 대륙에서 자행한 한 언어의 철저한 파괴는 그 언어가 표현해 주는 문화를 더 이상 접근할 수 없는 것으로 만들어 버리고, 그다음에는 그 문화에 대해 자기 멋대로 말할 수 있게 해주는 최상의 방법입니다. 하지만 우리가 보았듯이, 이 문화들, 이 언어들은 저항합니다. 어떤 목소리를 영원히 억누르고 한 언어를 영원히 지워 버린다는 것은 간단치 않은 일입니다. 이후의 수 세기가 계속 그것들에 대해 나지막이 얘기해 나갈 테니까요. 당신 말이 맞습니다. 살만 루슈디의 경우는 우리에게 희망을 주고 있어요. 이것은 아마 이 세계화된 사회의 가장 의미심장한 수확 중 하나일 겁니다. 이제 전적이고도 결정적인 검열은 실제적으로 불가능해진 것입니다. 한 가지 위험이 있다면, 그것은 세상에 돌아다니는 정보들이 그 진위 여부를 확인하는 것이 불가능해지고, 앞으로 언젠가는 우리 모두가 정보 제공자들이 된다는 사실입니다. 이 점에 대해서는 앞에서 얘기한 바가 있지요. 이 자발적 정보 제공자들은 자격과 공정성이 천차만별이며, 매일같이 세계에 대해 제멋대로 상상하는 정보의 발명가, 정보의 창조자가 될 수도 있는 것입니다. 즉 우리는 세계를 우리의 욕망에 따라 묘사하고, 나아가 그렇게 묘사된 세계를 현실로 믿게 될 것입니다.

이러한 문제점을 해결하기 위해서는 — 그것이 필요하다고 생각하는 경우에는, 왜냐하면 상상된 정보 또한 모종의 매력이 없지 않으므로 — 끝없는 비교 검증 작업이 필요합니다. 아주 골치 아픈 작업이죠. 하나의 진실을 규명하기 위해서는 한 명의 증인으로 충분하지 않습니다. 범죄에서도 마찬가지이죠. 여러 관점들과 증언들이 하나로 수렴되어야 합니다. 하지만 대부분의 경우, 이렇게 엄청난 작업을 요구하는 정보는 사실 그만한 가치가 없습니다. 그래서 사람들은 검증되지 않은 정보를 그냥 흘러 다니게 놔두는 것이죠.

에코 하지만 증언의 풍부함이 반드시 문제를 해결해 주는 것은 아닙니다. 우리 모두는 중국 공안이 티베트 승려들에게 자행한 폭력의 증인이었습니다. 이 사건은 국제 사회의 공분을 샀죠. 하지만 텔레비전 화면이 3개월 동안 계속해서 경찰에게 구타당하는 승려들의 모습을 보여 줄 때, 평소 가장 관심이 많고, 가장 참여할 가능성이 많은 시청자들조차 흥미를 잃게 될 것입니다. 따라서 어떤 경계선이 존재하는 법입니다. 그 안에서는 정보가 인지되고, 그것을 넘어설 때 정보가 의식되지 않는 소음으로 화해 버리는 경계선 말입니다.

카리에르 그건 부풀어 올랐다가 터져 버리는 방울들이라 할 수 있지요. 작년에 우리는 〈탄압받는 티베트 승려들〉이라는 방울 속에 있었습니다. 그다음에는 〈잉그리드 베탕쿠르〉라는 방울로 옮겨졌지요. 하지만 둘 다 터져 버렸습니다. 그러고는 〈서브프라임 위기〉라는 방울이 왔습니다. 또 그다음에는 은행 위기와 금융 위기, 혹은 그 둘 다가 왔지요. 다음에는 어떤 방울일까요? 어떤 무시무시한 태풍 하나가 플로리다 해안에 접근하고 있다가 갑자기 세력이 약해져 버렸을 때, 나는 기자들에게서 어떤 실망감 같은 것마저 느낄 수 있었어요. 하지만 그것은 그곳 주민들에게는 너무도 좋은 소식 아니었나요? 이 거대한 정보의 망 속에서, 이른바 〈정보〉라고 하는 것은 대체 어떻게 구성되는 걸까요? 어떤 정보가 온 세계를 돌고, 얼마 동안 우리 모두의 이목을 집중시키다가 며칠 후에는 그 누구의 흥미도 끌지 못하게 되는 현상은 대체 어떻게 설명해야 할까요? 한 가지 예를 들어 보겠습니다. 나는 1976년에 스페인에서 부뉴엘과 함께 「모호한 욕망의 대상」의 시나리오 작업을 하면서, 매일 신문을 받아 보고 있었습니다. 그런데 갑자기 신문을 통해 몽마르트르의 사크레-쾨르 성당에 폭탄이 하나 터졌다는 사실을 알게 되었어요! 경악했고, 또 신이 났죠. 테러범은 자신의 정체를 밝히지 않았고, 경찰은 수사에 착수했답니다. 부뉴엘에게는 정말 중요한 정보였어요. 그에게 이른바 〈파리 코뮌을 일으킨 도당들의 죄악을 씻기 위해〉 지어진 사크레-쾨르 성당은 치욕의 성당이었죠. 그런데 누군가가 여기에 폭탄을 설치했다는 사실은 그에게는 뜻밖의 횡재요 예상 밖의 기쁨이었습니다. 사실 이 불명예스러운 기념물을 파괴하려는 시도는 이전에도 여러 번 있었지요. 또 어느 시기에는 무정부주의자들이 그것을 빨간색으로 칠하고 싶어 하기도 했고요.

우리는 다음날 사태가 어떻게 진척되었는지 알기 위해 부리나케 신문을 펼쳐 들었어요. 그런데 아무 얘기도 없었어요, 아무것도. 일언반구의 언급도 없더군요. 우린 실망하고 좌절했지요. 우리는 단지 우리 시나리오에 〈아이 예수 혁명적 행동 그룹〉이라는 어떤 폭력 그룹을 첨가하는 것으로 만족했답니다.

에코 이것은 〈빼기〉에 의한 검열과 다시 연결되는 얘기인데요, 어떤 독재 권력이 인터넷을 통해 지식의 출처들에 접근할 수 있는 가능성을 완전히 제거해 버리기를 원할 때, 바이러스 하나만 퍼뜨리면 간단히 이 목적을 이룰 수 있을 겁니다. 각자 컴퓨터 안의 개인 데이터들을 모두 파괴해 버림으로써, 정보의 거대한 정전 사태를 초래할 수 있을 테니까요. 물론 우리 모두는 어떤 정보들은 USB 메모리에다 저장해 놓으니 정보가 모두 파괴될 가능성은 없겠지요. 그래도 말입니다, 그 사이버 독재 권력은 우리의 개인 저장 정보의 80퍼센트까지를 제거해 버릴 수 있지 않을까요?

카리에르 하지만 어쩌면 모두 다 파괴해 버릴 필요조차 없을지 모릅니다. 예를 들어 나는 내 자료 전체에 흩어져 있는 어떤 특정한 단어를 〈찾기〉 기능을 통해 찾아내어, 〈엔터〉만 누르면 모두 없애 버릴 수 있습니다. 그렇다면 어떤 사이버 검열관 역시 전 세계의 모든 컴퓨터 안에 흩어져 있는 어떤 특정한 단어, 혹은 어떤 특정한 단어들의 그룹을 동일한 방법으로 사라지게 하는 상황을 상상해 볼 수 있지 않겠습니까? 이 경우, 사이버 독재자들은 어떤 단어들을 선택할까요? 물론 언제나 그렇듯 사용자들이 가만히 앉아 있을 리는 없습니다. 공격과 방어의 해묵은 이야기가 또 다른 전장에서 재연되겠죠. 또 우리는 여기서 새로운 바벨탑 이야기도 상상해 볼 수 있겠지요. 언어와 코드와 모든 열쇠들이 갑자기 사라져 버린다면, 얼마나 무서운 혼돈이 찾아올까요?

토낙 그런데 한 가지 역설이 있습니다. 두 분도 언급했듯이, 침묵에 빠진 작품이나 인물은, 바로 이 침묵이 일종의 반향실 효과[81]를 일으켜, 결국 우리의 기억 가운데 한 자리를 차지하게 되기도 합니다. 이런 운명의 역전 현상에 대해서 다시 한 번 말해 주시겠습니까?

에코 이것은 또 다른 의미에서의 담나티오 메모리아이의 결과로 일어나는 현상이죠. 한 작품은 무수하고도 복합적인 이유들 ─ 여과 작용, 우연한 사고, 화재 등등 ─ 로 우리에게까지 도달하지 못하게 됩니다. 이 실종에 대해 직접적인 책임이 있는 사람은 아무도 없습니다. 그러나 지금 작품은 영영 사라져 버렸죠. 그런데 작품은 당대의 수많은 증인들에 의해 논평되고 칭송되었기 때문에, 그것의 부재는 후대인들의 관심을 더욱 끌게 되는 것입니다. 바로 고대의 크세우시스Xeusis의 작품들의 경우이죠. 예술가와 동시대에 살았던 사람 외에는 아무도 이 작품들을 본 사람이 없지만, 우리는 오늘날에도 그에 대해 말하고 있는 것이죠.

카리에르 아크나톤의 뒤를 이어 투탄카몬이 파라오가 됐을 때, 그는 선대 파라오를 이단이라고 선언하고, 아크나톤의 이름을 모든 사원들에서 끌로 지워 버렸습니다. 이

---

81 반향실 내부의 음향처럼 어떤 폐쇄된 공간 내에서 같은 정보가 돌고 돌면서 강화되는 현상.

러한 일을 당한 사람은 아크나톤만이 아닙니다. 동서고금, 도처에서 명문들은 부스러져 내리고, 동상들은 쓰러져 갑니다. 여기서 쿠델카Joseph Koudelka의 그 기막힌 사진이 생각나는군요. 레닌의 동상이 거대한 시체처럼 거룻배에 눕혀져, 그것이 영영 사라지게 될 흑해를 향해 다뉴브 강을 따라 내려가고 있는 그 이미지 말입니다.

아프가니스탄에서 파괴된 불상들에 대해서는 좀 더 자세한 설명이 필요할 듯하군요. 부처가 설법을 행한 후 첫 몇 세기 동안에는 그의 모습은 재현되지 않았습니다. 그는 부재로써 보여졌지요. 발자국들, 비어 있는 의자, 그가 그늘에서 명상한 나무, 혹은 안장은 있되 기수는 없는 말.

그러다가 알렉산드로스 대제가 침입한 이후부터, 중앙아시아에서는 그리스 예술가들의 영향으로 부처에 육체적인 형상을 부여하기 시작했어요. 따라서 탈레반들은 〈불상을 파괴함으로써〉 자신도 모르는 사이에 불교의 근원으로의 회귀에 참여하고 있는 셈이죠. 진정한 불교 신자들에게 바미얀 계곡의 그 비어 버린 좌대들은 이전보다도 더욱 웅변적이고 더욱 충만하게 느껴질지도 모릅니다.

오늘날 이러한 테러 행위들은 때로는 아랍-이슬람 문명의 전부인 듯한 느낌을 주기도 합니다. 이렇게 되면 이런 부정적인 모습들이 이 문명이 과거에 지녔던 위대함을 거의 다 가려 버릴 위험이 있습니다. 아즈텍 문명의 그 잔혹한 희생 의식들이 수 세기 동안 이 문명의 모든 아름다움들을 가려 왔듯이 말입니다. 스페인 사람들은 피정복 문명의 잔혹한 이미지를 크게 증폭했고, 마침내는 이 잔혹한 희생제들의 집단 기억이 그 문명에 대해 간직한 거의 모든 것이 되어 버렸습니다. 그렇게 스페인 사람들은 이 문명의 흔적들을 쉽게 지워 버릴 수 있었죠. 오늘날 이슬람 역시 마찬가지의 위험에 처해 있습니다. 장차 그것은 우리의 기억 가운데서 이 테러 폭력의 이미지로 환원되어 버릴 수 있는 것이죠. 왜냐하면 우리의 기억이란 우리의 뇌와 마찬가지로 환원적이기 때문입니다. 우리의 정신은 끊임없는 선택과 환원을 통해 나아가는 것이죠.

불에 의한 검열

토낙 책의 역사를 살펴보면 무시무시한 검열들이 많이 있었습니다. 그중에서도 불에 의한 검열은 특별히 다뤄 줘야 할 주제이겠지요.

에코 물론입니다. 그리고 나치가 이른바 〈타락한〉 책들을 없애 버린 한 화형식을 즉각 언급해야겠지요.

카리에르 공상 과학 소설 『화씨 451』에서 레이 브래드베리는 책이라는 거추장스러운 유산에서 해방되고자, 책들을 불태워 버리기로 결정한 어떤 사회를 상상하고 있습니다. 화씨 451도는 다름 아닌 종이가 불타기 시작하는 온도이고, 여기서는 소방수들이 책을 불태우는 임무를 맡고 있지요.

에코 〈화씨 451〉, 이것은 또한 한 이탈리아 라디오 프로그램의 제목이기도 합니다. 하지만 여기서는 정반대의 일이 일어나지요. 어떤 청취자가 전화를 해서 어떤 책을 구할 수 없다거나, 혹은 분실했다고 호소합니다. 그 즉시 다른 청취자가 전화를 걸어 자기가 그 책을 한 권 갖고 있으며, 언제든지 그것을 줄 수 있다고 말합니다. 여기서의 원리는 어떤 책을 읽고 나서 다른 사람이 읽을 수 있게끔 영화관이나 전철 등 어딘가에 버리고 오는 것이라고 할 수 있지요. 그런데 그것이 사고에 의한 것이든, 혹은 의도적인 것이든, 불은 책과 그 기원에서부터 역사를 함께 해왔습니다. 불타버린 도서관들을 모두 열거한다는 것은 불가능한 일이죠.

카리에르 이 얘기를 하고 있으니, 과거에 루브르 박물관의 초청으로 경험하게 된 어떤 일이 떠오르는군요. 내가 작품을 하나 선정하여, 밤에 한 조그만 그룹에 그것을 설명해 주는 행사였습니다. 나는 17세기 초반의 프랑스 화가 르쉬외르의 작품「에베소에서의 사도 바울의 설교」를 골랐습니다. 그 그림에는 장삼 차림에 긴 수염을 단 사도 바울이 어떤 계단 위에 서 있는 모습을 볼 수 있습니다. 그는 장삼을 입고 있지요. 그것은 터번만 두르지 않았을 뿐, 오늘날의 아야톨라 호메이니의 모습 그대로입니다. 그의 눈은 불타는 듯 번쩍거리고 있지요. 주위에는 신도 몇 명이 그의 말을 듣고 있습니다. 그림 아래 부분에는 감상자 쪽으로 등을 돌린 한 흑인 하인이 무릎을 꿇고서 책들을 불태우고 있습니다. 나는 어떤 책을 태우는지 보려고 그림에 다가가 살펴보았어요. 그런데 책 페이지 사이로 수학 공식과 도형 같은 것들이 보이더군요. 개종한 지 얼마 되지 않은 듯해 보이는 이 흑인 노예는 그리스 과학을 불태우고 있었던 겁니다. 화가는 우리에게 — 직접적으로든 암시적으로든 — 어떤 메시지를 전하고 싶었던 걸까요? 나로서는 알 수 없는 일입니다. 하지만 이미지 자체는 굉장했어요. 신앙이 도래하니, 과학은 불태워진 겁니다. 이것은 여과 작업 이상의 것, 바로 화염에 의한 완전한 청산이었습니다. 〈빗변의 제곱〉[82]은 영원히 사라져 버려야 했지요.

에코 여기서 책의 파괴가 흑인에게 맡겨진 걸 보면, 어떤 인종주의적 함의까지 숨어 있는 것 같네요. 우리는 가장 많이 책을 불태운 집단은 분명히 나치일 거라고 생각하고 있습니다. 하지만 십자군 원정 때 어떤 일이 일어났는지, 우리는 과연 제대로 알고 있는 걸까요?

카리에르 내가 생각하기에, 나치보다 더 악랄한 책의 매장자는 신세계에 도착한 스페인인들입니다. 그리고 몽고족도 인정사정없었어요!

에코 근대가 시작될 무렵, 서구 세계는 중국 문화와 아메리카 원주민 문화라는 그때까지 알려지지 않았던 두 개

---

82 그리스 과학의 상징이라 할 수 있는 피타고라스의 정리를 암시하는 말.

의 문화와 대면하게 되었지요. 그런데 중국은 정복하고 〈식민지화〉할 수는 없고, 단지 교역할 수만 있는 대제국이었어요. 예수회 수사들이 거기에 간 것은 중국인들을 개종하기 위해서가 아니라, 문화 간, 종교 간의 대화를 촉진하기 위함이었어요. 반면 아메리카 원수민들의 땅은 잔인한 야만인들로 득실대고 있는 듯이 보였죠. 그래서 서구인들은 거기에서 약탈과 끔찍한 학살을 마음껏 자행한 겁니다. 그런데 이 이중적인 태도의 이념적인 정당화는 각 문명이 사용하는 언어의 성격에 근거하여 이루어졌어요. 당시 서구인들은 아메리카 원주민의 그림 문자들을 개념적 품위가 결여된 사물의 단순한 모방으로 정의한 반면, 중국의 표의 문자는 이념들을 재현하고, 따라서 보다 〈철학적〉이라고 생각했지요. 오늘날에 와서 우리는 그림 문자가 이보다는 훨씬 더 복잡한 거라는 사실을 알게 되었어요. 얼마나 많은 그림 문자 텍스트가 이런 식으로 사라져 갔을까요?

카리에르 스페인인들은 이 굉장한 문명의 흔적들을 사라지게 하면서, 자기네가 보물들을 불태우고 있다는 사실을 깨닫지 못했어요. 그래도 그들 중의 어떤 이들, 특히 베르나르디노 데 사아군 같은 놀라운 사제는 여기에 파괴해서는 안 될 무언가, 즉 오늘날 우리가 〈인류의 유산〉이라고 부르는 것의 중요한 일부분이 있다는 걸 느끼고 있었지요.

에코 중국에 갔던 예수회 사제들은 교양 있는 사람들이었습니다. 반면 코르테스, 그리고 특히 피사로는 철저하게 문화 말살 계획에 따라 움직이는 백정들이었고요. 또 그들을 따라온 프란체스코 교단 사제들은 아메리카 원주민들을 야생 동물로 여겼습니다.

카리에르 다행히 다 그런 것은 아니었지요. 사아군, 라스카사스, 두란 같은 이들은 예외였습니다. 우리가 정복되기 이전의 아메리카 원주민들의 삶을 알 수 있는 것은 모두가 그들 덕분이지요. 또 그들은 상당한 위험을 감수해야 했습니다.

에코 사아군은 프란체스코 교단 소속이었지만, 라스카사스와 두란은 도미니쿠스 교단이었지요. 통념적인 이미지가 이렇게까지 틀릴 수 있다니, 참 신기합니다. 도미니쿠스 수사들은 종교 재판의 주역들이었고, 프란체스코 수사들은 온건함의 옹호자들이었어요. 그런데 라틴아메리카에서, 마치 서부 영화에서처럼, 프란체스코 수사들은 〈나쁜 놈〉 역을 맡고, 도미니쿠스 수사들은 〈좋은 놈〉 역을 맡은 거지요.

토낙 왜 스페인 사람들은 고대 원주민 건축물 중에서 어떤 것들은 파괴하고, 어떤 것들은 남겨 놓았을까요?

카리에르 그 이유는 때로 아주 단순합니다. 그들이 그 건축물들을 보지 못한 거죠. 수 세기 동안 정글 속에 방치되고 숨겨져 있던 대부분의 마야 대도시들이 이 경우에 해당합니다. 좀 더 북쪽에 위치했던 테오티우아칸도 마찬가지입니다. 3세기경에 아즈텍인들이 그 지역에 왔을 때 이 도시는 이미 황폐한 상태였지요. 그런데 왜 그렇게 침략자들은 거의 강박적으로 글의 흔적들을 지워 버리려 애를 썼을까요? 왜냐하면 그들이 보기에 글이 없는 민족은 영원히 저주받은 민족이 될 수밖에 없었던 까닭입니다. 최근 불가리아에서 기원전 2, 3세기경의 분묘들에서 귀금속 세공품들이 발견된 일이 있습니다. 그런데 트라키아인들은 골족과 마찬가지로 글을 남기지 않았어요. 그리고 글이 없는 민족은, 즉 스스로를 명명하지 않고, 스스로에 대해 (꾸민 이야기라도) 이야기하지 않은 사람들은 존재할 수 없습니다. 만일 누군가가 당신을 기억해 주기를 원한다면, 그렇다면 글을 써야 합니다. 글을 쓰고, 또 그 글이 어떤 장작더미 위에서 불타 버리지 않게끔 해야 합니다. 나는 이따금 자문해 봅니다. 나치가 유대인의 책들을 불살라 버릴 때 과연 어떤 생각을 하고 있었을까 하고요. 정말로 그 책들을 마지막 한 권까지 모조리 없애 버릴 수 있다고 상상했을까요? 그건 악랄하기도 하지만 사실은 지나치게 비현실적인 기도가 아니겠습니까? 따라서 그것은 차라리 어떤 상징적인 작전이 아니었을까요?

우리 시대에도, 나를 놀라게 하고 분개하게 만드는 또

다른 조작들이 우리가 보는 앞에서 벌어지고 있습니다. 내가 한번은 이란에 갈 기회가 있어서, 꽤 알려진 한 프로덕션 대행사한테 조그만 팀을 하나 데려가 내가 알고 있는 오늘날 이 나라의 모습을 촬영해 오자고 제안한 일이 있어요. 대행사 사장은 자기는 잘 알지도 못하는 이 나라에 대해 자신의 관점을 내게 늘어놓기 시작하더군요. 그리고 내가 가서 무얼 찍어야 하는지, 아주 구체적으로 얘기하는 겁니다. 다시 말해서 자기는 가보지도 않은 나라에서 내가 가져와야 할 이미지들을 자기가 다 결정하는 거예요. 예를 들면 자신의 가슴을 두드리는 이슬람 광신도, 마약 중독자, 매춘부 등등을 말입니다. 물론 이 프로젝트는 무산되었지요.

우리는 이미지라는 것이 어느 정도까지 거짓된 것일 수 있는지 매일 확인합니다. 이미지에는 교묘한 변조가 이루어질 수 있습니다. 그것이 하나의 〈이미지〉로서, 다시 말해서 하나의 〈자료〉로서 제시되기 때문에 더욱 알아채기 어려운 변조이죠. 그리고 결국, 믿기 어려운 말이겠지만, 진실만큼 위조하기 쉬운 것은 또 없습니다.

나는 어떤 텔레비전 채널이 방영하는 카불에 대한 한 다큐멘터리에서 내가 알고 있는 어떤 도시를 본 일을 기억합니다. 모든 숏[83]이 틸트업[84]으로 촬영되었어요. 보이는 것이라곤 전화(戰火)로 갈가리 찢어진 가옥들의 꼭대기뿐,

---

83 영화에서 한 대의 카메라가 계속해서 잡는 장면. 〈컷〉이라고도 한다.
84 카메라를 수직으로 위를 향해 움직이며 촬영하는 기법.

거리도, 행인들도, 상인들도 보이지 않았지요. 여기에 모두가 한 입으로 나라의 한심한 상태에 대해 말하고 있는 사람들의 인터뷰가 첨가되었지요. 또 다큐멘터리가 계속되는 내내 들리는 것이라곤 음산한 바람 소리뿐이었습니다. 영화에 나오는 사막에서 들리는 그런 소리인데, 똑같은 소리가 계속 반복되어 나오고 있었어요. 즉 어떤 음향 편집실에서 선택하여 다큐멘터리 이곳저곳에다 의도적으로 첨가한 소리였죠. 이 똑같은 바람 소리를 이번에는 〈노련한 귀〉가 잡아 냈던 겁니다. 촬영된 인물들의 하늘하늘한 옷들은 미동도 하지 않았지요. 이 르포르타주는 완전한 거짓이었어요. 또 하나의 거짓말인 거죠.

에코 이미 레프 쿨레쇼프가 우리에게 잘 보여준 바 있습니다. 이미지들이 어떤 방식으로 서로에게 의미를 전염시키는지, 또 동일한 이미지가 아주 다른 것들을 의미하는 것이 어떻게 가능한지에 대해서 말입니다. 여기에 어떤 남자의 얼굴이 있다고 합시다. 이 똑같은 얼굴을 처음에는 음식이 가득 담긴 접시를 보여 준 다음에 보여 주고, 두 번째는 어떤 혐오스런 물체를 보여 준 다음에 보여 주면, 이것은 보는 이에게 동일한 인상을 주지 않습니다. 남자의 얼굴은 첫 번째의 경우에는 탐욕을, 그리고 두 번째의 경우에는 역겨움을 표현하게 됩니다.

카리에르 우리의 눈은 이미지들이 암시하는 것을 보게 되지요. 로만 폴란스키 감독의 「로즈메리의 아기」에서 많은 관객의 눈에는 결국 괴물 같은 아기의 모습이 보이게 됩니다. 왜냐하면 등장인물들이 요람 위에 몸을 숙이고서 아기를 그렇게 묘사하기 때문입니다. 하지만 폴란스키가 아기의 모습을 촬영한 적은 없지요.

에코 그리고 아마도 많은 사람들이 영화 「메꽃Belle de jour」에 나오는 그 유명한 동양 상자 속의 내용물을 보았을 겁니다.

카리에르 물론입니다. 누가 부뉴엘에게 그 안에 무엇이 들어 있느냐고 물으면, 그는 이렇게 대답하곤 했지요. 「카리에르 씨의 사진이죠. 그래서 아가씨들이 기겁을 하는 거예요.」 어쨌든 어느 날, 어떤 모르는 사람이 그 영화 내용 때문에 우리 집에 전화를 했어요. 그는 내가 라오스에 산 적이 있느냐고 묻더군요. 나는 그곳에는 발을 디뎌 본 적이 없노라고 대답했죠. 그럼 부뉴엘은 어땠느냐고 물었고, 난 마찬가지라고 말했어요. 그러자 수화기 너머의 남자는 깜짝 놀라더군요. 그에게 그 동양 상자는 라오스의 어떤 옛날 풍습을 많이 생각나게 한다는 거였어요. 난 그럼 그 상자 속에 들은 게 무언지 아느냐고 물었죠. 그는 대답했어요. 「물론입니다!」 나는 부탁했어요. 「자, 그럼 제게도 좀 알려 주세요!」 그는 그 문제의 라오스 풍습은 그곳 여인들이 사랑의 행위를 할 때 더 길고 미묘한 쾌락을 즐기기 위해, 풍뎅이들을 은사슬로 음핵 위에 묶어 놓아 녀석들이 다리로 그곳을 자극하게 하는 것이라고 설명해 줬지요. 나는 정말 깜짝 놀라서, 우리는 「메꽃」의 그 상자 속에 풍뎅이를 가두어 놓을 생각은 전혀 없었다고 그에게 말했어요. 남자는 전화를 끊었지요. 그 즉시 나는 내 스스로도 몰랐던 비밀을 알게 되었다는 생각에 끔찍한 실망감을 느꼈답니다. 그 달콤 쌉싸래한 신비의 맛을 잃어버린 거죠.[85]

이 모든 얘기를 하는 것은 결국, 우리는 종종 어떤 이미지에서 그것이 보여 주는 것과는 다른 것을 보게 되며, 그 때문에 이미지는 문자 언어나 말보다도 훨씬 더 교묘한 방식으로 거짓말을 할 수 있다는 사실을 말하고자 함입니다. 만일 우리가 우리의 시각적 기억에 있어서의 어떤 진실성을 간직하고자 한다면, 반드시 다음 세대들에게 이미지를 바로 보는 법을 가르쳐 줘야 합니다. 심지어 이것은 가장 시급한 일이기도 합니다.

에코 이제는 또 다른 형태의 검열이 우리를 위협하고

---

[85] 「메꽃」은 우리나라에서는 〈세브린느〉라는 제목으로 소개된 루이스 부뉴엘의 1967년도 작품으로 루이스 부뉴엘과 장클로드 카리에르가 함께 시나리오를 썼다. 여기서 부르주아 가정의 평범한 젊은 주부인 세브린느는 막연한 성적 충동에 이끌려 매일 오후 사창가에 가서 창녀로 활동한다. 거기에는 다양한 성적 취향을 가진 남자들이 찾아오는데, 그들 중에 한 몽고 남자가 동양풍의 상자를 하나 가져와 창녀들에게 보여 주며 무언가를 요구한다. 무언가 곤충이 갇힌 듯 왱왱 소리가 나는 그 상자 속을 들여다 본 창녀들은 기겁을 하며 거부하지만, 세브린느는 받아들여 그와 모종의 쾌락을 즐긴다. 그런데 여기서 카리에르가 말하고 있듯이, 두 시나리오 작가는 그 안에 들은 것의 정체를 명확히 규정하지 않고, 신비하고도 모호한 대상으로 남겨 놓았다.

있다고 할 수 있지요. 아무리 우리가 이 세상의 모든 책들과, 모든 디지털 저장 매체들과, 모든 문헌을 다 보관하고 있다 해도 소용없습니다. 어떤 문명의 위기가 일어나, 이 방대한 문화를 저장하기 위해 우리가 선택한 모든 언어들을 갑자기 번역 불가능한 것으로 만들어 버린다면, 그렇다면 이 유산은 영영 소실되는 겁니다.

카리에르 바로 상형 문자에 일어난 일이죠. 서기 380년, 테오도시우스 1세가 칙령을 선포한 이래, 기독교는 모든 제국민이 의무적으로 믿어야 하는 로마의 유일한 종교가 되었습니다. 그로 인해 폐쇄된 수많은 사원들 중에 이집트 사원들도 있었죠. 그때부터 상형 문자의 수탁자이며 전문가인 승려들은 그들의 지식을 전승할 수 있는 가능성을 잃고 말았습니다. 수천 년 전부터 함께 살아왔던 그들의 신을 매장해 버릴 수밖에 없었던 거죠. 그리고 신들과 더불어, 다른 숭배 대상들과 언어 자체도 묻어 버려야 했습니다. 이 모든 것이 사라져 버리는 데에는 한 세대로 충분했습니다. 그리고 어쩌면 영원히 다시 부활하지 못하겠지요.

에코 이 언어의 해독의 열쇠를 다시 발견해 내는 데는 14세기가 필요했죠.

토낙 여기서 잠시 불에 의한 검열의 문제로 돌아와 봅시다. 고대의 도서관들을 불태웠던 사람들은 그곳에 간직되어 있던 모든 필사본들을 흔적도 안 남게 파괴해 버렸다고 믿었을지도 모릅니다. 하지만 인쇄술의 발명 이후, 그런 일은 불가능하게 되었습니다. 어떤 인쇄된 책을 한 권, 두 권, 혹은 백 권을 불살라 버릴 수는 있겠죠. 하지만 그렇다고 하여 그 책을 사라지게 할 수는 없는 법입니다. 전 세계의 개인 서재와 공공 도서관에 다른 수많은 책들이 흩어져 있을 테니까요. 그렇다면 나치가 자행한 것과 같은 현대의 책 화형대들은 대체 어떤 의미를 가질 수 있는 걸까요?

에코 검열자는 추방된 책을 자신이 모조리 없애 버릴 수는 없음을 잘 알고 있습니다. 하지만 그것은 하나의 세계와, 혹은 하나의 세계관 전체를 불로 태워 없애 버릴 수 있는 세계 창조자로 자처하고 나서는 한 방법이라 할 수 있죠. 여기서 그가 내세우는 핑계는 어떤 글들로 인해 썩어 들어가고 있는 한 문화를 재생하고, 또 정화하겠다는 것입니다. 나치가 〈타락한 예술〉 운운하는 것은 결코 우연이 아니죠. 여기서 화형대는 일종의 치료제인 셈입니다.

카리에르 출간-배포-보존-파괴로 이어지는 이 이미지는 인도에서는 시바 신의 모습을 통해 아주 잘 표현되고 있습니다. 몸 전체는 불의 원 속에 있고, 네 개의 손 중 하나는 그 리듬에 맞춰 세계가 창조되었던 북을 들고 있으며, 다른 손은 창조의 모든 작품을 파괴하게 될 불을 들고 있습니다. 이 두 손은 동등한 높이에 위치하지요.

에코 이것은 헤라클레이토스의 세계관, 그리고 스토아 철학자들의 그것과 크게 다르지 않습니다. 모든 것은 불에 의해 탄생하고, 또 불은 다시 모든 것이 존재할 수 있게끔 모든 것을 파괴해 버리죠. 바로 이런 의미가 있기 때문에 사람들은 이단들을 처리하는 데 있어서 그들의 목을 자르기보다는 불로 태워 죽이는 방법을 택해 왔습니다. 목을 베어 처단하는 것이 더 간단하고 비용이 덜 드는 방법이었는데도 말이죠. 이런 식으로 동일한 사상을 공유했거나 동일한 책들을 소유한 사람들에게 어떤 메시지를 보낼 수 있는 겁니다.

카리에르 어쩌면 나치 중에서 유일한 지식인이었을, 그리고 애서가이기도 했던 괴벨스의 경우를 봅시다. 당신은 책을 불태우는 사람들은 자신의 행동의 의미를 잘 알고 있다고 지적했는데, 옳은 말입니다. 우선 어떤 글을 없애 버리려고 한다는 것은 그 글의 위험성에 대해 충분히 숙고했다는 뜻입니다. 또 검열자는 미친 사람이 아닙니다. 금서 목록에 오른 책 몇 권을 태움으로써 그 책 전체를 사라지게 할 수는 없는 법이죠. 검열자는 이 사실을 너무도 잘 알고 있습니다. 하지만 불태우는 행위 자체는 강한 상징성을 지녔죠. 특히 책을 불태움으로써 다른 사람들에게 이렇게 말할 수 있습니다. 너희들도 이 책을 불태울 권리가 있다. 그러니 주저하지 말고 불태워라. 이것은 좋은 행동이다.

토낙 테헤란 등에서 미국 성조기를 불태우듯이 말이죠…….

카리에르 물론입니다. 국기 하나만 불태워도 한 국민이라고까지는 말할 수 없어도, 적어도 한 세력의 결의를 알릴 수 있으니까요. 그렇지만 말입니다, 우리가 앞에서도 여러 차례 보았듯이, 불은 결코 모든 것을 침묵 속에 빠뜨릴 수 없습니다. 스페인 사람들은 여러 문화들을 흔적도 안 남기고 말살해 버리려고 발버둥을 쳤지만, 심지어는 이런 사람들 중에도 몇 개의 표본을 구해 놓으려고 시도한 사제들이 있었답니다. 이미 언급한 바 있는 베르나르디노 사아군은 — 우리가 아무리 언급해도 부족한 인물입니다 — 아즈텍인들로 하여금 불구덩이에 던져진 책들을 베껴 놓게 했지요. 때로는 이 일을 숨어서 해야 했어요. 또 그는 원주민 화가들에게 삽화를 그려 달라고 부탁하기도 했습니다. 그러나 이 불쌍한 양반은 생전에 그의 작품이 출간되는 것을 보지 못했어요. 그 이유는 간단히, 어느 날 권력이 그의 문서를 압수하라고 명했기 때문이죠. 그리고 순진하게도 이 사람은 자기가 쓴 원고까지도 자진해서 갖다 바쳤답니다. 그런데 이 원고들을 기반으로 2세기 후에 출간된 책들에 우리가 아즈텍족에 대해 알고 있는 지식의 거의 대부분이 담겨 있지요.

에코 스페인인들이 한 문명의 흔적을 파괴해 버리는 데에는 시간이 꽤 걸렸지요. 나치즘은 12년밖에 지속되지 않았는데 말이죠!

카리에르 또 나폴레옹은 11년이었습니다. 부시는 8년이고요. 물론 이것들을 서로 비교할 수는 없겠지만 말입니다. 나는 〈장난삼아〉 히틀러가 권좌에 오른 1933년부터 스탈린이 사망한 1953년까지의 20년 동안의 역사를 다뤄 본 적이 있습니다. 이 20년 동안에 일어난 일들을 한번 생각해 보세요. 우선 제2차 세계 대전이 일어났고, 이 세계 대전만으로 충분치 않은 듯이 대전 이전에, 대전 중에, 그리고 대전 이후에 수많은 국지전들이 일어났습니다. 스페인 전쟁, 에티오피아 전쟁, 한국 전쟁……. 그리고 이것들 말고도 내가 빼먹은 것들이 분명히 있겠죠. 이것은 시바 신의 귀환이라 할 수 있어요. 나는 이 신의 네 손 중 두 개에 대해 말했었지요. 하지만 세 번째 손은 〈아바야〉의 자세를 취하고 있습니다. 즉 〈무서워 말라〉라는 의미이죠. 왜냐하면 — 이것은 네 번째 손이 표시하는 의미인데 — 〈내 정신의 힘 덕분으로, 난 이미 한쪽 발을 땅에서 떼고 있기〉 때문이죠. 이것은 인류가 우리에게 해석의 대상으로 남긴 것 중, 가장 복합적인 이미지 중 하나입니다. 이것과 비교할 때, 십자가에 매달린 그리스도의 이미지, 즉 우리 문화가 경배하는 이 죽어 가는 자의 이미지는 너무도 단순해 보입니다. 어쩌면 역설적으로 이 단순함이 바로 이것의 힘을 이루고 있겠지만요.

에코 나치즘 애기로 돌아와 보죠. 책들에 대한 그들의 〈십자군 운동〉에는 무언가 기묘한 점이 있습니다. 나치즘의 문화 정책 입안자는 괴벨스로, 그는 정보 전달의 새로운 도구들을 완벽히 다뤘고, 라디오가 탁월한 커뮤니케이션 수단이 될 수 있겠다는 생각을 했어요. 미디어에 의한 커뮤니케이션으로 책에 의한 커뮤니케이션과 싸우려 한 것…… 여기에는 뭔가 예언적인 점이 있지 않습니까?

카리에르 나치는 책들을 불태워 버렸습니다. 그리고 얼마 후에는 마오쩌둥의 그 〈작은 빨간 책〉[86]이 몇 해 동안 10억에 달하는 인간들의 열렬한 숭배의 대상이 되었지요. 이러한 변화를 어떻게 설명해야 할까요?

에코 마오쩌둥의 천재적인 점은 그 〈작은 빨간 책〉을 그저 흔들기만 하면 되는 하나의 깃발로 만들었다는 점입니다. 그것은 읽을 필요가 없는 책이었어요. 또 이렇게 설명할 수도 있겠군요. 그는 성전(聖典)들이란 첫 쪽부터 마지막 쪽까지 읽히는 것이 아니란 사실을 잘 알고 있었어요. 그래서 발췌문이나 경구 같은 것들을 산만하게 늘어놓아 사람들로 하여금 진언(眞言)이나 호칭 기도문처럼 외우거나 암송할 수 있게 해놓은 거예요.

---

86 1964년에 중화 인민 공화국에서 출판한 『마오쩌둥 어록』을 서양에서 부르는 명칭.

카리에르 그렇다고는 해도 어떻게 그렇게까지 될 수 있었을까요? 즉 빨간 책 하나를 흔들어 댄 그 민족 전체의 명확히 어리석은 강박증 말입니다. 또 어떻게 그 마르크스주의적, 집단주의적인 체제가 책을 모든 것 위에 올려 놓았을까요?

에코 우리는 문화 혁명에 대해, 또 그때 군중이 어떤 방식으로 조작되었는지 대해 정확히 알지 못합니다. 1971년에 나는 중국 만화를 주제로 한 공동 저작에 참여한 적이 있어요. 그때 중국에 있었던 한 기자가 우리로서는 아는 바가 전혀 없는 관련 자료를 수집하기 시작했지요. 그렇게 우리는 영국 스타일을 모방한 중국 만화들, 그리고 그곳의 〈사진 소설〉들을 볼 수 있었어요. 그런데 문화 혁명 때에 만들어진 그 작품들에서는, 당시 중국에서 일어난 일들이 전혀 느껴지지 않았습니다. 오히려 그것들은 평화주의적이었어요. 모든 형태의 폭력에 반대하고, 관용과 상호 이해를 지향하고 있었죠. 〈작은 빨간 책〉 역시 마찬가지였어요. 우리가 보기에 그것은 하나의 비폭력의 상징 같았어요. 물론 그들은 이 〈작은 책〉의 영광을 드높이는 것이 다른 모든 책들의 사라짐을 의미한다고 대놓고 말하지는 않았지요.

카리에르 나는 베르톨루치가 「마지막 황제」를 촬영할 때 중국에 있었습니다. 세 편의 르포르타주를 작업하기 위해서였어요. 하나는 이 베르톨루치의 영화에 관한 거였고, 다른 하나는 중국 영화에 관한 것으로 『까이에 뒤 시네마』지의 의뢰로 만드는 거였고, 마지막 것은 한 프랑스 음악 잡지의 요청에 따른 것으로 중국 전통 악기들에 관한 거였죠. 거기서 만난 사람 중 가장 기억에 남는 이는 중국 전통 악기원의 원장이었습니다. 나는 문화 혁명 중에 이 악기들을 통한 음악 활동이 어떻게 내팽개쳐졌는지 알아보기 위해 그에게 여러 가지 질문을 했어요. 처음에 그는 두려운지 자유롭게 말하지도 못하더군요. 어쨌든 그가 들려준 얘기에 의하면, 그때 악기원이 폐쇄되고 부속 도서관은 파괴되었다고 합니다. 그래도 그는 몇몇 서적을 빼내어 — 어쩌면 목숨을 잃을 수도 있는 일이었대요 — 지방에 있는 친척들에게 보냈다고 해요. 그 자신은 한 시골 마을로 쫓겨 내려가 거기서 농부로 일했답니다. 어떤 특수한 기예나 지식을 가진 사람들은 모두가 그렇게 꼼짝 못하고 있어야만 했습니다. 그것은 바로 혁명의 원리 자체였죠. 즉 모든 지식은 어떤 힘을 감추고 있으므로, 지식을 떨쳐 버려야 한다, 이것이 바로 혁명의 원리였어요.

그 남자는 어떤 농부들의 공동체에 가게 됐는데, 농부들은 그가 삽과 곡괭이를 제대로 다룰 줄 모른다는 걸 알게 되었죠. 그래서 그냥 집에 있으라고 했대요. 거기서 중국 전통 음악의 가장 위대한 전문가인 이 사람은 이렇게 말하더군요. 「나는 마작만 하면서 9년을 보냈습니다.」

지금 우리가 얘기하고 있는 것은 4, 5세기 전에 아메리카를 정복한 스페인인들도 아니고, 십자군 원정 시대 때 기독교도들이 자행한 학살도 아닙니다. 아니에요. 지금 우리는 우리가 생전에 경험한 것을 얘기하고 있는 겁니다. 그리고 최악의 것은 다 지나갔다고만은 할 수 없어요. 페르난도 바에스는 자신의 저서 『책 파괴의 세계사』에서 2003년에 일어난 바그다드 도서관의 파괴에 대해 말하고 있습니다. 사실 바그다드 도서관을 파괴하려고 한 것은 이번이 처음은 아니죠. 이미 몽고인들이 그렇게 하려고 애를 쓴 적이 있지요. 그곳은 여러 차례 침략당하고 약탈당한 땅입니다. 그럼에도 조그만 싹들이 다시금 돋아나기를 반복하는 땅이기도 하죠. 10~12세기에 이슬람 문명은 의심의 여지없이 가장 찬란한 문명이었습니다. 그런데 이 문명이 갑자기 두 쪽에서 공격을 받게 되었죠. 한편으로는 기독교도의 십자군 원정과 스페인에서 시작된 재정복 운동이 있었고, 다른 한편으로는 13세기에 바그다드를 점령하여 거기 계속 남아 있게 된 몽고족이 있었어요. 앞에서도 말했듯이 몽고족은 그야말로 닥치는 대로 파괴했어요. 그렇지만 기독교도들이 그들보다 더 나았다고는 결코 말할 수 없었죠. 바에스의 말로는, 기독교도들은 〈성지〉에 머물러 있는 동안 무려 3백만 권의 책을 파괴했다고 합니다.

에코 그렇습니다. 십자군이 들어온 이후로 예루살렘은 실제적으로 완전히 파괴되어 버렸다고 말할 수 있어요.

카리에르 15세기 말경에 스페인 재정복이 완성되었을 때도 마찬가지였지요. 카스티야 왕조의 이사벨 여왕의 자문관이었던 시스네로스는 그라나다에서 발견된 모든 이슬람 서적을 의학 서적만 몇 권 남기고 모조리 불태워 버리게 했습니다. 바에스의 말로는, 이 시대에 산출된 수피즘 시(詩)의 절반이 그때 불태워졌다고 합니다. 우리는 우리 인류의 책을 파괴하는 것은 다른 이들이라고 항상 주장하는데, 그래서는 안 됩니다. 우리 서구인들 역시 이 지식과 아름다움의 파괴에 큰 책임이 있는 것입니다.

그런데 말이죠, 지금 우리는 책에 일어난 참사들을 열거하고 있는데요, 이 우울한 얘기들 가운데 잠시나마 위로의 순간을 맛보는 것도 가능할 듯싶습니다. 즉 책의 적들 가운데는 다름 아닌 책의 저자들 자신도 있었다는 놀라운 사실을 지적할 수 있는 것이죠. 우리에게서 그렇게 멀리 떨어진 일들도 아닙니다. 필리프 솔레르스의 얘기로는, 1968년의 학생 운동 때 〈학생-작가 행동 위원회〉라는 것이 있었다고 합니다. 나는 이런 것이 있었는지 몰랐지만, 참 우스꽝스러운 것이더군요. 그들은 전통적인 교육(당시는 아주 엄격한 것이었지요)을 열렬히 성토하고, 약간은 낭만적으로 이른바 〈새로운 지식〉을 공식 요구했습니다. 모리스 블랑쇼도 일원으로 활동했다고 하는 이 위원회는 책이 지식을 가둬 놓는다고 비판하면서, 따라서 책은 사라져야 한다고 주장했다고 합니다. 말들은 책에서 해방되어야 하고, 탈출해야 한다는 것이죠. 그런데 그렇게 탈출해서 어디로 피신하겠다는 말인가요? 여기에 대해서는 설명이 없습니다. 어쨌든 그때 사람들은 이렇게 썼답니다. 〈더 이상 책은 필요 없다! 더 이상은 절대로 필요 없다!〉 작가들이 이런 슬로건을 쓰고 또 외쳐 댔던 것입니다!

에코 책의 화형대에 대한 얘기를 끝맺기 위해서, 자신의 저서들을 불태워 버리기를 원했고, 또 때로는 실제로 그렇게 하기도 했던 작가들을 언급해야 하겠지요.

카리에르 한번 창조되었던 것을 파괴하려는 이 열정은 우리의 깊은 곳에 숨어 있는 충동의 표현일지도 모릅니다. 죽음의 순간에 이르러 자신의 작품을 불태워 버리기를 원했던 카프카의 그 미친 욕망에 대해서 한번 생각해 보자고요. 또 랭보는 『지옥에서 보낸 한 철』을 파괴하기를 원했습니다. 보르헤스는 실제로 자신의 초기 작품들을 파괴해 버렸고요.

에코 베르길리우스는 임종의 순간에 『아이네이스』를 불태워 달라고 부탁했지요! 이 파괴의 몽상들 속에 〈세계의 새로운 시작을 예고하는 불에 의한 파괴〉라는 원형적 관념이 숨어 있었을지, 누가 알겠습니까? 즉 〈내가 죽으면 나와 함께 세계가 죽는다〉라는 관념이 말입니다……. 바로 이런 생각으로 히틀러도 세계 전체에다 불을 놓은 뒤 자살하게 되지요.

카리에르 셰익스피어의 작품 속 인물인 아테네의 티몬은 죽으면서 이렇게 외치죠. 〈나는 죽고, 태양은 빛나기를 멈추노라!〉 그야말로 자신의 죽음을 통해 자신이 거부하는 세계도 함께 없애 버리는 가미가제라고 할 수 있지요. 하지만 자신의 전투기를 미국 함대에 처박아 버리는 일본 가미가제들이든, 혹은 자살 테러를 감행하는 작가들이든 간에, 이 경우는 어떤 이상을 위해 죽는 것이라고 할 수 있습니다. 나는 어디에선가 말한 적이 있어요. 인류 최초의 가미가제는 바로 삼손이라고요. 그는 자신이 갇혀 있던 신전을 무너뜨렸고, 그렇게 죽으면서 수많은 블레셋인들도 함께 죽였습니다. 여기서 자살 테러는 범죄이자 〈세계에 가하는〉 처벌이라고 할 수 있지요. 한때 나는 일본 감독 나기사 오시마와 함께 작업한 적이 있습니다. 그는 내게 이렇게 말했어요. 모든 일본인은 생의 어느 순간, 자살에 대한 생각과 그 행위에 아주 가까이 가게 된다고요.

에코 기아나에서 1천여 명에 가까운 제자들과 함께 자살한 짐 존스, 그리고 1933년 텍사스 주, 와코에서 일어난 다윗파 신도들의 집단 죽음도 같은 맥락이지요.

카리에르 코르네유의 『폴리왹트』는 이따금 읽을 필요가 있는 작품입니다. 로마 제정 시대의 한 기독교 개종자의 이야기인데, 이 사람은 순교를 하러 달려가면서, 아내 폴린도 함께 끌고 가지요. 그가 생각하기에 이보다 더 드

높은 운명은 없었으니까요. 참, 결혼 선물치고는 너무도 기막히지 않습니까?

토낙 두 분 말을 듣고 있으니, 이름을 후세에 남기기 위해서는 어떤 작품을 창조하고, 그것을 출판하여 세상에 알리는 것만이 능사는 아니라는 생각이 드는군요…….

에코 그렇습니다. 자신을 알릴 수 있는 방법으로는 물론 창조가 있지요(예술가의 창조, 제국 창건자의 창조, 사상가의 창조 등등). 하지만 창조할 능력이 없는 사람에게는 파괴라는 방법이 있습니다. 예술 작품, 혹은 자기 자신을 파괴하는 거지요. 에로스트라트Erostrate의 경우를 봅시다. 그의 이름이 후세에 남게 된 것은 에페수스에 있는 아르테미스 신전을 파괴했기 때문입니다. 당시 사람들은 그가 오로지 자기 이름을 후세에 남기려는 목적으로 방화를 했다는 사실을 알고 있었고, 이 때문에 아테네 정부는 그의 이름을 언급조차 하지 못하게 했습니다. 물론 이 금령은 충분치 못했지요. 그 증거로, 지금 우리는 에페수스의 신전을 지은 건축가의 이름은 잊어버렸어도, 에로스트라트의 이름만큼은 알고 있는 것입니다. 이 에로스트라트에게는 물론 수많은 후계자들이 있었지요. 그들 중에서 우리는 텔레비전에 출연하여 자신이 오쟁이 졌다고 떠들어 내는 인간들을 빼놓을 수 없겠죠. 그것은 자기 파괴의 전형적인 형태라고 할 수 있습니다. 머리기사에 뜰 수만 있다면 무슨 일이라도 할 수 있는 사람들이죠. 사람들로 하여금 자신에 대해 말하도록 하기 위해 결국 발각되기를 원하는 연쇄 살인범도 마찬가지의 경우입니다.

카리에르 앤디 워홀은 이 욕망을 〈15분 동안의 명성〉이라는 유명한 말로 표현했지요.

에코 또 텔레비전에서 어떤 사람을 촬영하고 있을 때, 그 뒤에서 손을 흔들어 대는 사람들이 있는데, 이들도 동일한 충동에 이끌리고 있는 거지요. 겉보기에는 천치 같은 행동이지만, 그에게는 영광의 순간인 셈입니다.

카리에르 텔레비전 프로그램 책임자들은 별의별 기상천외한 제안들을 받는다고 해요. 어떤 치들은 생중계로 자살할 준비가 되어 있다고 단언한다는 거죠. 혹은 단순히 고통을 받거나, 스스로를 채찍질하거나, 고문당하겠다는 거예요. 또는 다른 남자와 섹스를 하는 아내의 모습을 보여 주겠다고도 하죠. 현대의 노출증의 형태에는 정말이지 한계가 없는 것 같아요.

에코 우리 이탈리아에는 「라 코리다」라는 텔레비전 프로그램이 있는데요, 아마추어 출연자들에게 관중이 퍼붓는 야유 속에서 자신의 재능을 발휘할 기회를 제공하고 있지요. 출연자는 자기가 처참하게 모욕받을 것임을 알고 있지만, 피디는 매일 수천 명의 신청자들을 그냥 돌려보내야 한답니다. 그들 가운데는 자신의 재능에 대해 환상을 가진 사람은 거의 없지요. 하지만 최소한 그들은 수백만의 사람들에게 자신의 모습을 보일 수 있는 유일한 기회를 갖는 거고, 이 때문에 그들은 무슨 짓이라도 할 준비가 되어 있지요.

우리가 읽지 않은 모든 책들

토낭 이 대담이 진행되는 동안, 두 분은 다양하고도 때로는 놀랍기조차 한 수많은 책들을 언급했습니다. 하지만 저는 여기서 한 가지 외람된 질문을 드리고 싶군요. 두 분은 실제로 그 책들을 모두 읽었는지요? 다시 말해서, 교양인이 어떤 책들을 안다고 말할 수 있기 위해서는 사전에 그 책들을 반드시 읽어야만 하는 걸까요? 아니면 그 책들에 대해 나름의 의견을 정하기만 하면, 그것들을 읽지 않아도 될까요? 아마 두 분은 피에르 바야르의 저서 『읽지 않은 책에 대해 말하는 법』에 대해 들어 봤으리라 생각합니다. 자, 이번에는 두 분이 읽지 않은 책들에 대해 얘기해 주시겠습니까?

에코 괜찮겠다면 내가 먼저 시작해 보겠습니다. 사실 나는 뉴욕에서 피에르 바야르와 함께 한 토론회에 참가한 적이 있고, 이 문제에 관한 그의 의견은 아주 올바르다고 생각합니다. 이 세상에는 우리가 주어진 시간의 한계 내에서 경험할 수 있는 이상으로 수많은 책들이 존재합니다. 그리고 여기서 〈책들〉이란 세상에서 지금까지 나온 모든 책들을 말하는 것도 아니고, 단지 어떤 특정 문화를 대표할 수 있는 책들만을 말하고 있을 뿐입니다. 우리는 우리가 읽지 않은 책들, 혹은 우리가 읽을 시간이 없었던 책들로부터 깊은 영향을 받고 있다고 말할 수 있지요. 누가 『피네건의 경야』를 실제로, 다시 말해서 첫 단어부터 마지막 단어까지 읽어 봤겠습니까? 누가 성서를 창세기에서 요한의 계시록까지 정말로 읽어 봤겠습니까? 내 경우를 얘기하자면, 여기저기서 발췌해서 읽은 것을 모아 보면, 그래도 전체의 3분의 1은 될 거라고 말할 수 있지요. 하지만 단지 그 정도입니다. 그렇지만 나는 내가 읽지 않은 부분에 대해서도 상당히 정확한 지식을 가지고 있지요.

고백합니다만, 나는 마흔 살이 돼서야 『전쟁과 평화』를 읽었답니다. 하지만 읽기 전에도 그 작품의 핵심적인 부분은 알고 있었죠. 당신은 『마하바라타』에 대해 말했습니다. 난 한 번도 읽지 않았어요. 세 개의 다른 언어로 된 세 개의 다른 판본을 소장하고 있는데도 말입니다. 누가 『천일야화』를 첫 쪽부터 마지막 쪽까지 읽었겠습니까? 누가 정말로 『카마수트라』를 읽었겠습니까? 하지만 모든 사람이 이 책에 대해서 얘기하고, 어떤 사람들은 그 책의 내용을 실행하기까지 합니다. 따라서 이 세계는 우리가 읽지 않았지만, 우리가 그에 대한 거의 모든 것을 알고 있는 책들이 수두룩합니다. 그렇다면 문제는 어떻게 우리가 그 책들을 알게 되느냐를 아는 것입니다. 바야르는 말하기를, 자신은 조이스의 『율리시스』를 한 번도 읽어 보지 않았지만, 그 책에 대해서 그가 가르치는 학생들에게 잘 말해 줄 수 있다고 했습니다. 그는 이렇게 말해 줄 수 있겠지요. 이 책은 단 하루 동안 일어나는 어떤 이야기를 들려주고 있다. 이야기의 배경은 더블린이고, 주인공은 한 유대인이며, 사용된 기법은 내적 독백이다 등등. 그가 책을 읽지는 않았지만, 이 모든 요소들은 완전히 맞는 것들입니다.

누군가가 당신의 집에 처음 들어와, 당신의 엄청난 서재를 발견하고는, 다음과 같은 난처한 질문을 해옵니다. 「그럼 당신은 이 책들을 다 읽었습니까?」 나는 이에 대한 갖가지 대답들을 알고 있습니다. 내 친구 중의 하나는 이렇게 대답하곤 했죠. 「어디 이뿐이겠어요? 더 읽었습니다.」

나는 주로 두 가지 대답을 사용하지요. 첫째는 이렇습니다. 「아뇨. 이것들은 다음 주에 읽어야 할 책들이에요. 이미 읽은 것은 대학교에 있지요.」 두 번째 대답은 이렇죠. 「읽은 건 한 권도 없어요. 아니, 읽었는데 왜 계속 보관하고 있겠습니까?」 물론 이것들보다 더 모욕적이고도, 심지어는 상대의 기를 죽여 버릴 수 있는 보다 공격적인 대답들도 있지요. 그렇지만 진실은 무엇일까요? 그것은 우리 모두의 집에는 읽지 않은 책이 수십 권, 수백 권, 혹은 — 서재가 엄청날 경우 — 수천 권 쌓여 있다는 사실입니다. 하지만 우리는 결국 언젠가 한 번쯤은 그 책들을 펼쳐 보게 되고, 그것들을 이미 알고 있었다는 사실을 깨닫게 됩니다. 그렇다면요? 읽지도 않은 책들인데 어떻게 아는 걸까요? 첫 번째 설명은 신비주의적인 것으로, 난 받아들이지 않습니다. 즉 당신과 책은 어떤 파장 같은 것으로 서로 연결된다는 것이죠. 두 번째 설명은 이렇습니다. 당신은 몇 해 동안 이 책을 전혀 펼쳐 보지 않은 것은 아닙니다. 당신은 이 책을 여러 차례 여기저기로 옮겼으며, 어쩌면 펼쳐서 뒤적이기도 했지만 단지 기억을 못할 뿐입니다. 세 번째 설명은 이렇습니다. 여러 해 동안 당신은 이 책에 대해 언급하는 다른 책들을 많이 읽었기 때문에, 그 책이 결국 친숙하게 된 것입니다. 이렇게 읽어 보지도 않은 책들에 대해 뭔가를 알게 되는 방식에는 여러 가지가 있습니다. 다행스러운 일이죠. 그렇지 않다면 반드시 네 번은 읽어야 할 책들도 있는데, 그 시간을 어디서 찾아낸단 말입니까?

카리에르 우리 서재에는 읽지 않은, 그리고 아마도 영원히 읽지 않게 될 책들이 가득하지요. 그렇다면 왜 그렇게 읽지도 않으면서 쌓아 놓기만 하는 걸까요? 어쩌면 우리 모두에게는 언젠가는 꼭 읽어야 할 책들이기에 그렇게 한쪽에다 보관해 놓는다는 생각이 있는 건지도 모릅니다. 하지만 책과의 만남은 훗날로, 훗날로, 끝없이 미뤄지기만 합니다. 어쩌면 또 다른 삶에 가서야 이뤄질지도 모르죠. 마지막 시간이 왔건만 자신은 아직 프루스트를 읽지 못했다는 사실을 확인하며 죽어 가는 이들의 애통한 심정, 그것은 진정 끔찍한 것이죠.

에코 어떤 사람이 내게 이러이러한 책들을 읽었느냐고 물어 오면, 난 신중을 기하기 위해 항상 이렇게 대답한답니다. 「아시겠지만 난 읽지 않는답니다. 글을 써야 하거든요.」 그러면 모든 사람이 입을 다물어 버리죠. 그래도 때로는 끈질기게도 계속 물어 오는 사람들이 있어요. 「새커리의 소설 『허영의 시장』은 읽으셨나요?」 난 결국 이 강요에 가까운 질문들에 굴복하여 이렇게 말합니다. 「세 차례나 그 책을 읽으려 시도해 보았답니다. 하지만 매번 그 소설은 내 손에서 떨어져 내렸지요.」

카리에르 지금 당신은 내게 큰 봉사를 해준 겁니다. 왜냐하면 나도 그 책을 읽어야겠다고 생각하고 있었거든요. 고맙습니다.

에코 나는 토리노 대학교에 다닐 때, 대학 기숙사에서 지냈습니다. 그때 우리는 박수 부대 대장에게 1리라를 슬쩍 쥐어 주면 시(市) 극단이 공연하는 연극을 관람할 수 있었어요. 그런 식으로 나는 대학 생활 4년 동안 과거와 현대의 극작품을 모두 다 보았지요. 그런데 기숙사는 밤 0시 30분에 문을 닫았고, 연극은 우리가 기숙사에 들어갈 수 있는 시간에 끝나는 경우가 거의 없었기 때문에 나는 연극의 걸작들을 모두 다 보긴 했지만, 그 마지막 5분, 혹은 10분은 놓치게 되었지요. 나중에 나는 내 친구 파블로 파브리를 알게 됐는데, 이 친구는 대학 시절에 용돈을 벌기 위해 우르비노 대학의 대학 극장 입구에서 입장권을 확인하는 일을 했다고 합니다. 그래서 그는 관객이 모두 입장한 후, 즉 막이 오르고 15분 후에야 연극을 관람할 수 있었다고 해요. 즉 이 친구에게는 첫 부분이 부족하고, 나는 끝부분이 부족한 거지요. 우리는 서로의 도움이 꼭 필요한 처지들이었어요. 이것은 우리가 항상 꿈꿔 왔던 일이기도 하죠.

카리에르 나 역시 내가 정말로 보았던 것인지 아닌지 헷갈리는 영화들이 있습니다. 아마 텔레비전에서 발췌한 몇 장면을 보았거나, 그것에 대해 말하고 있는 책들을 읽었겠죠. 또 그 줄거리를 알고 있을 수도 있고, 친구들한테 얘기를 들었을 수도 있습니다. 이렇게 내 기억 속에서는 내가 본 것이 분명한 영화들, 내가 보지 않은 것이 분명한 영화들, 그리고 이도저도 아닌 것들 사이에 종종 혼동이 일어나요. 예를 들어 프리츠 랑의 무성 영화 「니벨룽겐」 같은 것입니다. 내 눈앞에 떠오르는 이미지는, 스튜디오에 꾸며진 아주 멋진 숲 속에서 용을 죽이고 있는 지그프리트의 그것입니다. 그런데 내가 정말 이 영화를 본 걸까요? 아니면 단지 발췌된 이 장면만 본 걸까요? 또 내가 분명히 보지 않았지만, 마치 본 것처럼 얘기하는 영화도 있답니다. 심지어 때로는 아주 권위 있게 얘기하기도 하지요. 한번은 나와 루이 말 감독, 그리고 프랑스와 이탈리아의 여러 친구들과 함께 로마에서 대화를 나눈 적이 있어요. 화제는 비스콘티의 영화「표범Il gattopardo」으로 옮겨 갔지요. 루이와 나는 서로 의견이 달랐습니다. 하지만 피차 영화 전문가로서 자신의 관점을 부각시키려고 애를 썼지요. 우리 둘 중 한 사람은 이 작품을 좋아했고, 다른 한 사람은 아주 싫어했어요. 누가 좋아했고 누가 싫어했는지, 잘 기억이 나지 않습니다. 뭐, 그건 중요한 일이 아니죠. 사람들은 모두 우리의 토론을 경청하고 있었어요. 그런데 나는 문득 이상한 생각이 들어 루이에게 물었지요.「그런데 너 그 영화 본 거야?」그는 대답했어요.「아니. 그럼 너는?」「나도 안 봤어.」우리가 하는 말을 듣고 있던 사람들은 분개하는 것 같더군요. 마치 우리가 자기들 시간을 허비하게 만든 듯이 말입니다.

에코 이탈리아의 대학에서 교수 자리가 하나 나면, 그 자리를 최선의 후보자에게 주기 위해 국가가 위촉하는 위원회가 결성되지요. 이때 각 위촉 위원은 후보들의 저서들을 무더기로 받게 됩니다. 이것은 들은 얘기인데요, 어떤 교수 사무실에 그런 책들이 산더미처럼 쌓여 있는 것을 보고서 누군가가 그 교수에게 물었답니다. 이 많은 책을 언제 시간을 내서 다 읽느냐고요. 그러자 교수가 대답을 했답니다.「난 한 권도 안 읽을 겁니다. 내가 판단해야 할 사람들인데, 그들의 영향력에 휘둘리고 싶지는 않거든요.」

카리에르 그 사람 말에도 일리가 있네요. 일단 책을 읽거나 영화를 보고 나면, 그 작품에 대해 갖게 된 자신의 개인적 의견을 방어하지 않을 수 없게 되니까요. 반면, 작품에 대해서 아무것도 모른다면 다른 사람들의 의견을 다양하고도 폭넓게 이용하고, 거기서 최상의 주장을 찾아낼 수 있어요. 또 자신의 타고난 게으름과, 심지어는 꼭 좋은 것만은 아닌 자신의 취향을 극복할 수도 있고요…….

또 이런 문제점도 있을 수 있습니다. 카프카의 『성』을 예로 들어 보지요. 나는 이 책을 옛날에 읽었는데, 그 후로 마이클 하네케의 것처럼 이 작품을 아주 자유롭게 각색한 영화 두 편을 보았어요. 그 결과 이 영화들은 내 최초의 인상을 상당히 변형하고, 내 독서의 추억들을 흐려 놓았어요. 이제 지금 나는 『성』을 이 영화인들의 눈을 통해 생각한다고 말할 수 있지 않을까요? 앞에서 당신은 말했습니다. 오늘날 우리가 읽는 셰익스피어의 극작품은, 그의 펜이 휘갈기듯 작품을 만들어 낸 이후로 계속 이어져 온 그 모든 위대한 독서들과 해석들을 흡수했기 때문에, 필연적으로 그가 쓴 것보다 훨씬 더 풍부할 수밖에 없다고요. 난 그 말이 옳다고 생각합니다. 셰익스피어는 끊임없이 풍부해지고 탄탄해지고 있지요.

에코 내가 앞에서 이탈리아 젊은이들이 어떻게 철학을 발견하게 되는지에 대해서 언급했지요. 그들은 프랑스에서처럼 철학적 활동이 아니라, 철학사를 통해 철학을 발견한다고 말이죠. 내가 지금도 기억하고 있는 나의 철학 교수님은 아주 대단한 분이었지요. 내가 대학교에서 철학을 공부할 수 있었던 것은 다 그분 덕분입니다. 그분을 통해 이해하게 된 철학의 기본 개념이 한두 가지가 아니죠. 그런데 이 탁월한 교수님은 수업 중에 언급한 그 모든 책들을 다 읽지는 못했을 겁니다. 즉 그분이 열정적이고도 훌륭하게 내게 말해 준 책들 중에는, 그분이 직접 읽어 보지 못한 것들이 많은 것이죠. 그분은 철학사를 통해서만 그 책들을 알고 있을 뿐입니다.

카리에르 에마뉘엘 르루아 라뒤리가 프랑스 국립 도서관 관장이었을 때, 아주 기이한 통계 작업을 벌인 적이 있어요. 국립 도서관이 설립된 이래로, 그러니까 대혁명기 — 아니 좀 더 정확하게 1820년대라고 해두죠 — 에서부터 오늘날까지 2백만 권이 넘는 저서들이 한 번도 열람 신청되지 않았다는 겁니다. 단 한 번도요. 아마 그 가운데는 크게 흥미롭지 않은 책들이 많겠죠. 신앙 서적, 기도 모음집, 당신이 좋아한다는 유사 과학, 잊힌 사상가들 등등. 국립 도서관의 컬렉션을 조성해야 했을 때, 처음에는 잡다한 책들을 수레로 실어 와 리슐리외 가의 앞마당에다 쏟아 부었지요. 그걸 받아서 약간은 급하게 분류해야 했습니다. 그런 다음, 대부분의 책들은 긴 잠에 빠져들었고, 그 잠은 지금까지도 계속되고 있는 거지요.

우리 셋도 작가이니, 이제는 작가의 입장에서 한번 얘기해 보기로 하겠습니다. 우리 책들이 찾는 사람 하나도 없이 서가에서 뒹굴고 있다는 것을 알 때, 마음이 그렇게 편치만은 않죠. 물론 움베르토, 당신 책들의 경우는 그렇지 않으리라 생각합니다만! 당신 책이 가장 환영받는 나라는 어디인지요?

에코 부수로 따지자면 아마 독일일 겁니다. 프랑스에서는 책이 20~30만 부 팔리면 그건 기록이에요. 독일에서는 괜찮은 책이란 소리를 듣기 위해서는 1백만 부 이상은 나가야 합니다. 판매 부수가 가장 낮은 곳은 영국입니다. 영국 사람들은 일반적으로 도서관에서 책을 빌려 보는 걸 좋아하지요. 이탈리아는 가나 바로 다음입니다. 아주 저조하죠. 반면 이탈리아인들은 잡지를 아주 좋아합니다. 프랑스 사람들보다 더 좋아해요. 어쨌거나 이탈리아 언론은 독서하지 않는 사람들을 책으로 끌어들이는 묘안을 하나 찾아냈답니다. 어떻게요? 이건 스페인이나 이탈리아에서 있었던 일이고, 프랑스는 아니지요. 신문에 책 한 권, 혹은 DVD 하나를 끼워서 아주 낮은 가격에 독자들에게 제공하는 방법입니다. 이러한 관행은 서점들에 의해 고소당했지만, 결국 일반화되었죠. 내 기억으로는,『장미의 이름』도 「라 레푸블리카」신문에 끼워져 무료로 제공되었어요. 이렇게 해서 평소 65만 부가 팔리는 이 일간지는 2백만 부가 팔렸고, 따라서 내 책은 2백만 명의 독자와 접하게 된 거죠 (이 책이 가족의 다른 사람의 관심을 끌었을지도 모르니까, 신중하게 계산하더라도 4백만 명은 되지 않겠습니까).

서점들로서는 우려하지 않을 수 없는 상황이었죠. 그런데 6개월 후에 그 분기의 서점 도서 판매량을 검토해 보니, 신문에 끼워 제공한 포켓판이 서점 판매량에 미친 영향은 극히 미미하다는 사실이 드러났어요. 따라서 그 2백만 명은 평소 서점에 드나드는 사람들은 아니었던 겁니다. 결국 우리는 새로운 독자를 얻은 셈이죠.

토낙 두 분은 우리 사회에서 이루어지는 독서 관행에 대해 상당히 호의적인 의견을 보여 주시는군요. 이제 책은 더 이상 엘리트의 전유물이 아닙니다. 그리고 책은 갈수록 더욱 매력적이고 편리해져 가는 다른 매체들과 경쟁하고 있지만, 여전히 굳건히 버티면서 그 무엇에 의해서도 대체될 수 없다는 사실을 입증하고 있습니다. 바퀴는 뛰어넘을 수 없는 발명품이라는 사실이 다시 한 번 밝혀진 셈이죠.

카리에르 20년, 아니면 25년 전 일이었어요. 어느 날 나는 오텔드빌(파리 시청) 지하철역에서 전철을 기다리고 있었어요. 그런데 플랫폼에는 벤치가 하나 있었고, 그 벤치에 한 남자가 대여섯 권의 책을 옆에 쌓아 놓고 앉아 있는 거예요. 그는 책을 읽고 있었죠. 전철들은 계속 지나갔어요. 하지만 그는 책 이외에 다른 것에는 전혀 관심이 없는 듯 보였어요. 그런 그를 보게 된 나는 조금 더 거기 남아 있기로 마음먹었어요. 그가 흥미로웠기 때문이죠. 나는 결국 그에게 다가갔고, 우리 두 사람 사이에 대화가 시작

됐어요. 그는 설명하기를, 자기는 매일 아침 여덟 시 반에 거기 나와서 정오까지 있는대요. 정오가 되면 한 시간 동안 점심을 먹으러 나가 있는답니다. 그런 다음 다시 자기 자리로 돌아와 저녁 여섯 시까지 벤치 위에 앉아 있는다는 거예요. 그는 나로서는 결코 잊을 수 없는 다음의 말로 결론짓더군요. 「나는 그저 읽어요. 다른 일은 해본 적이 없지요.」 나는 그가 혼자 있게끔 떠나 왔어요. 내가 그의 시간을 뺏고 있는 것 같은 생각이 들었기 때문이죠.

왜 하필 지하철역일까요? 예를 들어 카페 같은 데에 하루 종일 앉아 있으려면 뭔가를 주문해야 할 터인데, 아마 그런 사치를 누릴 형편은 아닌 것 같았어요. 지하철역은 공짜였죠. 그리고 옆에서 사람들이 오갔지만 그의 독서에는 전혀 지장을 주지 않았고요. 이 사람은 가장 이상적인 독자일까요, 아니면 가장 변태적인 독자일까요? 이것은 그때 떠오른 질문이고, 지금도 여전히 자문해 보는 물음이기도 하죠.

에코 어떤 책들을 읽고 있던가요?

카리에르 아주 잡다했어요. 소설, 역사, 수필 등등. 내가 보기에는, 그는 읽는 것에 대한 실제적인 관심이 있다기보다는 읽기에 대한 일종의 의존증이 있는 것 같아요. 누군가가 말했죠. 독서는 처벌받지 않는 비행(非行)이다라고요. 이 사람의 예는 독서가 하나의 진정한 도착증이 될 수 있음을 잘 보여 주고 있어요. 어쩌면 하나의 페티시즘일 수도 있죠.

에코 내가 아이였을 때, 이웃에 사는 한 부인이 매년 성탄절 선물로 책을 한 권 주곤 했어요. 어느 날 그분이 내게 물었죠.「움베르토야, 넌 이 책 안에 있는 내용을 알려고 읽는 거니, 아님 그냥 읽는 게 좋아서 읽는 거니?」 나는 내가 읽는 내용에 항상 큰 흥미를 느끼지는 않는다는 사실을 인정해야 했어요. 나는 그저 읽는 게 좋아서 닥치는 대로 읽고 있었지요. 그건 내 유년기에 깨달은 가장 큰 진실 중의 하나였답니다!

카리에르 살기 위해서 살듯이, 읽기 위해서 읽는 거죠. 또 영화관에 가는 목적이 그저 영화를 보기 위해서, 즉 어떤 일정한 방향으로 움직이는 이미지들을 보기 위해 가는 사람들도 있지요. 영화가 보여 주고 얘기하는 것 자체는 별로 중요하지 않은 경우도 종종 있습니다.

토낙 독서 중독증 같은 경우도 확인된 적이 있었나요?

카리에르 물론입니다. 지하철의 그 남자가 바로 그 예입니다. 매일 몇 시간을 걷기에 할애하지만, 풍경이나 그가 마주치는 사람들, 그리고 그가 호흡하는 공기에는 조금도 주의를 기울이지 않는 사람을 상상해 보세요. 이처럼 기계적으로 뛰고 걷는 사람이 있듯이, 기계적으로 읽는 사람도 있습니다. 하지만 이런 식으로 읽은 책에서 무엇을 얻어 낼 수 있겠습니까? 하루에 두세 권의 책을 훑듯이 읽어 가지고서야 무엇을 기억해 내겠냔 말이에요. 영화 분야에서는 때로는 하루 종일 갇혀서 너덧 편의 작품을 보는 경우도 있습니다. 영화제에 참가하는 기자나 심사 위원들의 운명이죠. 그런 데에 가면 정신을 차리기 힘들죠.

에코 나도 그런 경험이 있어요. 베니스 영화제 심사 위원으로 한 번 임명되었거든요. 정말 미치는 줄 알았습니다.

카리에르 그렇게 그날 보아야 할 분량을 보고 나서 영사실을 비틀거리면서 나올라치면, 크루아제트 대로의 종려나무들까지 가짜처럼 느껴지죠. 하지만 중요한 것은 무슨 대가를 치러서라도 책을 읽거나 영화를 보는 것이 아니라, 어떻게 이러한 활동들에서 어떤 의미 있고도 오래 남는 양식을 끄집어내느냐를 아는 것이죠. 속독의 애호가들이 그들이 읽는 것을 진정으로 음미할 수 있을까요? 만일 발자크의 작품에서 그 긴 묘사 부분을 빼놓고 읽는다면 어떻게 되겠습니까? 그건 다름 아닌 그의 작품의 깊은 특징을 이루는 것, 발자크만이 우리에게 줄 수 있는 것을 잃는 것 아니겠어요?

에코 소설을 읽으면서 대화 부분을 표시하는 따옴표만 찾는 사람들도 있지요. 나도 어린 시절에 모험담들을 읽으면서 다른 부분은 뛰어넘고 대화 부분만 찾아서 읽은 적도 있어요.

자, 우리의 주제를 계속 이어 가보죠. 우리가 읽지 않은 책들이라는 주제 말입니다. 그런데 말이에요, 사람들로 하여금 책을 읽게 할 수 있는 방법이 한 가지 있습니다. 바로 이탈리아 작가 아킬레 캄파닐레가 상상한 방법이죠. 푸스칼도 후작은 어떻게 당대의 가장 위대한 학자가 되었을까요? 그는 부친으로부터 어마어마한 서재를 물려받았습니다만, 거들떠보지도 않았습니다. 어느 날, 우연히 어떤 책을 펼쳐 보았는데, 책장 사이에 천 리라짜리 지폐가 한 장 있는 거예요. 그는 다른 책도 마찬가지가 아닐까 생각하고는, 물려받은 책들을 한 권 한 권 뒤적여 보면서 남은 생을 보냈답니다. 그렇게 해서 그는 마르지 않는 학문의 샘이 되었답니다.

토낙 초현실주의자들은 말했습니다. 〈아나톨 프랑스를 읽지 마라!〉 이런 식의 독서에 대한 충고, 혹은 〈만류〉는 오히려 사람들로 하여금 그렇지 않았다면 전혀 읽을 의도가 없었던 책들에 관심을 갖게 하는 결과를 가져오지 않습니까?

에코 어떤 특정 작가들이나 책들을 읽지 말라고 충고한 것은 초현실주의자들만이 아닙니다. 이것은 아마도 역사 이래 항상 존재해 왔을 논쟁적인 비판의 한 유형이지요.

카리에르　앙드레 브르통은 읽어야 할 작가들과 읽지 말아야 할 작가들의 목록을 작성했어요. 랭보는 읽고, 베를렌은 읽지 마라. 위고는 읽고, 라마르틴은 읽지 마라. 그런데 기이하게도 라블레는 읽고, 몽테뉴는 읽지 말라고 했어요. 그의 충고를 그대로 따르면 몇몇 흥미로운 책들을 놓치게 될 수도 있지요. 어쨌거나 브르통 덕분에 나는 — 예를 들면 —『대장 몬느』같은 책을 읽는 수고를 덜 수 있었음을 고백해야겠네요.

에코　『대장 몬느』를 안 읽었다고요? 그렇다면 당신은 절대 브르통 말을 듣지 말아야 했어요. 그거야말로 기가 막힌 책인데요.

카리에르　뭐, 앞으로도 시간이 있겠죠. 나는 초현실주의자들이 아나톨 프랑스를 맹렬히 공격했다는 것을 잘 알고 있었습니다. 하지만 나는 그를 읽었어요. 그리고 즐거움도 자주 느꼈습니다. 예를 들어『천사들의 반란』같은 작품에서요. 정말이지 초현실주의자들이 그에게 퍼부은 저주는 지독한 것이었어요! 그들은 이렇게 말했어요. 그가 죽으면 센 강변 고서적상들의 그 길쭉한 철제 궤짝에다가, 그가 그토록 애지중지하던 그 구닥다리 책들과 함께 넣어서 센 강에다 던져 버려라! 여기서도 우리는 〈책 냄새 나고〉, 불필요하고, 거추장스럽고, 또 멍청한 것이 대부분인 그 케케묵은 먼지에 대한 증오를 느낄 수 있지요…….

그런데 이런 문제는 생각해 볼 수 있습니다. 불태워지지도 검열되지도 않고, 그럭저럭 전달되고 번역되어서 우리에게까지 도달하게 된 저서들은 과연 진정으로 최상의 것들, 우리가 반드시 읽어야 할 것들이라고 말할 수 있을까요?

에코 우리는 존재하지 않거나, 더 이상 존재하지 않게 된 책들에 대해 얘기했습니다. 또 읽히지 않는 책들과 읽히기를 기다리고 있는 책들, 혹은 더 이상 읽히지 않게 될 책들에 대해서도 이야기했죠. 이제 나는 존재하지는 않지만 우리가 아는 작가들에 대해 얘기해 보고 싶어요. 어느 날, 프랑크푸르트 도서 박람회에서 출판계 유력 인사들이 한 테이블 주위에 앉게 되었습니다. 가스통 갈리마르, 폴 플라망, 레디히-로볼트, 그리고 발렌티노 봄피아니가 거기 있었지요. 다시 말해서 당시 유럽 출판계를 좌지우지하는 인물들이었습니다. 이날 그들의 화제는, 아직 검증되지 않은 젊은 작가들의 호가를 경쟁적으로 올리는, 출판계에 불고 있는 새로운 광풍에 관한 것이었습니다. 모인 사람 중의 하나가 가상의 작가 하나를 만들어 보면 어떻겠느냐는 아이디어를 냈습니다. 이름은 밀로 테메스바르이고, 그날 아침 아메리칸 라이브러리 출판사가 5만 달러를 제의한 『이제 말하게 해줘』라는 이미 호평이 자자한 책의 저자라는 거였습니다. 이렇게 그들은 이 소문을 퍼뜨린 다음, 어떤 일이 일어나는지 지켜보기로 했죠.

봄피아니는 자기 부스에 돌아와 나와 내 동료(당시 우

리는 그와 함께 일했죠)에게 이 이야기를 들려주었습니다. 우리도 이 아이디어가 몹시 마음에 들었던지라, 당장에 박람회장 여기저기를 돌아다니면서 그 밀로 테메스바르라는 이름을 은근슬쩍 흘리고 다녔지요. 그날 저녁, 식사를 하고 있는데 잔자코모 펠트리넬리가 흥분된 얼굴로 우리에게 오더니 이렇게 말하는 겁니다. 「당신들 공연히 시간 낭비할 것 없어! 내가 『이제 말하게 해줘』의 전 세계 판권을 샀다고!」 이때부터 밀로 테메스바르는 내게 아주 중요한 존재가 되었어요. 나는 테메스바르의 가상의 저서, 즉 종말론을 내세워 혹세무민하는 자들을 패러디한 가상의 책인 『파트모스의 장사꾼들』의 서평 기사를 썼습니다. 여기서 나는 테메스바르를 공산주의 이탈자로 조국에서 쫓겨난 알바니아인으로 소개했지요! 또 그는 보르헤스에게서 영감을 받아 체스 게임에 있어서 거울의 사용법에 관한 책을 한 권 썼다고 했습니다. 종말론에 대한 저서에 대해 말할 때는, 허구란 것이 뻔히 보이는 어떤 출판사 이름까지 언급했지요. 그런데 어떤 일이 있었는지 아십니까? 당시 이탈리아에서 가장 막강한 출판인인 아르놀도 몬다도리가 내 기사를 잘라내게 하여 그 위에다 빨간 글씨로 이렇게 썼다고 하더군요. 〈값을 얼마를 치르더라도 이 책을 살 것.〉

하지만 나와 밀로 테메스바르의 인연은 거기서 끝나지 않았어요. 『장미의 이름』의 서문을 읽어 보면 알겠지만, 거기에 테메스바르의 책 하나가 인용되고 있습니다. 이렇게 테메스바르의 이름을 다른 서지에서 다시 사용했던 겁니다. 최근에는 『다빈치 코드』를 패러디하기 위해 그루지아어와 러시아어로 쓰인 그의 저서 몇 편을 언급했고, 이를 통해 그가 댄 브라운의 작품에 대해서도 연구서들을 냈음을 증명했지요. 이렇게 나는 평생을 밀로 테메스바르와 함께 살아온 거지요.

토낙 어쨌든 오늘 두 분은 아직 읽지도 않고 또 영원히 읽지도 않을 책들을 서가에 잔뜩 쌓아 두고 있는 이들의 죄의식을 완전히 없애 주는 데 성공했습니다!

카리에르 서재는 반드시 우리가 읽은 책들로 구성되는 것이 아닙니다. 심지어는 언젠가 읽게 될 책들로 구성되는 것도 아니죠. 그렇습니다. 이 점을 명확하게 지적한 것은 아주 훌륭한 일이었죠. 서재란 우리가 읽을 수 있는 책들입니다. 혹은 그럴 가능성이 있는 책들이죠. 그것들을 영원히 못 읽는다 할지라도 말입니다.

에코 그것은 지식의 보장물이라 할 수 있죠.

토낙 일종의 포도주 저장고이지요. 다 마실 필요는 없는 저장고.

카리에르 나는 꽤 훌륭한 포도주 저장고도 하나 꾸몄고, 아마 내 상속자들에게 훌륭한 포도주 병들을 물려 주게 될 것입니다. 내가 포도주를 마시는 양이 점점 줄고 있는 반면, 사는 것은 늘고 있기 때문이죠. 하지만 난 알고 있어요. 기분이 내키면 언제든지 지하실에 내려가 최상품의 포도주들을 마셔 버릴 수 있다는 사실을요. 나는 포도주를 〈앙 프리뫼르〉[87]로 삽니다. 다시 말해서 수확한 해에 담근 포도주를 사서, 3년 후에 받는 거죠. 이것의 좋은 점은 — 예를 들어 그것이 훌륭한 보르도 포도주일 때 — 생산자가 최상의 조건을 갖춘 나무통과 병에서 포도주를 보관해 준다는 점이에요. 이 3년 동안, 당신의 포도주는 맛있게 숙성될 수 있고, 당신은 그동안 그 병에 손을 대지 않을 수 있죠. 아주 훌륭한 시스템입니다. 3년이 지나면 보통은 자기가 포도주를 주문했다는 사실을 잊어버려요. 이 경우 자신이 자신에게 보낸 선물을 받게 되는 셈이죠. 아주 기분이 좋답니다.

토낙 책들도 그렇게 해야 하지 않을까요? 책이 나오면 일단 한쪽에다 치워 두는 겁니다. 그렇다고 해서 지하실에다 보관해야 할 필요는 없지만, 하여튼 숙성되도록 놔두는 거죠.

카리에르 그렇게 하면 어쨌든 〈새것 효과〉, 즉 어떤 책이 새것이기 때문에, 금방 나왔기 때문에 읽도록 우리에게 강요하는 그 고약한 효과를 억제할 수 있겠죠. 왜 우리

---

[87] *en primeur.* 와인 전문 용어로, 프랑스 보르도 지역의 숙성 단계 와인을 미리 구매하는 시스템.

는 〈화제가 되고 있는〉 책을 보관해 놓았다가 3년 후에 읽지 않는 거죠? 이것은 내가 영화 작품들을 가지고 자주 사용하는 방법입니다. 나는 내가 보아야 할 작품들을 모두 볼 시간이 없기 때문에, 언젠가 꺼내 보리라 생각하고는 어딘가에 보관해 놓습니다. 그런데 시간이 얼마 지나면, 그것들을 보고 싶은 마음도, 보아야 할 필요성도 사라져 버렸음을 확인하게 되죠. 대부분의 작품이 그렇습니다. 이런 의미에서 〈앙 프리뫼르〉 식의 구매는 벌써 하나의 여과 작용인지도 모릅니다. 3년 후에 마시고 싶은 마음이 들게 될 것들을 골라 놓는 일이니까요. 최소한 지금은 그렇게 생각한다는 말이죠.

아니면 여과 작업을 당신보다 더 능력이 있는 동시에 당신의 취향을 잘 알고 있는 어떤 전문가에게 일임하는 방법도 있습니다. 예를 들어 나는 그 작업을 제라르 오베를레에게 맡겼죠. 그렇게 해서 그는 몇 해 동안 그때그때의 내 주머니 사정에 상관없이 내가 꼭 사야 하는 책들을 알려 주었습니다. 그는 지시했고, 나는 복종했죠. 그렇게 해서 우리가 처음 만났을 때 사게 된 책이 『폴리스카 혹은 현대적 도착증 — 한 폴란드 여인의 최근의 추억들을 모은 회고록』이었습니다. 18세기 말에 나온 이 소설을 상당히 오래전인 그때 사서 읽고 나서 지금껏 한 번도 다시 읽지 않았지요.

이 책에는 내가 꼭 한번 영화로 만들어 보고 싶은 장면이 하나 있습니다. 한 인쇄공이 어느 날 자기 아내가 부정을 범하고 있다는 사실을 발견합니다. 증거가 있었지요. 정부(情夫)가 그녀에게 보낸 편지를 그가 찾아낸 것이죠. 이에 남편은 이 편지의 내용을 프레스 인쇄기에 조판하고, 아내를 벌거벗겨 탁자 위에 묶어 놓은 후, 그 글을 그녀의 몸에 최대한 깊이 찍어 놓습니다. 하얀 나신은 종이가 되고, 여인은 고통으로 울부짖으며, 영원히 책으로 변형되는 것입니다. 너대니엘 호손의 『주홍 글씨』를 예고하는 것 같은 장면이었죠. 죄지은 여인의 육체에 연애편지를 인쇄한다는 이 몽상은 인쇄공의 본질을 보여 주는 이미지, 더 나아가서는 작가의 본질을 보여 주는 이미지라 할 수 있지요.

제단 위의 책, 〈지옥〉의 책

토낙 우리는 책에 대해 깊은 경의를 표하고 있습니다. 사라진 책들, 우리가 읽지 않은 책들, 우리가 읽지 말아야 할 책들을 포함한 모든 책들에 경의를 표하고 있죠. 그런데 이러한 경의는 책을 숭배의 제단에 올려 놓는 사회들의 맥락을 알아야만 이해할 수 있습니다. 이제 우리가 신봉하고 있는 책의 종교들에 대해서도 무언가 얘기해 봐야 하지 않을까요?

에코 우선 꼭 짚고 넘어가야 할 점이 있습니다. 우리는 3대 일신교를 〈책의 종교〉라고 부르는데, 이는 적절치 못한 표현입니다. 왜냐하면 불교, 브라만교, 유교 역시 책들에 의거하고 있기 때문이죠. 차이점이 있다면, 그것은 일신교에서는 근본이 되는 책에 어떤 특별한 의미가 부여되고 있다는 점입니다. 그 책은 신의 말씀의 무언가를 번역해 내고 옮겨 놓은 것으로 간주되고, 그 때문에 숭배의 대상이 됩니다.

카리에르 책의 종교들에 있어서 아무도 이의를 제기할 수 없는 전거는 세 종교의 경전 중 가장 오래된 히브리 성서입니다. 우리가 알기로, 이 텍스트는 바빌론 유배 시대에, 다시 말해서 기원전 6, 7세기경에 형성되었다고 합니다. 우리가 성서에 대해 얘기할 때에는 전문가들의 설명을 참조하는 편이 바람직할 것입니다. 하지만 다음과 같은 의문이 떠오르는 건 어쩔 수 없군요. 성서는 〈태초에 말씀이 계셨고, 이 말씀은 하느님이셨다〉라고 말하고 있습니다. 그렇다면 말씀은 어떻게 글이 되는 걸까요? 왜 말씀을 나타내고 체현하는 것이 책인 걸까요? 어떻게, 그리고 어떤 근거에 의해 말씀에서 책으로 넘어가 버린 걸까요? 아무튼 이때부터 〈쓴다〉는 단순한 행위는 거의 마술적인 중요성을 지니게 됩니다. 비할 바 없는 도구인 이 글을 소유한 자는 신과, 그리고 창조의 비밀들과 비밀스런 관계에 있는 듯이 말입니다. 또 우리는, 말씀은 자신을 체현하기 위해 과연 어떤 언어를 선택했는지에 대해서도 자문해 봐야 합니다. 만일 그리스도가 우리를 방문하기 위해 우리 시대를 선택했다면, 아마도 그는 영어를 선택했겠죠. 아니면 중국어였을 겁니다. 하지만 그는 아람어로 자신을 표현했고, 그 후에는 그리스어와 라틴어로 차례로 번역되었습니다. 물론 이 모든 단계들은 메시지의 순수성을 위협하는 것들이죠. 말씀이 옛날에 갖고 있던 의미가 지금 우리가 알고 있는 의미와 과연 같은 것이었을까요?

에코 19세기의 텍사스에서 학교에서 외국어 교육을 시키자는 제안이 나왔을 때, 한 상원 의원은 강하게 반대했어요. 다음과 같은 아주 상식이 넘치는 논리를 펴면서 말이죠. 〈예수께서도 영어 하나로 충분하셨거늘, 왜 우리에게 다른 언어들이 필요한가?〉

카리에르 인도의 경우는 또 다릅니다. 거기서도 물론 책들은 존재하지만, 더 큰 영예를 누려온 것은 언제나 구전이었습니다. 구전은 오늘날까지도 더 신뢰할 만한 것으로 여겨지고 있지요. 왜 그럴까요? 옛 텍스트들이 무리 가운데서 말해지고, 특히나 노래되기 때문입니다. 이런 상황에서는 누군가가 실수를 범하면 무리가 그 실수를 지적해 줄 수 있습니다. 따라서 천 년에 가까운 세월 동안 이어져 온 위대한 서사시들의 구전은 우리의 수사(修士)들이 만든 필사본들보다 더 정확할 것입니다. 수사들은 수도원 기록실에서 옛 텍스트들을 베껴 쓰면서, 선임자들의 실수를 반복했고, 또 새로운 실수들을 첨가했으니까요. 인도의 세계에서는 말씀을 신이나 창조에 연결하는 그런 관념은 찾아볼 수 없습니다. 그 이유는 간단히, 신들 자체가 창조되었기 때문이죠. 태초에는 어떤 거대한 혼돈이 진동하고 있었고, 그 가운데는 어떤 음악적 움직임들, 혹은 어떤 음들이 관류하고 있었습니다. 그리고 이 음들은 억겁의 시간 후에 모음들이 됩니다. 다시 이 모음들은 서서히 서로 조합되고, 자음들의 도움을 받아 단어들로 변하며, 또 이 단어들이 조합되어 베다Veda들을 이루게 됩니다. 따라서 베다들에는 저자가 없습니다. 그것들은 코스모스의 산물이며, 따라서 지고의 권위를 지닙니다. 누가 감히 우주가 한 말을 의심할 수 있겠습니까? 그런데 우리는 이 말을 이해하려고 시도해 볼 수 있습니다. 아니 꼭 그렇게 해야만 하죠. 왜냐하면 베다들의 의미는 지극히 난해하기 때문입니다. 그것들이 솟아나온 그 무한한 심연만큼이나 난해합니다. 따라서 우리는 그것들의 의미를 밝혀 줄 수 있는 주해가 필요합니다. 그래서 오게 되는 것이 우파니샤드, 두 번째 범주의 인도의 창건 텍스트, 그리고 저자들입니다. 신들이 나타나는 것은 이 두 번째 범주의 텍스트들과 작가들 사이에서입니다. 인도에서는 말이 신을 창조하는 것이지, 그 반대는 아닌 것입니다.

에코 최초의 언어학자, 문법학자가 바로 인도인이었던 것은 결코 우연이 아니죠.

토낙 두 분은 어떻게 〈책의 종교〉에 들어오게 되었습니까? 다시 말해서 책들과의 최초의 접촉은 어떻게 이루어졌는지요?

카리에르 나는 책도 없는 어떤 시골집에서 태어났습니다. 내 부친께서 평생 읽은 책은 단 한 권일 거예요. 그분은 조르주 상드의 『발랑틴』을 읽고 또 읽었지요. 왜 그렇게 같은 책을 거듭해서 읽느냐는 질문을 받으면, 당신은 이렇게 대답하곤 했어요. 「나는 그 책이 너무 좋은데, 왜 다른 책을 읽어야 하지?」

우리 집에 들어온 — 몇 권의 오래된 기도서를 제외하고 — 최초의 책은 내 아동 도서들이었습니다. 그리고 내가 태어나서 처음 본 책은 미사에 갈 때마다 보게 되는 그 책, 물론 제단 위에 놓여 있으며 신부님이 경외감 어린 동작으로 페이지를 넘기던 그 신성한 책이었어요. 따라서 내 최초의 책은 어떤 숭배의 대상이었습니다. 그 당시에 사제는 신도들에게 등을 돌리고서 지극히 열정적인 목소리로 복음서를 읽었지요. 첫 부분은 거의 노래 부르다시피 했어요. 「인 일로 템포레, 딕시트 예수스 디스키풀리스 수이스······.」

진리가 책에서 노래하며 흘러나오고 있었지요. 그렇게 내 안에 깊이 각인된 무언가가 책에 특권적인 위치, 심지어는 신성한 위치를 부여하고 있습니다. 내게 책은 항상 내 어린 시절의 그 제단에 위엄 있게 놓여 있는 신성한 대상이랍니다. 책은, 그것이 바로 책이기 때문에, 인간으로서는 범접할 수 없는 어떤 진리를 감추고 있지요.

조금 이상한 얘기 같지만, 이런 감정을 훨씬 나중에, 내가 가장 좋아하는 영화배우 중의 하나인 로럴과 하디 콤비가 나오는 한 희극 영화에서 발견할 수 있었습니다. 로럴이 — 자세한 내용은 생각나지 않는데요 — 무언가를 단언하자, 하디가 깜짝 놀라면서 그게 확실한지 반문했어요. 그러자 로럴은 이렇게 대답합니다. 「분명해. 왜냐하면 그걸 책에서 읽었거든.」 단순한 논리 같지만, 나로서는 지금도 그 자체로서 충분한 논리처럼 느껴집니다.

내가 — 이렇게 말할 자격이 있을지 모르겠습니다만 — 애서가가 된 것은 아주 어렸을 때였던 것 같습니다. 왜냐하면 내가 열 살 때 만든 책 리스트를 발견했거든요. 거기에는 자그마치 80권이나 되는 책이 들어 있었어요! 쥘 베른, 제임스 올리버 커우드, 페니모어 쿠퍼, 잭 런던, 메인 레이드 등등. 어린 시절에 나는 이 리스트를 내 첫 카탈로그처럼 항상 품고 다녔지요. 즉 그때부터 나는 책에 이끌리고 있었던 겁니다. 그것은 당시 책이 많이 부족했기 때문이기도 했고, 또 시골에서 커다란 미사 경본이 갖는 그 엄청난 후광 때문이기도 했어요. 그것은 성가집 같은 얄팍한 책이 아니었고, 어린아이는 들기도 힘든 존경스런 크기의 책이었지요.

에코 나는 다른 방식으로 책을 발견했습니다. 내가 대여섯 살 때 돌아가신 나의 할아버지는 인쇄공이었어요. 인쇄공들이 다 그랬듯이, 그분도 당시의 모든 사회적 투쟁들에 정치적으로 참여했지요. 인도주의적 사회주의자였던 할아버지는 친구들과 함께 파업을 조직하는 것으로 만족하지 않았어요. 파업 불참자들이 파업 날에 두드려 맞는 것을 피할 수 있도록 집으로 점심식사에 초대하기도 했답니다!

우리는 이따금 시 바깥에 사는 할아버지를 뵈러 갔어요.

은퇴한 후에는 책 제본공이 되었죠. 그분 댁에 가면 선반 위에 제본되기를 기다리는 책들이 잔뜩 쌓여 있었지요. 대부분 삽화가 있는 책들이었어요. 왜, 알잖아요? 조아노, 르누아르 등의 판화 삽화가 곁들여진 19세기의 그 대중 소설들……. 이런 식의 연재소설에 대한 나의 사랑은 대부분 조부님의 작업장을 드나들던 이 시기에 생겨난 게 분명합니다. 그분이 돌아가셨을 때, 그분의 집에는 많은 책들이 남아 있었어요. 제본을 맡긴 사람들이 찾아가지 않은 것이죠. 그것들은 엄청나게 큰 궤짝 하나에 담겼고, 13남매 중 장남이었던 아버지가 물려받은 거죠.

그래서 이 거대한 궤짝은 우리 집 지하실에 있었어요. 다시 말해서 조부님 댁을 드나들며 생겨난 내 호기심이 손만 뻗으면 닿을 곳에 있게 된 거죠. 나는 집 난방을 위한 석탄이나 포도주 한 병을 가지러 지하실에 내려가야 할 일이 종종 있었고, 그때마다 아직 제본되지 않은 그 책들, 여덟 살배기 꼬마에게는 굉장한 분량이었던 그 모든 책들에 둘러싸이게 되었답니다. 거기에는 그야말로 별의별 책이 다 있었고, 그것들은 나의 지성을 일깨워 주었죠. 다윈의 저서뿐 아니라 에로틱한 책들도 있었고, 또 프랑스 주간지 『육지와 바다의 여행과 모험에 대한 신문』의 이탈리아어판인 『여행 신문』의 1912년에서 1921년까지의 호(號)들도 전부 있었어요. 그렇게 나의 상상력은 비열한 프러시아인을 단칼에 베어 버리는 그 용감한 프랑스인들로부터 양분을 공급받았지요. 그 잡지의 이야기들에는 과도한 국수주의가 배어 있었지만, 어린 나는 물론 인식하지 못했죠. 또 거기에는, 지극히 이국적인 땅들에서 사람 목이 잘리고, 처녀가 더럽혀지고, 아이들의 배를 가르는 등, 우리로서는 상상도 할 수 없는 잔혹함이 양념으로 버무려져 있었지요.

할아버지가 남긴 이 모든 유산은 불행히도 사라져 버렸습니다. 내가 너무도 읽어 대고, 또 친구들에게 빌려 주기도 하다 보니까 결국에는 운명해 버리더군요. 이런 종류의 화보를 곁들인 모험담을 전문으로 하는 손초뇨라는 한 이탈리아 출판사가 있었습니다. 그런데 1970년대에 내 책을 출간하던 한 출판 그룹이 이 회사를 사게 되었고, 이에 나는 어쩌면 내 어린 시절의 책들을 다시 볼 수 있겠구나 하며 좋아했지요. 예를 들어 〈사탄 선장Il Capitano Satana〉이라는 제목으로 이탈리아어로 번역된 자콜리오의 『바다의 약탈자들Les ravageurs de la mer』같은 책 말입니다. 그런데 전쟁 중에 이 출판사의 컬렉션이 폭격으로 파괴되어 버렸어요. 결국 내 어린 시절의 서재를 다시 만들기 위해서는, 여러 해 동안 고서점과 벼룩시장을 뒤지는 수밖에 없었지요. 그 작업은 아직도 끝나지 않았답니다…….

카리에르 당신도 강조한 바이지만, 우리가 어린 시절에 접하는 문학은 우리 운명에 얼마나 큰 영향을 미치는지 모릅니다. 랭보의 전문가들은 랭보의 「취한 배」도 그가 읽은 가브리엘 페리의 『인디언 코스탈』에 큰 빚을 지고 있다고 말하지요. 그런데 움베르토, 이 자리에서 확인할 수 있었지만, 당신이 독서를 모험담과 연재소설로 시작했다면, 나는 종교적인 서적들로 시작했어요. 최소한 한 권은 읽었으니까요. 이 사실은 어쩌면 우리가 각자 걸어온 길의 몇 가지 차이점을 설명해 줄 수 있을지도 모르죠. 내가 처음 인도에 체류했을 때, 가장 놀란 점이 뭔지 아나요? 그건 힌두교에 책이 존재하지 않는다는 사실이었어요. 글로 쓰인 텍스트가 없었죠. 거기에서는 신도들에게 무언가 읽을 것도, 노래할 것도 주지 않아요. 왜냐하면 대부분이 문맹이니까요.

우리 서구인들이 〈책의 종교〉를 강조해서 말하는 것은 아마 이 때문일 겁니다. 성서, 신약, 그리고 코란은 무언가 고귀한 것, 무언가 품위 있는 것이거든요. 그것들은 못 배운 사람, 무식한 사람, 하층 계급 사람들을 위한 것이 아니에요. 그것들은 신이 직접 쓴 것은 아니지만, 거의 그의 구술에 따라, 혹은 그가 불어넣어 주는 영감에 따라 쓰였다고 여겨지죠. 코란도 어떤 천사가 불러 주는 것을 받아 적은 것이에요. 예언자 무함마드가 받은 첫 번째 신의 명령은 〈읽어라〉였고, 이에 그는 자신은 읽지 못한다는 사실을, 읽는 법을 배우지 못했다는 사실을 인정해야 했어요. 그러자 세계를 읽고, 세계에 대해 말하는 능력이 그에게 주어졌죠. 종교는, 즉 신과의 접촉은 우리를 고양시켜 깨달음에 이르게 합니다. 읽는다는 것은 본질적인 중요성을 지니고 있지요.

복음서들은 하느님의 아들의 말씀을 기억해 놓은 사도

들의 증언을 기반으로 만들어졌습니다. 성서는 각 서(書)에 따라 성격이 다르고요. 여하튼 책이 신의 세계와 인간 세계 사이에 이처럼 중요한 연결고리 역할을 하는 종교는 일신교 외에는 없습니다. 물론 힌두교에도, 예를 들면 『바가바드기타』처럼 신성한 책들이 있어요. 하지만 이 책들은 진정한 의미에서 숭배의 대상은 아니죠.

토낙 그리스, 로마 세계는 책을 숭배했나요?

에코 종교적 대상으로서 숭배되지는 않았죠.

카리에르 로마인들은 신탁 예언집, 즉 그리스 여사제들이 받은 신탁을 담고 있으며, 기독교도들이 불태워 버린 책들을 숭배했을 겁니다. 그리스인들에게 신성한 책이 두 권 있었다면, 그건 헤시오도스와 호메로스이고요. 하지만 이것들은 종교적 계시를 담고 있지는 않지요.

에코 다신교 문명에서는 하나의 권위가 다른 권위들보다 우월하지 않아요. 그런 권위는 존재하지 않죠. 따라서 유일한 계시의 〈저자〉의 개념은 의미가 없어요.

카리에르 『마하바라타』는 인도의 호메로스라 할 수 있는 음유 시인 비아사가 썼어요. 하지만 그때는 아직 글이 존재하지 않은 때였죠. 최초의 작가 비아사는 글을 쓸 줄 몰랐습니다. 그는 설명하기를, 자신은 우리에게 우리가 알아야 할 모든 것들을 말해 줄 〈위대한 세계의 시(詩)〉를 썼다고 했어요. 하지만 그는 그 시를 쓰지는 못했죠. 글을 쓸 줄 몰랐으니까요. 당시 사람들은 — 혹은 신들은 — 아직 글을 발명하지 못했습니다. 비아사는 자신이 알고 있는 것을 써줄 수 있는 누군가가 필요했죠. 글에 의해 인간 세상에 진리를 확립해 놓기 위해서였어요. 이에 브라마는 그에게 반신(半神) 가네샤를 보냅니다. 배가 볼록 튀어나오고, 머리는 코끼리 형상이고, 손에는 필기구함을 든 모습으로 나타나지요. 그런데 이 반신은 글을 쓰던 중에 한쪽 상아를 먹통에 담그다가 그만 부러뜨리고 맙니다. 바로 이 때문에 가네샤는 항상 오른쪽 상아가 부러진 모습으로 그려지죠. 그리고 시가 글로 써지는 동안 가네샤와 비아사 사이에는 서로의 영감을 자극해 주는 경쟁이 있었다고 합니다. 이렇게 『마하바라타』는 글의 탄생과 때를 같이하지요. 그것은 글로 쓰인 최초의 작품이었습니다.

에코 호메로스의 서사시들도 그렇다고들 말하지요.

카리에르 우리가 앞서 얘기한 바 있는 구텐베르크 성서에 대한 숭배는 이런 책에 관한 종교의 맥락에서 충분히 이해될 수 있습니다. 현대의 책의 역사 역시 한 권의 성서에서 시작되지요.

에코 하지만 구텐베르크 성서에 대한 숭배는 특히 애서가 세계에 관계된 것이지요.

카리에르 구텐베르크 성서는 지금 몇 권이나 존재하나요? 혹시 알고 있습니까?

에코 사람마다 주장하는 내용이 달라요. 계산해 보면, 아마 2백 내지 3백 권이 인쇄되었을 겁니다. 48권이 오늘날까지 살아남았고, 그중 12권은 양피지에 인쇄한 거예요. 어쩌면 누군가의 집에서 잠들어 있는 것들도 몇 권 있겠죠. 앞에서 말한 책의 가치에 대해 아무것도 모르는, 그리고 그것을 팔아넘길 준비가 되어 있는 노부인의 집에 말입니다.

카리에르 이렇게 책을 신성화할 수 있었다는 사실은 읽기와 쓰기가 다양한 문명들이 계기(繼起)해 온 역사를 통해 지대한 중요성을 획득하고 또 간직해 올 수 있었다는 사실을 반증해 주고 있지요. 그렇지 않다면 중국 문인들의 권력은 어디서 나왔겠습니까? 또 이집트 문명에서 서기관들의 권력은요? 읽고 쓸 줄 아는 특권은 극소수의 집단에 주어졌고, 이들은 이 특권에서 엄청난 권위를 끌어내게 됩니다. 당신과 나, 우리 둘이 이 지역에서 유일하게 읽고 쓸 줄 아는 존재라고 상상해 보자고요. 우리는 둘만의 신비스러운 대화, 무서운 비밀의 폭로, 그리고 아무도 그 내용을 짐작조차 할 수 없는 둘만의 서신 교환 등을 통해 사람들의 눈에 특출난 존재들로 비칠 것 아니겠어요?

토낙 책의 숭배와 관련하여, 페르난도 바에스의 『책 파괴의 세계사』에서 요한 크리소스토무스가 언급하고 있는 어떤 사람들이 떠오르는군요. 4세기에 살았던 그들은 악의 힘으로부터 스스로를 보호하기 위해 고(古)필사본을 목에 걸고 다녔다고 하죠.

카리에르 책은 부적도 될 수 있고, 주술적 물건도 될 수 있어요. 멕시코에서 코덱스들을 불태운 스페인 승려들은 이 책들이 사악한 힘을 갖고 있다며 스스로의 행위를 변호했지요. 완전히 모순적인 말입니다. 만일 그들이 진정한 신의 힘을 가지고 온 게 사실이라면, 어떻게 거짓된 신들이 여전히 무슨 힘을 발휘할 수 있겠습니까? 티베트 책 역시 무서운 비의적 가르침을 숨기고 있다는 비난을 받곤 하지요.

에코 산세베로 대공, 라이몬도 디 산그로가 키푸에 대해 행한 연구에 관해서 알고 있나요?

카리에르 키푸라면, 잉카의 관리들이 글 대신 사용하던 끈의 매듭들, 이른바 〈결승(結繩) 문자〉를 말하는 건가요?

에코 그렇습니다. 18세기에 그라피니 부인은 『페루 여인의 서한집』이라는 소설을 냈고, 이 책은 당시 엄청난 성공을 거두었습니다. 이에 연금술사이기도 했던 나폴리의 대공 라이몬도 디 산그로는 그라피니 부인의 책 연구에 빠져들었고, 더불어 채색 화보까지 곁들여진 이 기막힌 키푸 연구서를 발표했답니다.

이 산세베로 대공은 아주 대단한 사람이었어요. 아마도 프리메이슨 당원이요 은비주의자였을 그는 나폴리에 있는 그의 개인 예배당에 아주 치밀한 인체 조각상들을 만들어 놓았지요. 그런데 완전히 밖으로 드러난 혈관 체계가 얼마나 사실적인지, 사람들은 그가 살아 있는 인체를 재료로 작업했다고 상상해 왔습니다. 어쩌면 노예들의 몸에 어떤 물질을 주입하여 그런 식으로 석화해 놓은 거라고요. 혹시 나폴리에 갈 일이 있으면, 반드시 산세베로 예배당 지하실을 방문하여 그 놀라운 것을 봐야 합니다. 그 인체상들은 돌로 만든 베살리우스의 인체화들이라고 할 수 있지요.

카리에르 꼭 들러 보겠습니다. 그런데 사람들로 하여금 기상천외한 논평들을 쏟아 내게 한 이 결승 문자에 대해서 얘기하고 있노라니 생각나는 게 한 가지 있습니다. 바로 페루에서 발견된 그 엄청난 규모의 도형들, 어떤 과감한 이들은 이것들이 외계인에게 메시지를 전달하기 위해 땅에다 그어 놓은 것이라는 주장까지 하고 있는 도형들 말입니다. 트리스탕 베르나르는 이를 주제로 재미난 단편을 하나 썼는데 한번 들어 보세요. 어느 날 지구인들이 머나먼 행성에서부터 신호가 오고 있다는 사실을 발견하게 되었지요. 그들은 도무지 의미를 이해할 수 없는 이 신호가 뭔지를 알아내고자 머리를 쥐어뜯었어요. 결국 사하라 사막에다 길이가 수십 킬로미터에 달하는 거대한 글자들을 그어, 최대한 간단한 단어를 만들기로 결정했지요. 그래서 그들은 이 말을 선택했습니다. 〈마음에 들어요?〉 이 거대한 〈마음에 들어요?〉를 모래 위에 쓰기 위해 수년간 땀을 흘려야 했지요. 그런데 얼마 후, 그들은 입을 딱 벌리고 다음의 놀라운 답신을 받게 됩니다. 〈고마워요. 하지만 우리 메시지는 당신들에게 보낸 게 아니에요.〉

이렇게 잠시 여담을 늘어놓은 이유는, 움베르토, 당신에게 한 가지 질문을 하기 위해서입니다. 대체 책이란 무엇입니까? 읽을 수 있는 기호들을 포함하고 있는 물체는 모두가 책인 건가요? 로마 시대의 볼루멘도 책인가요?

에코 그렇습니다. 우리는 그것을 책의 역사의 일부분으로 보고 있어요.

카리에르 읽히는 것은 책이다, 우리는 이렇게 말하고 싶은 생각이 듭니다. 하지만 이는 정확하지 않은 말이죠. 신문은 읽히지만 책이 아닙니다. 마찬가지로 편지, 묘비, 시위 때 등장하는 플래카드, 꼬리표, 혹은 내 컴퓨터 화면도 책이 아니죠.

에코 내 생각으로, 책의 본질적 특징을 이해하는 하나의 방법은 언어와 방언 사이에 존재하는 차이를 생각해 보는 것입니다. 이 차이에 대해서는 그 어떤 언어학자도 모르고 있지요. 하지만 비유를 들어 이렇게 얘기해 볼 수 있습니다. 즉 〈하나의 방언이란 군대도 선단(船團)도 없는 언어이다〉라고요. 이 때문에 우리는 예를 들어 외교 문서와 상업적 문서에 사용되었던 베네치아어를 하나의 언어로 간주하지요. 반면 피에몬테 방언은 한 번도 그런 일이 없고요.

카리에르 그럼 피에몬테어는 방언으로 남겠군요.

에코 바로 그렇습니다. 따라서 단지 어떤 기호 하나, 예를 들어 신의 이름 하나가 새겨진 조그만 비석은 책이 아니지요. 하지만 이집트 역사를 이야기하고 있는 기호들이 여럿 새겨져 있는 오벨리스크는 책과 비슷한 것이라고 할 수 있습니다. 이것은 텍스트와 문장 사이에 존재하는 차이와 같은 것입니다. 문장은 마침표가 있는 곳에서 멈추는 반면, 텍스트는 그 텍스트를 이루는 첫 번째 문장을 마감하는 첫 번째 마침표의 지평을 벗어납니다. 〈나는 집에 들어왔다.〉 이 문장은 닫혀 버립니다. 〈나는 집에 들어왔다. 나는 어머니를 만났다.〉 여기서는 벌써 텍스트가 시작되고 있지요.

카리에르 폴 클로델의 수필인 『책의 철학』에서 발췌한 부분을 언급하고 싶군요. 그가 피렌체에서 행한 강연 내용을 바탕으로 1925년에 발표한 글이죠. 나는 클로델을 전혀 높이 평가하지 않습니다만, 간혹가다 뜻밖의 번득임을 보여 주기도 하지요. 그는 다음과 같은 초월적인 선언으로 글을 시작합니다. 〈우리는 세계가 하나의 텍스트임을 알고 있다. 또 이 세계는 그것 자신의 부재에 대해서뿐 아니라, 누군가 다른 존재, 즉 그것의 창조자의 현존에 대해서 겸허하고도 즐거이 우리에게 말하고 있음을 알고 있다.〉

이런 식으로 말하고 있는 이가 기독교인임은 말할 것도 없지요. 조금 뒤에서 그는 이렇게 말합니다. 〈나는 책의 생리학에 대해, 단어와 페이지와 책에 대해 연구하고 싶은 생각이 들었다. 단어는 문장의 진정되지 않은 한 부분, 의미를 향한 도정에 있는 한 동강이, 지나가는 관념의 한 현기증이다. 반면 중국어 단어는 눈앞에 고정된 상태로 있다. (……) 글이란 신비한 점이 있는데, 그것은 바로 말한다는 점이다. 라틴어는 고대와 현대를 막론하고 항상 돌 위에 써지기에 알맞은 형태였다. 최초의 책들은 어떤 건축미를 보여 준다. 이어 정신의 움직임은 빨라지고, 생각의 흐름은 굵어지고, 행들은 촘촘해지고, 글씨는 둥글어지고 축약된다. 곧 펜의 뾰족한 끝에서 나온 축축하고도 파르르한 막이 페이지 위에 깔리면, 인쇄술이 와서 그 막을 포착하여 연판(鉛版)을 뜬다. (……) 이렇게 인간의 글씨는 이를테면 어떤 기계적인 기관처럼 양식화되고 단순화된다. (……) 시행이란 무엇인가? 그것은 하나의 선(線), 그것의 물질적인 경계에 도달하거나 공간이 모자라서가 아니라, 그것의 내적 암호가 완결되고, 그것의 미덕이 완성되었기에 비로소 멈추는 선이다. (……) 각 페이지는 커다란 정원의 연속된 테라스들처럼 우리 눈앞에 펼쳐진다. 눈은 감미롭게 즐긴다. 그리고 중립적인 흐름 가운데 암홍색 혹은 불과 같은 색조의 격렬함으로 갑자기 분출하는 어떤 형용사의 — 이를테면 — 〈측면 공격〉에 의해 (……) 하나의 커다란 도서관은 항상 나로 하여금 화석들과 자국들과 국면들로 가득한 어떤 석탄광의 성층들을 떠올리게 한다. 그것은 감정과 열정의 식물 도감이요, 모든 인간 사회의 말린 표본들을 보관하는 유리병이다.〉

에코 보세요, 여기서 우리는 시와 수사(修辭)의 차이가 뭔지를 분명히 볼 수 있네요. 이 글이 만일 시라면 우리로 하여금 글과 책과 도서관을 완전히 재발견하게 해주었을 겁니다. 하지만 클로델은 우리가 아는 내용을 그대로 얘기하고 있을 뿐이죠. 시행이 종결됨은 페이지가 끝나서가 아니라, 그것이 어떤 내적인 규칙을 따르고 있기 때문이다 등등……. 이 글은 지고의 경지에 다다른 수사라 할 수 있어요. 하지만 그는 단 하나의 새로운 생각도 첨가하지 못했네요.

카리에르 클로델이 도서관에서 〈어떤 석탄광의 성층들〉을 보았다면, 내 친구 중 하나는 자신의 책들을 따뜻한

모피 옷에 비교하고 있어요. 그는 책들에 의해 몸이 덥혀지고, 그 가운데 아늑히 깃드는 느낌을 받는답니다. 오류와 불확실성과 차가운 바깥 날씨로부터 보호받는 느낌이랍니다. 세상의 모든 사상들, 모든 감정들, 모든 지식과 가능한 모든 편력들에 의해 둘러싸인다는 것은 우리에게 안전과 안락함의 느낌을 주지요. 도서관 안에 있으면 우린 절대 춥지 않습니다. 어쨌든 무지의 차디찬 위험들로부터는 보호받을 수 있으니까요.

에코 도서관 안에 감도는 분위기도 보호받고 있다는 감정이 이는 데 일조합니다. 이를 위해서 구조는 가급적 고풍스런 것이어야 하죠. 다시 말해서 목재로 지어져야 해요. 책상 등(燈)은 프랑스 국립 도서관에 있는 것처럼 녹색이 좋습니다. 밤색과 녹색의 결합은 이런 특별한 분위기를 만드는 데 기여하지요. 완전히 현대적인 (그런 유형으로는 성공적이라 할 수 있죠) 토론토 도서관은 안락한 느낌을 주지 않아요. 예일 대학의 스털링 메모리얼 라이브러리 도서관, 즉 19세기에 가구를 설치한 여러 층으로 이루어져 있으며, 의사(擬似) 고딕 양식으로 지어진 그 홀도 마찬가지고요. 내 소설 『장미의 이름』에 나오는 〈도서관에서 범해지는 살인〉의 아이디어를 얻은 곳이 바로 이 예일 대학의 스털링 라이브러리였던 것이 기억나는군요. 그때 나는 저녁마다 그 도서관 중이층에서 작업하면서, 이런 곳이라면 어떤 일이라도 일어날 수 있겠다는 느낌을 받았어요.

중이층은 엘리베이터도 없는 외진 공간이라서, 일단 테이블에 자리 잡고 앉으면 더 이상 아무도 도와주러 올 수 없다는 느낌이 들었습니다. 범죄가 일어나더라도 어떤 서가 밑에 감춰져 있는 시체를 며칠 후에야 발견하게 될 것 같았어요. 그래요. 이런 의미의 보존도 있죠. 기념관들과 무덤들을 감싸고 있는 것이 바로 이런 보존의 의미입니다.

카리에르 이런 커다란 공공 도서관들에서 나를 매혹시키는 게 뭔지 아십니까? 그것은 책상 등이 이루는 작은 종모양의 녹색 빛, 그 중앙에 놓인 책 한 권 위로 밝은 원을 그리는 그 빛입니다. 당신은 당신의 책을 읽고 있고, 동시에 세상의 모든 책들에 둘러싸여 있지요. 그렇게 세부와 전체를 동시에 갖게 되는 겁니다. 바로 이런 이유 때문에 나는 그 현대적인 도서관들을 싫어해요. 사방을 둘러봐도 책 한 권 보이지 않는 그 차갑고도 익명적인 공간 말입니다. 우리는 도서관도 아름다울 수 있다는 사실을 완전히 잊어버리고 있지요.

에코 박사 논문을 쓸 때, 나는 생트 주느비에브 도서관에서 많은 시간을 보냈어요. 책들이 우리를 둘러싸고 있는 이런 종류의 도서관에서는, 쉽사리 책들에 집중하며 필요한 내용을 메모해 갈 수 있었지요. 하지만 랭크제록스 복사기들이 밀어닥치고부터는, 종말이 시작되었어요. 책을 그대로 복사해서 집으로 가져갈 수 있었으니까요. 그렇게 우리 집은 복사한 종이들로 가득 채워졌습니다. 하지만 그것들을 소유하게 되면 더 이상 읽지 않게 되는 법이지요.

인터넷도 같은 상황을 초래하지요. 자료를 다운받아 인쇄해 놓으면, 우리들의 집은 이번에도 읽지 않는 자료들로 그득하게 됩니다. 아니면 텍스트를 모니터 화면으로 직접 읽을 수도 있지요. 하지만 일단 검색을 계속해 가기 위해 클릭을 하고 나면, 방금 읽은 것을 잃어버립니다. 다시 말해서 지금 화면 위에 떠 있는 페이지에 도달할 수 있게 해준 것들의 기억을 잃어버리는 거죠.

카리에르 우리가 한 가지 다루지 않은 점이 있어요. 왜 우리는 어떤 책을 어떤 다른 책 옆에다 두기로 결정하는 걸까요? 왜 책들을 정돈하는 데 이 방식보다는 저 방식을 택하는 걸까요? 왜 갑자기 내 서재의 질서를 바꾸는 걸까요? 단순히 책들로 하여금 다른 책들도 접촉할 수 있게 해주려고? 책들 간의 관계를 새롭게 해주려고? 새로운 이웃들을 얻게 해주려고? 나는 그들 간에도 어떤 교류가 있다고 상정합니다. 아니 그러기를 원하고, 그렇게 될 수 있게끔 해주지요. 밑에 있는 책들은 약간의 존엄을 되찾아 주기 위해 위에다 올립니다. 내 눈높이에 올림으로써 그들로 하여금 알게 해주는 거죠. 네가 너희를 아래 구석에다 두었던 것은 고의가 아니었어. 너희가 열등해서, 즉 너희를 경멸해서가 아니었어.

이미 앞에서 얘기한 바 있지요. 물론 우리는 걸러내야

합니다. 어차피 이루어질 이 여과 작업에 일조해야 합니다. 하지만 동시에, 우리가 보기에 아직 사라져서는 안 될 것들을 구하려고 노력해야 하지요. 우리 다음에 올 사람들의 마음에 들 것들을, 그들을 도울 수 있고, 혹은 — 우리는 창피를 당하겠지만 — 그들을 재미나게 해줄 수 있는 것들을 말입니다. 또한, 만일 할 수만 있다면 신중한 태도로 의미도 부여해야 합니다. 하지만 지금 우리는 어렵고도 불확실한 시대를 통과하고 있지요. 이런 때에 각자의 첫 번째 의무는 아마도 지식, 경험, 관점, 희망, 기도(企圖) 간의 교류가 일어날 수 있도록 — 가능하다면 — 해주는 것일 것입니다. 그리고 그들 간에 관계를 맺어 주는 것이죠. 이것은 우리 다음에 오는 이들의 첫 번째 과제가 아닐까 싶어요. 레비스트로스는 문화는 다른 문화들과 접촉하지 않는 한 살아 있는 게 아니라고 말하곤 했지요. 고독한 문화는 〈문화〉라는 이름을 붙일 수조차 없습니다.

에코 한번은 내 비서가 책들의 위치를 정확히 파악하기 위해 그것들의 목록을 만들고 싶어 했지요. 나는 그럴 필요 없다고 했습니다. 만일 내가 〈완전 언어〉에 대한 책을 쓰고 있는 중이라면, 난 내 서재를 이 새로운 기준에 따라 다시 정리할 겁니다. 어떤 책들이 이 주제에 대한 내 성찰에 가장 큰 도움을 줄 수 있을까요? 그 작업을 마치고 나면 어떤 책들은 언어학 관련 서가에, 그리고 다른 책들은 미학 관련 서가로 돌아가게 되겠죠. 하지만 또 다른 책들은 벌써 또 다른 연구에 동원되겠죠.

카리에르 사실 이제는 도서관을 정리하는 것보다 더 어려운 일이 없게 되었지요. 그러기 위해서는 먼저 이 세계에 조금이라도 질서를 부여할 수 있어야 하겠죠. 하지만 누가 감히 그럴 수 있겠습니까? 당신이라면 어떻게 정리하죠? 주제별로요? 하지만 책의 규격이 모두 다르기 때문에 서가 자체의 구조를 손봐야 하겠죠. 그렇다면 규격별로? 시대별로? 저자별로? 당신이 소장하고 있는 어떤 저자들은 모든 주제에 대해 글을 썼습니다. 주제별 정리를 선택한다면, 키르허 같은 저자는 모든 칸에 자리 잡게 되겠죠.

에코 라이프니츠도 똑같은 문제를 제기했어요. 그에게 이것은 지식의 조직 문제였습니다. 달랑베르와 디드로도 『백과전서』 작업과 관련하여 같은 문제를 제기했고요.

카리에르 이 문제가 진정으로 제기된 것은 최근에 이르러서입니다. 17세기의 개인 도서관은 장서가 기껏해야 3천 권에 불과했으니까요.

에코 반복해 말하지만, 그 이유는 아주 간단히 말해서 책이 지금과는 비교가 될 수 없을 정도로 비쌌기 때문이에요. 필사본 한 권의 가격은 어마어마했죠. 그래서 때로는 책을 사는 대신에 베끼는 편이 더 나았을 정도입니다.

이제 두 분에게 재미있는 이야기를 하나 들려주겠습니다. 나는 포르투갈의 코임브라 도서관에 방문한 적이 있어요. 그곳의 탁자들은 당구대에 깔리는 그것과 같은 펠트 천으로 덮여 있더군요. 나는 이런 식으로 탁자를 보호하는 까닭을 물어보았죠. 그들은 대답하기를, 이것은 박쥐들이 싸대는 똥으로부터 책들을 보호하기 위함이래요. 왜 녀석들을 없애 버리지 않느냐고요? 간단히 말해서, 녀석들이 책을 공격하는 벌레들을 잡아먹기 때문이죠. 동시에 벌레 역시 완전히 추방되거나 단죄되어서도 안 됩니다. 벌레가 인큐내뷸러 내부를 지나가는 길을 보면 책장들이 어떤 식으로 제본되었는지, 또 다른 곳보다 더 최근에 만들어진 부분은 없는지 알 수 있거든요. 벌레들의 경로는 때로는 기이한 형상들을 그리고, 그것들은 고서들에 고유한 특징을 부여하게 되지요. 애서가용 교본들을 보면, 책을 벌레로부터 보호하는 데 필요한 모든 지시 사항들이 적혀 있지요. 그 충고 중 하나는 지클론 B를 사용하라는 겁니다. 바로 나치가 독가스실에서 사용했던 그 물질이죠. 물론 그걸로 인간이 아니라 곤충을 죽이는 편이 낫긴 합니다만, 그래도 좀 이상한 기분이 들긴 합니다.

이보다는 덜 야만적인 또 다른 방법은 자신의 서재에 우리네 할머니들이 가지고 있던 것들 같은 자명종을 하나 두는 겁니다. 자명종의 재깍대는 소리와, 그것이 나무에 전달하는 미세한 진동은 벌레들이 숨어 있는 곳에서 나오지 못하게 한다네요.

카리에르 다시 말해서, 그건 잠들게 하는 자명종인 셈이군요.

토낙 책의 종교들이 이루는 맥락은 독서를 강하게 권장하고 있는 것이 사실입니다. 그럼에도 불구하고 지구촌 주민의 대부분은 서점이나 도서관과는 담을 쌓고 살고 있지요. 이들에게 책이란 사문(死文)일 뿐입니다.

에코 런던에서 실시한 한 조사 결과에 따르면 응답자의 4분의 1이 윈스턴 처칠과 찰스 디킨스는 상상적 인물이고, 로빈 후드와 셜록 홈스는 실제로 존재했다고 믿는다고 하네요.

카리에르 무지는 우리 주위에 팽배해 있어요. 그것은 오만하게 목청을 높이는 경우가 많으며, 심지어는 적극적인 선교열의 대상이 되기도 하지요. 무지는 자신에 대해 확신이 있으며, 우리네 정치가들의 그 좁다란 입을 통해 자신의 지배를 만방에 선언하죠. 반면, 취약하고 끊임없이 변하고, 항상 위협을 받고 있으며 스스로를 의심하는 지식은 유토피아의 마지막 피신처 중의 하나일 겁니다. 당신은 아는 것이 정말로 중요하다고 생각하나요?

에코 나는 그것이 근본적인 중요성을 지니고 있다고 생각합니다.

카리에르 여기서 〈그것〉은, 최대한의 사람들이 가능한 최대한의 것을 아는 것을 의미하나요?

에코 가능한 최대한의 사람들이 과거를 아는 것입니다. 그렇습니다. 이것은 모든 문명의 토대이지요. 저녁마다 떡갈나무 아래에서 부족의 이야기들을 들려주는 노인은 그 종족을 과거와 연결해 주고, 세월의 경험을 전달해 줍니다. 어쩌면 우리 인류는, 지금 미국 사람들이 그러하듯, 3백 년 전에 일어난 일은 우리에게는 아무런 중요성이 없다고 생각하고 싶은 마음이 들지도 모릅니다. 조지 W. 부시는 영국인들이 아프가니스탄에서 벌인 전쟁에 대한 책들을 읽지 않았습니다. 그 결과 영국인들의 경험으로부터 아무런 교훈을 길어 내지 못했고, 자신의 군대를 사지(死地)로 보낸 거지요. 만일 히틀러가 나폴레옹의 러시아 원정에 대해 공부했더라면, 그곳에 발을 내딛는 어리석음은 범하지 않았을 것입니다. 겨울이 오기 전에 모스크바에 이를 수 있기에는, 그곳의 여름은 너무도 짧다는 사실을 알았겠지요.

카리에르 우리는 책을 금지하려는 사람들과, 단순한 게으름과 무지 때문에 책을 읽지 않는 사람들에 대해 말했습니다. 하지만 쿠에스의 니콜라스의 〈박식한 무지〉 이론도 있지요. 또 성 베르나르는 보클레르의 신부인 앙리 뮈르다크에게 이런 편지를 썼어요. 〈그대는 수많은 책들보다도 단 하나의 잎사귀에서 더 많은 것을 얻게 되리라. 나무들과 바위들은 그대가 그 어떤 스승에게서도 배울 수 없는 것을 가르쳐 주리라.〉 책이란 분절되고 인쇄된 텍스트라는 사실 자체가 그것이 우리에게 아무것도 가르쳐 줄 수 없음을 의미하며, 우리로 하여금 자연에 대한 한 개인의 어렴풋한 느낌을 공유하게 한다는 점에서 의심스럽기까지 하다는 논리죠. 참된 앎은 자연의 관조 가운데 있다는 겁니다. 혹시 호세 베르가민의 『문맹의 쇠락』이라는 멋진 글을 알고 있는지 모르겠군요. 그는 이런 질문을 제기합니다. 우리는 읽기를 배우게 됨으로써 무엇을 잃었는가? 선사 시대 인간들, 혹은 문자가 없는 민족들은, 어떤 형태의 지식을 소유하고 있었는가? 우리가 영원히 잃게 될 그 지식은 과연 어떤 것이었을까? 모든 첨예한 질문이 다 그렇듯이, 대답 없는 질문입니다.

에코 내 생각으로는, 각자가 자신의 대답을 찾아야 할 것 같아요. 위대한 신비주의자들은 이 질문 앞에서 다양한 태도를 보여 왔습니다. 예를 들어 토마스 아켐피스는 『그리스도를 본받아』에서 자신은 책 한 권을 들고 어딘가 호젓한 곳에 머무는 때를 제외하곤, 평생 마음의 평화를 얻지 못했노라고 말하죠. 반대로 야콥 뵈메는 자신 앞에 놓인 주석(朱錫) 단지에 한 줄기 빛이 비쳤을 때 큰 깨달음을 얻었다고 하지요. 이 순간, 그는 옆에 책이 있든 없든 더 이상 상관하지 않아요. 왜냐하면 앞으로 도래하게 될 작품 전체에 대한 계시를 얻었으니까요. 하지만 책의 세례를 받고 태어난 우리로서는 햇빛에 반짝이는 요강 단지에서 아무것도 얻어낼 수 없겠지요.

카리에르 다시 우리의 도서관 얘기로 돌아가겠습니다. 아마 두 분도 비슷한 경험을 했을 겁니다. 아주 자주 있는 일인데, 나는 책이 많이 있는 어떤 방으로 가서 그중 한 권도 손을 대지 않고 그저 바라보기만 한답니다. 그러면 무어라고 설명하기 힘든 무언가를 받게 되오. 그것은 어떤 강한 흥미라고도 할 수 있고, 어떤 안도감이라고도 할 수 있지요. 내가 페미스를 맡고 있을 때, 장 뤼크 고다르가 파리에서 작업할 장소를 찾고 있다는 사실을 알고는, 방을 하나 내주었어요. 유일한 조건은 작품을 만들 때 학생 몇을 데리고 몽타주 작업을 해달라는 거였지요. 그래서 그는 영화 한 편을 촬영했고, 촬영이 끝나고 나서는 그 방의 서가들에다 다양한 시퀀스들이 들어 있는 다양한 색깔의 필름통들을 올려 놓았지요. 그는 몽타주 작업을 시작하기 전에 며칠 동안 필름 롤들이 들어 있는 그 통들을 열어 보지도 않은 채 그냥 쳐다보고만 있더군요. 그는 장난하고 있는 게 아니었어요. 그는 혼자 있었거든요. 단지 통들을 쳐다보고만 있었죠. 나는 가끔 그를 보러 그 방에 들르곤 했지요. 그는 그렇게 있었어요. 어쩌면 무언가를 기억해 내려 했거나, 아니면 어떤 질서, 어떤 영감을 찾고 있었는지도 모릅니다.

에코 그것은 집에다 수많은 책을 쌓아 놓은 사람들이나, 당신이 예로 든 필름 롤을 쌓아 둔 사람들만 할 수 있는 경험은 아니에요. 공공 도서관이나, 때로는 대형 서점에서 누구나 겪을 수 있는 경험이죠. 판매대 위에 보이는, 하지만 우리의 것은 아닌 책들의 향기를 맡는 것만으로 정신이 살찌워지지 않았던 사람이 우리 가운데 몇이나 될까요? 책을 그저 찬찬히 들여다보는 것만으로 거기서 어떤 지식을 길어 낼 수 있었던 경험 말입니다. 우리가 읽지 않은 그 모든 책들은 우리에게 무언가를 약속하고 있지요. 그런데 우리가 낙관적이 될 수 있는 한 가지 이유는, 오늘날 대량으로 모여 있는 책들을 볼 수 있게 된 사람들이 점점 더 많아지고 있다는 점입니다. 내가 아직 어렸을 때, 서점은 아주 어둡고도 퉁명스러운 장소였어요. 거기 들어가면, 검은 옷차림의 어떤 남자가 뭘 원하느냐고 물어 옵니다. 그가 너무도 무섭게 느껴져서 거기 오래 꾸물거리고 있을 생각이 싹 달아나 버리죠. 그런데 모든 문명의 역사를 통틀어 지금처럼 서점이 많은 시대는 결코 존재하지 않았습니다. 멋지고도 환한 이 장소에서 우리는 여유 있게 돌아다니고, 이것저것 뒤적이고, 4, 5층으로 이루어진 매장에서 여러 가지 새로운 발견들을 할 수가 있지요. 예를 들면 프랑스의 프낙이나 이탈리아의 펠트리넬리 같은 대형 서점 말이에요. 그리고 난 이런 장소에 갈 때마다, 거기에 젊은 사람들이 아주 많다는 걸 발견합니다. 다시 한 번 말하거니와, 그들은 무얼 살 필요도 없고, 심지어는 무얼 읽을 필요조차 없어요. 그저 책을 뒤적이거나, 책 뒤표지를 한 번 훑어보는 것으로 충분합니다. 우리 역시 간단한 서평들을 읽으면서 많은 것들을 배우지 않았나요? 60억 인류 가운데 독자의 비율은 아주 낮다고 반박하는 것도 가능합니다. 하지만 내가 아이였을 때, 지구상에 인간은 20억 정도밖에 되지 않았지만, 서점들 역시 텅텅 비어 있었어요. 퍼센티지로 따져도 요즘이 더 나을 듯합니다.

토낙 하지만 당신은 앞에서 이렇게 말했지요. 인터넷상 정보의 홍수가 60억 개의 백과사전을 만들어 내어, 결국 완전히 비생산적이고도, 마비시키는 것이 될 수 있다…….

에코 멋진 서점의 〈절제된〉 현기증과 인터넷의 무한한 현기증 사이에는 차이가 있지요.

토낙 우리는 **책**[88]을 신성화하는 책의 종교들에 대해 말하고 있습니다. 지고의 준거로서의 **책**, 그리하여 이 **책**이 담고 있는 가치들에서 벗어난 모든 책들을 탈락시키고 추방하는 데 쓰

---

88 여기서 굵은 글씨로 표시한 책은 원문에서는 대문자로 시작하는 책 *Livre*이다.

이는 **책**에 대해서 말입니다. 이러한 논의에 있어서는, 우리가 도서관들의 〈지옥〉이라고 부를 수 있는 것에 대해서도 몇 마디 나눠 보는 것이 필요할 듯합니다. 여기서 〈지옥〉이라 함은, 어떤 종류의 책들을 — 그것들을 불태우지는 않을지라도 혹시 있을지도 모르는 독자들을 보호하기 위해 — 격리해서 모아 놓는 장소를 의미하지요.

카리에르 이 주제는 여러 가지 방식으로 접근해 볼 수 있습니다. 예를 들어 나는, 스페인 문학에는 에로틱한 텍스트가 20세기 후반에 이르기까지 단 한 편도 존재하지 않았다는, 꽤나 놀라운 사실을 발견했어요. 이것도 — 텅 비어 있기는 하지만 — 일종의 〈지옥〉인 셈이지요.

에코 하지만 스페인 사람들은 세상에서 제일 끔찍한 욕설을 가지고 있잖습니까? 내가 여기서 입 밖에 낼 수는 없지만요.

카리에르 맞습니다. 하지만 에로틱한 텍스트는 한 편도 없지요. 한 스페인 친구에게서 이런 얘기를 들었습니다. 그가 어렸을 때인 1960년대 혹은 1970년대에, 한 친구가 그에게 『돈키호테』에 〈테타스〉, 즉 여인의 젖가슴에 대해 말하고 있는 부분이 있다는 사실을 알려 주었다고 합니다. 이때까지도 스페인 소년은 세르반테스의 작품에서 〈테타스〉라는 단어를 발견하고서 놀라고, 심지어는 흥분

할 수 있었던 거죠. 이것 외에는 알려진 게 전혀 없어요. 심지어는 군인들의 음란한 노래조차 없어요. 반면 라블레에서 아폴리네르에 이르기까지 프랑스의 대작가들은 모두 포르노그래피적인 글을 한두 편 정도는 썼지요. 스페인 작가는 그렇지 않습니다. 이런 의미에서 스페인에서 종교 재판은 사물 자체는 아닐지라도, 최소한 어휘를 정화하고 단어들을 억누르는 데 진정으로 성공했다고 말할 수 있어요. 심지어는 오비디우스의 『사랑의 기술』까지도 거기서는 오랫동안 금지되었습니다. 이것은 이런 종류의 문학을 쓴 라틴어 작가 중에 스페인 출신이 없지 않다는 점에서 더욱 기이하게 느껴지는 사실입니다. 예를 들어 칼라타유드 출신인 마르티알리스를 들 수 있지요.

에코 성에 대해 좀 더 자유로운 문명들이 존재했습니다. 폼페이의 프레스코화들이나, 인도의 조각들을 보면 짐작할 수 있는 일이지요. 르네상스 시대는 매우 개방적이었습니다. 하지만 종교 개혁이 오고부터는 미켈란젤로의 나신들에 옷을 입히기 시작했지요. 중세 시대의 상황은 좀 더 기묘합니다. 공식적인 예술은 아주 근엄하고 경건한 반면, 민담이나 유랑 수도사들의 시에서는 음란한 얘기들이 쏟아져 나오거든요.

카리에르 사람들은 인도가 에로티시즘을 발명했다고들 말합니다. 지금까지 알려진 최고(最古)의 성 교과서인

『카마수트라』를 가지고 있다는 이유 하나만으로도 그렇다는 거지요. 사실 이 책에는 — 카주라호 사원들의 전면에서와 마찬가지로 — 가능한 모든 체위들과, 성의 모든 형태들이 묘사되고 있어요. 하지만 이처럼 분명 관능적이었을 시대 이후에, 인도는 점점 더 엄격해지는 모종의 청교도주의 쪽으로 진화했습니다. 오늘날의 인도 영화를 보면, 심지어는 키스를 하는 장면도 나오지 않아요. 아마도 한편으로는 이슬람이, 그리고 다른 한편으로는 영국 빅토리아조의 이념이 영향을 끼쳤겠죠. 하지만 나는 모종의 인도 고유의 청교도주의가 전혀 없었다고는 확신할 수 없어요. 자, 그럼 보다 최근에, 즉 내가 학생이었던 1950년대에 프랑스에서 벌어졌던 일들을 얘기해 봅시다. 지금도 잘 기억하고 있는 바지만, 그때에는 에로틱한 책들을 구하려면 클리시 대로에서 제르멩-필롱 가로 꺾어지는 곳에 위치한 한 서점의 지하실에 가야만 했어요. 지금으로부터 불과 50년 전의 일이죠. 우리도 그렇게 우쭐댈 필요는 없다고요!

에코 그것이 바로 파리의 국립 도서관이 지키고 있는 〈지옥〉의 원칙입니다. 그 원칙이란 이런 책들을 금지하는 것이 아니라, 모든 사람이 볼 수 있도록 해놓지 않는 거지요.

카리에르 국립 도서관의 〈지옥〉을 이루는 것은 주로 포르노그래피적 성격의 책들, 이른바 미풍양속에 어긋나는 책들입니다. 이 국립 도서관은 대혁명이 일어나고 나서, 국왕의 도서관을 비롯하여 수도원, 성, 어떤 개인들에게서 압수한 컬렉션들을 기반으로 창설되었어요. 〈지옥〉의 창설 시기는 이보다는 좀 늦죠. 모든 종류의 보수주의가 다시금 승리를 구가하게 되는 왕정복고 시대까지 기다려야 했어요. 나는 특별 허가를 얻어야만 이 책들의 지옥에 들어갈 수 있도록 해놓은 것은 재미있는 발상이라고 생각해요. 우리는 지옥 가기가 쉽다고 생각하죠. 천만에요. 지옥은 자물쇠로 굳게 잠겨 있어요. 원한다고 해서 아무나 들어갈 수 있는 데가 아니죠. 프랑수아 미테랑 도서관에서 이 지옥에서 나온 책들로 전시회를 한 번 열었는데 어땠는지 아세요? 그야말로 대성황을 이뤘답니다.

토낙 이 지옥을 방문해 보았나요?

에코 거기 있는 책들이 지금은 모두 출간되었는데, 무슨 필요가 있나요?

카리에르 부분적으로 방문한 일 이외에는 없다고 봐야겠지요. 그리고 아마 거기에는 우리가 읽은 작품들이 들어 있을 겁니다. 애서가들이라면 눈이 번쩍 뜨일 그런 판본의 책들이겠지만요. 또 거기에는 프랑스 책 컬렉션만 있는 게 아닙니다. 아랍 문학도 이 주제에서는 극도로 풍부하지요. 『카마수트라』에 상응하는 책이 아랍어와 페르시아어로도 존재한답니다. 하지만 우리가 앞에서 인도에 대해서도 얘기한 바 있지만, 아랍 이슬람 세계는 그들의 찬란한 근원을 잊어버리고, 대신 이 민족의 전통과는 아무 관계없는 어떤 뜻밖의 청교도주의 쪽으로 흘러와 버린 것 같아요.

우리 프랑스의 18세기로 돌아와 봅시다. 이 18세기가, 아마 2세기 전 이탈리아에서 탄생했을 삽화 에로 문학이 — 비록 불법적으로 출판되기는 했지만 — 출현하고 확산된 때라는 사실에는 이론의 여지가 없지요. 사드, 미라보, 레스티프 드 라 브르통 등의 책들은 외투 자락 밑으로 팔렸어요. 이들은, 작품마다 조금씩 차이는 있습니다만 대략 얘기해서 한 시골 처녀가 상경하여 수도의 온갖 난잡한 일들을 겪게 된다는 내용을 담은 포르노 서적을 쓰려는 의도를 지닌 작가들이었어요.

사실 이러한 가면 뒤에는 혁명 전(前) 단계적 문학이 숨어 있었습니다. 이 시대에 문학에서의 에로티시즘은 이른바 미풍양속과 점잖은 생각을 심각하게 흔들어 놓았지요. 그것은 예의범절에 대한 직접적인 공격이었습니다. 난교의 장면들을 읽고 있노라면 그 뒤에서 혁명의 포성이 들리는 듯하지요. 미라보도 이런 에로 작가 중의 하나였답니다. 섹스는 사회적 진동이었어요. 에로티시즘과 포르노그래피와 혁명 전 단계적 상황 사이의 이러한 연관성은 혁명기 이후에는 물론 더 이상 같은 방식으로는 존재하지 않게 되지요. 대혁명기의 공포 정치 시대에 이런 활동들의 진정한 애호가들이 위험을 무릅쓰고 벌인 기행은 바로 이런 맥락에서 이해될 수 있습니다. 그들은 사륜마차 한 대를 빌려 사형 집행이 벌어지는 콩코르드 광장에 갑니다. 그리고 때로는 사형이 집행되고 있는 현장의 마차 속에서 남자 2인 대 여자 2인의 난교를 즐겼던 것입니다.

이 영역에서 타의 추종을 불허하는 기념비라 할 수 있는 사드는 일종의 혁명가였습니다. 그가 투옥된 것은 이 때문이지, 그의 글 때문이 아닙니다. 다시 한 번 강조하거니와, 이런 책들은 펜을 잡은 손과 글을 읽는 눈을 실제로 불태워 버립니다. 이런 뜨거운 글을 읽는 것은 그것을 쓰는 것만큼이나 하나의 전복적인 행위이지요.

이러한 전복적인 차원은 대혁명 후에도 이런 종류의 출판물들에 남아 있었습니다. 하지만 더 이상 정치적 영역에서가 아닌 사회적 영역에서의 전복이었지요. 물론 그렇다고 해서 이들이 금지되지 않은 것은 아니었습니다. 그 때문에 어떤 포르노 서적 작가들은 자신이 그 책을 썼다는 사실을 계속 부인했었고, 이런 상황은 오늘날까지 이어지고 있습니다. 아라공은 자신이 『이렌느의 보지』의 저자라는 사실을 항상 부인했지요. 하지만 한 가지 분명한 사실은, 그들이 돈을 벌기 위해 그걸 쓰지는 않았다는 점입니다.

지옥에나 떨어질 이런 책들은 금지되었고, 이 때문에 몇 권 팔리지 못했습니다. 따라서 돈을 벌겠다는 욕망보다는 어떤 글쓰기의 필요성이 있었던 거죠. 뮈세가 조르주 상드와 함께 『가미아니』를 썼을 때, 아마 그는 평소의 들척지근하면서도 지루한 감상성에서 벗어나고 싶었을 겁니다. 이에 그는 한번 용감하게 나가 봅니다. 그 결과가 바로 『무절제한 사흘 밤』[89]이지요.

나는 이런 문제들에 대해 밀란 쿤데라와 여러 차례 얘기를 나눈 바 있습니다. 그가 생각하기에, 기독교는 고해성사와 깊은 설득에 의해 연인들의 이불 속까지 파고드는 데 성공했다는 거예요. 그래서 연인들은 에로틱한 유희를 벌일 때 자유롭지 못하고, 죄의식을 느끼게 되지요. 다시 말해서 그들은 어떤 죄의 감정을, 예를 들어 항문 성교를 즐길 때는 달콤하게 느껴질 수도 있지만, 그다음에는 고백하고 속죄해야 할 죄의 감정을 느낍니다. 요컨대 기독교는 침대 위의 연인들에게 그들을 다시 교회로 데려올 수 있는 죄의식을 심어주는 데 성공한 겁니다. 반면 공산주의는 결코 그러지 못했어요. 마르크스레닌주의는 너무나도 복합적이었고 너무나도 강력하게 조직되어 있었지만 침실의 문턱만큼은 넘지 못했지요. 공산 독재 치하의 프라하에서 섹스를 하는 어떤 커플에게는, 특히 그들이 불륜 관계일 경우, 자신들이 어떤 전복적인 행위를 하고 있다는 의식이 있었습니다. 어딜 가든, 삶의 모든 행위에 있어서 그들에게는 자유가 없었지만, 침대만은 예외였던 겁니다.

---

[89] 알프레드 드 뮈세가 쓴 19세기의 대표적 포르노 소설인 『가미아니』의 원제는 〈가미아니, 혹은 무절제한 이틀 밤 Gamiani, ou deux nuits d'excès〉이다. 〈무절제한 사흘 밤〉이란 표현은 카리에르의 착각인 듯하다.

죽고 나서 자신의 서재를
어떻게 할 것인가?

토낙 장클로드, 당신은 이렇게 말한 적이 있지요. 언젠가 당신의 장서 일부를 팔아야 했지만, 그로 인해 크게 마음이 아프지는 않았다고요. 이제 두 분이 이루어 놓은 컬렉션의 운명에 대해 질문을 하고 싶습니다. 그런 컬렉션, 그런 애착이 가는 작품의 창조자라면, 더 이상 그것을 돌볼 수 없는 상황이 되면 반드시 그 운명에 대해 생각해 보게 되겠죠. 따라서 두 분이 괜찮다면, 두 분이 이 세상을 떠난 후에 두 분 서재의 운명이 어떻게 될 것인지에 대해 얘기해 보고 싶습니다.

카리에르 말씀하신 대로 내 컬렉션의 일부가 떨어져 나갔지요. 그런데 이상하게도 그 멋진 책들 한 보따리를 판다는 것이 전혀 슬프지가 않았어요. 그리고 나는 그때 어떤 뜻밖의 즐거움을 체험했답니다. 나는 내 초현실주의 컬렉션의 일부를 제라르 오베를레에게 맡겨 팔아 달라고 부탁했어요. 그 당시, 그 컬렉션에는 원고, 증정본 등 아주 멋진 물건들이 포함되어 있었답니다. 오베를레는 위탁받은 것을 조금씩 조금씩 팔아 나갔죠.

마침내 내가 빚을 모두 갚게 된 날, 나는 오베를레를 불러 판매 진척 상황에 대해 물어 보았어요. 그는 아직 구매자를 찾지 못한 책이 꽤 남아 있다고 알려 주었죠. 나는 그것들을 되돌려 보내 달라고 말했어요. 맡긴 지 4년이 지난 후였죠. 망각의 작업이 시작되고 있었던 때였어요. 내 소유의 책들을 다시 보았을 때의 기분, 그것은 발견의 경이로움이었지요. 마셔 버린 줄 알고 있었는데, 손도 대지 않은 상태로 남아 있는 커다란 병들 같았어요.

내가 죽고 나서 내 책들이 어떻게 될 거 같느냐고요? 내 아내와 두 딸애가 결정하겠죠. 아마 어떤 책들은 유언을 통해 내 친구 중의 누구, 누구에게 줄 것입니다. 사후에 주는 선물로서, 어떤 징표로서, 어떤 연결 고리로서. 그가 나를 완전히 잊어버리는 일이 없게 하기 위하여. 지금 움베르토 당신에게 무엇을 주면 좋을까 생각하는 중입니다. 아! 만일 당신에게 없는 키르허의 저서 한 권이 내게 있다면……. 안타깝게도 없네요.

에코 내 컬렉션에 대해 말하자면, 나는 물론 그것이 흩어지는 걸 원치 않아요. 우리 가족이 그걸 어떤 공공 도서관에 기증하든지, 혹은 어떤 경매를 통해 팔 수 있겠죠. 이 경우, 예를 들면 어떤 대학교 같은 곳으로 가서, 컬렉션 전체가 통째로 가야 합니다. 내게 중요한 것은 그것뿐이에요.

카리에르 당신은 진정한 컬렉션을 가지고 있죠. 그것은 당신이 긴 호흡으로 쌓아 온 작품이고, 당신은 이 작품의 일부가 떨어져 나가는 것을 원치 않지요. 그건 당연한 일입니다. 이 컬렉션은 당신 자신의 저서들만큼이나 당신에 대해서 얘기해 주지요. 나에 대해서도 같은 말을 할 수 있어요. 내 서재의 구성을 주관해 온 절충주의 역시 나에 대해 잘 말해 주고 있지요. 나는 관심이 너무 분산되어 있다는 말을 살아오는 내내 들어왔지요. 내 서재 역시 나를 닮았습니다.

에코 난 내 컬렉션이 나를 닮았는지 잘 모르겠어요. 아까도 말한 바 있지만, 난 내가 그 내용에 동의하지 않는 작품들도 수집합니다. 즉 나의 거꾸로 된 이미지인 셈이죠. 어쩌면 모순적 정신으로서 나의 이미지라고 할 수도 있겠네요. 어쨌든 내가 잘 모르겠다고 말한 것은 내 컬렉션을 극소수의 사람들에게만 보여 준다는 사실 때문입니다. 하나의 서적 컬렉션은 자위 행위 같은 현상, 즉 고독한 현상이고, 당신의 열정을 공감할 수 있는 사람을 만나기란 아주 어렵습니다. 만일 당신이 매우 아름다운 그림들을 소유하고 있다면, 사람들이 감상하러 당신 집을 찾아오겠죠. 하지만 당신이 모아 놓은 고서 컬렉션에 대해 진정으로 흥미를 느끼는 사람은 결코 찾을 수 없습니다. 그들은 이해하지 못하죠. 왜 당신이 아무런 매력도 없어 보이는 조그만 책 한 권에 그토록 큰 중요성을 부여하는지. 또 왜 그걸 찾아내려고 수년을 보내야만 했는지.

카리에르 우리의 그 〈몹쓸〉 성향을 나는 이렇게 정당화해 보고 싶습니다. 우리는 어떤 원본 책에 대해 인간 대 인간의 그것에 가까운 관계를 가질 수 있지요. 또 하나의 서재는 이를테면 하나의 동반자, 살아 있는 친구들의 그룹, 혹은 개인들의 그룹과도 같습니다. 우리가 약간 외롭고 기분이 가라앉았을 때, 그들에게 말을 걸 수 있습니다. 그들은 우리 곁에 있으니까요. 때로는 마치 발굴 작업을 하듯 그 책들을 다시 뒤져 보기도 하죠. 그럼, 내가 숨겨 놓고서 잊어버렸던 어떤 것들을 발견하기도 합니다.

에코 앞에서도 말했듯이, 그것은 하나의 고독한 비행(非行)이지요. 우리는 어떤 책에 대해 설명할 수 없는 이유들로 애착을 느끼며, 이 애착은 책 자체의 가치와는 아무 관계가 없지요. 나 역시 개인적으로는 큰 애착을 갖고 있지만, 상업적으로는 별로 가치가 없는 책들이 있어요.

토낙 그렇다면 고서 수집가적 관점으로 말해서, 두 분의 컬렉션은 어느 정도나 되나요?

에코 사람들은 흔히들 개인 서재와 고서 컬렉션을 혼동하는 것 같아요. 나는 내가 주로 거처하는 집과 다른 집에 모두 5만 권의 장서가 있습니다. 하지만 그것들은 모두가 현대의 책들이지요. 내가 가진 희귀본 서적은 1천 2백여 권입니다. 그런데 여기에는 또 하나의 차이가 있죠. 고서들은 내가 선택한 (그리고 값을 치른) 책들인 반면, 현대의 서적들은 살아오면서 조금씩 사 모으기도 했지만, 다른 사람들에게 헌정받는 책들이 점점 더 많아지고 있습니다. 그런데 이 책들 중 많은 수를 내 학생들에게 나눠 주고 있음에도 불구하고, 꽤 많은 수가 남았어요. 그래서 이렇게 5만 권이나 되버린 겁니다.

카리에르 내 경우는 민담과 전설에 관련된 컬렉션을 제외하면, 아마 장서가 3, 4만 권가량 되고, 그중에서 2천 권이 고서예요. 하지만 이 책들 중 어떤 것들은 때로는 짐이 되는 게 사실이에요. 예를 들어 어떤 친구가 헌정한 책을 버릴 수는 없는 노릇 아닙니까? 이 친구가 집에 올 수도 있거든요. 그럼 그의 눈에 잘 띄는 장소에다 그 책을 놓아야 하지요.

헌정받은 책을 헌책방에다 팔아 버리려고 헌사를 쓰는 페이지에 적힌 헌정자의 이름을 잘라내 버리는 사람들도 있습니다. 그건 한쪽 한쪽 따로 팔려고 인큐내뷸러를 자르는 행위 못지않게 고약한 행동이지요. 움베르토, 당신은 세계 도처에 깔려 있는 당신의 친구들로부터 수많은 책을 받고 있으리라 생각합니다만…….

에코 나는 이 문제에 대해 계산을 한 번 해본 적이 있어요. 좀 오래전에 한 계산이라서, 지금 실정과는 약간 차이는 있을 겁니다. 나는 밀라노의 제곱미터당 아파트 가격을 들여다봤어요. 그리고 역사적 건물들이 많은 중심가(너무 비싸죠)도 아니요, 변두리 서민 동네도 아닌, 어느 정도 품위 있게 살 수 있는 중산층 동네의 아파트를 얻으려면 제곱미터당 무려 6천 유로가 필요하다는 사실을 받아들여야 했지요. 그렇다면 50평방미터 아파트는 30만 유로라는 말입니다. 그렇다면 여기서 서가를 배치할 수 있는 면적은 얼마나 될까요? 문과 창문, 그리고 이른바 아파트의 〈수직적〉 공간, 다시 말해서 서가를 기대 놓을 수 있는 벽들을 잠식하는 다른 요소들을 고려하여 계산해 보면, 대략 25평방미터 정도가 됩니다. 따라서 실제로 책을 놓을 수 있는 공간의 평방미터당 가격은 1만 2천 유로가 되는 셈이죠.

또 서가 자체도 돈이 들어갑니다. 6단짜리 서가, 다시 말해서 가장 경제성 있는 서가의 최하 가격으로 계산하니, 평방미터 당 다시 500유로가 더 들어가더군요. 이런 6단 서가를 놓으면 1평방미터당 약 3백 권의 책을 놓을 수 있었습니다. 따라서 책 한 권을 놓기 위해 들어가는 돈은 40유로인 셈이죠. 책 자체의 가격보다도 비쌉니다. 따라서 나에게 책을 보내려면 책 권수에 상응하는 액수의 수표 한 장을 동봉해야 옳았지요. 더 큰 규격의 미술책 같은 경우는 더 많이 계산해야 했고요.

카리에르 번역본도 마찬가지예요. 미얀마어로 된 책,

그것도 같은 책이 다섯 권이나 있으면 어떻게 해야 합니까? 미얀마 사람을 만나기만 하면 당장에 선물해 버리리라 마음먹죠. 하지만 다섯 명이나 만나야 합니다!

에코 내 지하실 하나는 내 책의 번역본들로 꽉 차 있어요. 나는 그것들을 교도소에 보내려고 했었답니다. 그런데 분명히 이탈리아 교도소에는 독일인, 프랑스인, 미국인보다는 알바니아인과 크로아티아인이 더 많을 거라고 생각하고는, 이 언어들로 번역된 번역본들을 보냈었죠.

카리에르 『장미의 이름』은 몇 개의 언어로 번역되었나요?

에코 45개 언어입니다. 이 숫자는 베를린 장벽이 붕괴되면서 늘어난 겁니다. 그 이전에는 모든 공산권 국가들이 의무적인 언어였던 러시아어 한 가지로 번역했지만, 베를린 장벽 붕괴 후에는 우크라이나어, 아제르바이잔어 등으로 다시 번역해야 했어요. 그래서 이 엄청난 숫자가 나온 겁니다. 각 번역본마다 다섯 권에서 열 권이 된다고 치면, 그것만 해도 2백 내지 4백 권이 와서 지하실에 쌓이게 되는 겁니다.

카리에르 여기서 한 가지 고백을 해야겠네요. 때로는 별 생각 없이 그런 책들을 버리기도 합니다.

에코 한번은 위원장과의 친분 때문에 비아레지오 문학상 심사 위원직을 수락한 적이 있어요. 나는 단지 수필 부문만을 생각하고 있었어요. 그런데 내가 발견하게 된 것은, 각 심사 위원은 분야를 막론하고 경쟁에 참가한 모든 책들을 받고 있다는 사실이었지요. 시 하나만 보더라도 ― 당신도 잘 알겠지만 이 세상은 자비를 들여 그 숭고한 시들을 출간하는 시인들이 득실거리지요 ― 시집이 그야말로 궤짝으로 밀려드는 통에 도무지 어떻게 해야 할지 모르겠더군요. 거기에 다른 모든 경쟁 부문의 책들이 더해지고 있었지요. 나는 이 모든 책들도 자료이니 보관해야 되겠거니, 생각했어요. 하지만 금방 문제가 제기됐죠. 집에 자리가 부족해지기 시작했던 거죠. 결국에는 다행스럽게도 비아레지오 문학상 심사단에 참여하는 것을 포기할 수가 있었습니다. 그렇게 해서 겨우 출혈을 멈추게 할 수 있었죠. 정말이지 시인들이야말로 가장 위험한 존재들이더군요.

카리에르 혹시 이 유머를 아는지 모르겠는데요, 아시겠지만 수많은 시인들이 살고 있는 나라 아르헨티나에서 온 이야기랍니다. 시인 중의 하나가 길에서 한 친구와 마주쳤답니다. 그는 호주머니 속에 손을 넣으며 이렇게 말했다죠. 「아, 잘 만났어! 방금 시를 한 편 썼는데, 자네에게 꼭 읽어주고 싶네.」 그러자 상대방도 호주머니에 손을 넣으며 이렇게 말했대요. 「조심하라고! 나도 한 편 있어!」

에코 하지만 아르헨티나에는 시인보다 정신 분석학자들이 더 많지 않은가요?

카리에르 그런 것 같아요. 하지만 동시에 둘 다가 될 수도 있는 일이죠.

에코 아마 내 고서 컬렉션은 네덜란드의 애서가 J. R. 리트만이 만든 컬렉션, 이른바 BPH, 즉 〈은비 철학 도서관 Bibliotheca Philosophica Hermetica〉에는 비교할 수 없는 수준일 겁니다. 그는 이 은비 철학이라는 주제에 관련해서는 필수적인 것은 다 갖췄기 때문에, 요 몇 년 사이에는 귀중한 인큐내뷸러들을, 꼭 은비 철학 분야가 아니더라도 수집하기 시작했어요. 그의 소장본 중 현대의 책들은 큰 건물의 윗부분을 차지하고 있고, 고서들은 멋지게 꾸며진 지하실에 보관되어 있지요.

카리에르 이른바 〈아메리카나〉[90]를 중심으로 독특한 컬렉션을 조성한 브라질 컬렉터 호세 민들린은 책 컬렉션만을 위해 건물 한 채를 지었어요. 또 그는 자신이 죽고 나서 브라질 정부가 그의 도서관을 관리해 줄 수 있게끔 재단을 하나 설립했죠. 그에 비하면 보잘것없지만, 나 역시

---

90 아메리카의 역사, 지리, 민속, 문화 유산과 관계 있는 인공물이나 그 수집물. 인쇄물, 그림, 차 번호판, 가정 용품, 기구, 무기, 깃발 등 다양한 물건이 수집 대상이 될 수 있다.

특별한 운명을 마련해 주고 싶은 두 개의 작은 컬렉션이 있습니다. 그중 하나는 내 생각으로는 세계에서 유일한 것이에요. 그것은 민담과 전설, 세계 각국의 건국 신화를 모은 컬렉션입니다. 이 책들은 고서 애호 취미적 의미에서는 귀중본들이라고는 할 수 없어요. 이 이야기들은 익명의 것이고, 판(版)은 평범한 경우가 많으며, 책 자체는 때로는 너덜너덜해져 있지요. 나는 3, 4천 권에 달하는 이 컬렉션을 민중 예술 박물관이나 다른 특수 도서관에 유증하고 싶어요. 아직은 찾아내지 못했지만요.

내가 특별한 운명(하지만 그 운명이 어떤 건지 구체적으로는 모르겠어요)을 마련해 주고 싶은 두 번째 컬렉션은 내 아내와 함께 모은 것입니다. 앞에서도 언급한 바 있지만, 그것은 16세기부터 행해져 온 〈페르시아 여행〉에 관한 것이죠. 어쩌면 우리 딸이 언젠가 관심을 갖게 될지 모르죠.

에코 내 아이들은 내 컬렉션에 별로 관심이 없는 것 같아요. 내 아들은 내가 조이스의 『율리시스』의 초판본을 소유하기를 바라고 있고, 내 딸은 16세기에 나온 마티올리의 식물 도감을 종종 참조해요. 하지만 그뿐이에요. 하기야 나 역시도 쉰 살이 되어서야 진정한 애서가가 되었으니까요.

토낙 두 분은 도둑이 들까 걱정되나요?

카리에르 사실 난 책 한 권을 도둑맞은 일이 있어요.

그것도 보통 책이 아니라, 사드의 『규방 철학』 초판본이지요. 도둑이 누구였는지 대충 짐작은 하고 있습니다. 이사 중에 일어난 일이었거든요. 하지만 그 책을 다시 찾을 수는 없었어요.

에코 그 짓을 한 것은 이 분야에 전문 지식이 있는 사람이에요. 가장 위험한 것은 애서가 도둑, 딱 한 권만을 훔쳐가는 도둑입니다. 서점 주인들은 이런 병적 도벽이 있는 고객들을 결국에는 알아 내어, 다른 서점 주인들에게도 경고해 주죠. 일반적인 도둑들은 수집가에게는 위험하지 않아요. 어떤 가련한 도둑 친구가 집에 숨어들어 와 내 장서를 가져가려 한다고 칩시다. 내 책들을 모두 궤짝에다 넣는 데만도 이틀 밤이 필요하고, 그걸 운반하려면 트럭 한 대를 끌고 와야 해요.

그리고 (만일 장물 전체를 사서 〈텅 빈 바늘〉[91]에 감춰 놓을 아르센 뤼팽 같은 인물이 나타나지 않는 이상) 고서적 상들은 도둑들에게 형편없는 액수를 쥐어 줄 것입니다. 물론 철면피 상인들이 그리하겠죠. 왜냐하면 가져온 물건이 훔쳐온 것임은 웬만하면 알 수 있는 일 아니겠습니까? 또 제대로 하는 수집가들은 책마다 색인 카드를 만들어 놔요. 심지어는 책의 결함이나 식별을 위한 다른 특징 같은 것들

---

[91] 모리스 르블랑의 소설 『기암성 *L'aiguille creuse*』에 나오는 장소로, 뤼팽이 도둑질한 물건들을 숨겨 놓는 장소이다. 노르망디의 작은 항구 에트르타에 실재하는 바닷가의 바위가 모델인 이 바위는 속이 텅 비어 있는 첨탑 모양으로 되어 있다.

도 묘사해 놓죠. 그리고 경찰에는 예술품과 서적 도난을 전담하는 특별 부서가 있고요. 예를 들어 이탈리아 경찰의 이 부서는 특별한 효율성을 자랑합니다. 전쟁 중에 사라진 예술 작품들을 다시 찾아 내면서 실력을 쌓게 되었죠. 마지막으로, 만일 도둑이 책 세 권만을 가져가기로 마음먹는다면, 그는 아마 엉뚱한 것을 고를 겁니다. 왜냐하면 가장 커다란 책이나 장정이 가장 아름다운 책이 가장 비싸리라 생각하고 그런 것들을 고를 게 뻔한데, 사실 더 희귀한 책은 눈에 띄지도 않을 정도로 작을 수도 있거든요.

가장 큰 위험은 어떤 미친 수집가가 당신이 이 책을 소유한 것을 알고, 그것을 무슨 일이 있더라도, 심지어는 훔쳐 내서라도 손에 넣고야 말리라 생각하고는 특별히 누군가를 보내는 경우입니다. 하지만 당신이 가진 것이 1623년에 나온 셰익스피어의 〈폴리오〉가 아닌 바에야, 그건 위험을 감수하는 어리석은 일이죠.

카리에르 알고 있겠지만, 이른바 〈골동품상〉 중에는 버젓이 남의 집에 놓여 있는 고가구의 카탈로그를 만들어 제시하는 사람들이 있다고 그래요. 만일 누군가 그것에 관심을 가지는 사람이 있으면, 그는 그 물건만을 빼오기 위해 도둑질을 사주하는 거죠. 하지만 전체적으로는 당신이 앞에서 한 말에 동의해요. 우리 집에 도둑이 든 적이 딱 한 번 있었습니다. 도둑들은 텔레비전, 라디오, 또 지금은 기억나지도 않는 것들을 훔쳐 갔는데, 책은 한 권도 가져가지 않앉어요. 그들이 훔쳐간 물건을 돈으로 따지면 약 1만 유로였는데, 책 한 권만 가져가도 그것의 다섯 배 내지 열 배는 되었을 겁니다. 즉 우리는 무지에 의해 보호받는 셈이죠.

토낙 제 생각이지만, 서적 수집가들은 모두가 마음 한구석에 불에 대한 강박 관념이 숨어 있을 것 같은데요?

에코 아, 그럼요! 그 때문에 나는 내 컬렉션 보험금으로 상당한 액수를 지불하고 있어요. 내가 불타는 도서관에 대한 소설을 쓴 것도 우연은 아닙니다. 내게는 항상 우리 집에 불이 날지도 모른다는 두려움이 있어요. 그리고 지금은 그 이유를 알죠. 내가 세 살에서 열 살 때까지 살던 아파트의 윗집에는 우리 마을 소방서장이 살고 있었어요. 그때는 아주 자주, 때로는 한 주에도 몇 번 씩, 한밤중에 불이 나곤 했어요. 그럴 때마다 소방대원들이 요란한 사이렌 소리를 울리고 나타나서는 자고 있는 서장을 깨우곤 했죠. 나는 계단을 쿵쾅거리며 내려가는 그의 장화 소리를 들으며 잠이 깨곤 했어요. 이튿날이면, 그의 아내는 우리 어머니에게 간밤의 비극을 아주 상세하게 들려주었죠……. 왜 내가 어린 시절에 불에 대한 강박증 속에서 살았는지 이제 이해하시겠죠.

토낙 두 분이 인내로 쌓아 온 컬렉션들의 운명에 대한 얘기로 돌아와 볼까요?

카리에르 내 아내나 내 딸들이 내 컬렉션을 팔수도 있다고 생각해요. 예를 들면 상속세를 내기 위해, 전부 혹은 일부를 팔겠죠. 그렇다고 해서 슬픈 생각이 들지는 않아요. 고서들이 시장에 돌아오면, 그것들은 사방에 흩어져 다른 곳으로 가서 다른 사람들을 행복하게 해주고, 애서 취미의 열정을 계속 지펴 갈 것입니다. 시켈스 대령을 기억하시죠? 19세기와 20세기 불문학 분야에서는 가장 훌륭한 컬렉션을 소유했던 그 부유한 미국 수집가 말입니다. 그는 살아 있을 때 드루오 경매소에서 자신의 컬렉션을 팔아 버렸죠. 이 경매는 보름간 계속되었습니다. 나는 기억에 길이 남을 이 경매가 끝난 후에 그를 만나게 되었지요. 그는 털끝만큼도 후회하지 않았습니다. 심지어는 2주일 동안 수백 명의 진정한 애호가들을 흥분하게 했다는 사실을 자랑스러워하기까지 했어요.

에코 내 컬렉션의 주제는 너무도 특수한 것이라서, 누가 이것에 대해 진정한 관심을 가질 수 있을지 정확히 모르겠습니다. 나는 내 책들이 어떤 신비술사의 손으로 들어가는 것을 원치 않아요. 물론 그는 내 책들에 집착하겠지만, 그건 나와는 전혀 다른 이유에서일 테니까요. 어쩌면 내 컬렉션은 중국인들에게 팔리지 않을까요? 나는 미국에서 발행됐고, 중국의 기호학을 특집으로 다룬 『세미오티카』지 한 호를 받은 적이 있어요. 그런데 거기서 내 저서들을 인용한 부분이 이곳의 전문 서적들에서보다도 오히려 많더군요. 어쩌면 내 컬렉션이 어느 날 — 다른 누구보다도 — 서구의 모든 광기들을 이해하고 싶어 하는 중국 연구자들의 관심을 끌게 될지도 모르겠습니다.

대담을 정리하며

〈이것이 저것을 죽이리라. 책이 웅장한 건축물을 죽이리라.〉 빅토르 위고는 파리 노트르담 성당 부주교 클로드 프롤로[92]의 입을 빌려 이렇게 말하고 있다. 이 예언처럼 건축이 완전히 죽는 일은 아마도 일어나지 않겠지만, 끊임없이 변모해 가는 한 문화의 기치(旗幟)로서 기능은 상실할 것이다. 〈그것〔건축〕을 책으로 화하는 사고(思考), 즉 약간의 종이와 잉크, 그리고 펜 하나만 있으면 충분히 표현될 수 있는 사고에 비교해 볼 때, 인간의 지성이 건축을 떠나 인쇄술로 건너왔다는 사실에 어찌 놀랄 수 있겠는가?〉 그러나 우리의 〈돌로 된 성경들〉[93]은 사라지지 않았다. 손으로 쓰이고, 인쇄되어 나온 텍스트들의 전체, 다시 말해서 이 〈지성의 개미집〉, 〈황금빛 꿀벌들과도 같은 상상력들이 저마다의 꿀을 가지고 모여드는 이 벌집〉이 중세 말

---
92 빅토르 위고의 소설 『파리의 노트르담』에 등장하는 인물이다.
93 이상의 모든 인용은 빅토르 위고의 위의 책에서 온 것들이다.

엽에 갑작스레, 그리고 기이하게도, 〈돌로 된 성경들〉의 지위를 끌어내리기는 했지만 말이다. 마찬가지로, 전자책이 인쇄된 책을 누르고 일반화된다 해도, 그것이 인쇄된 책들을 우리의 집과 습관으로부터 완전히 몰아내기는 힘들 것이다. 즉 〈전자책〉은 책을 죽이지는 못할 것이다. 구텐베르크와 그의 발명품이 하루아침에 코덱스[94]의 사용을 폐지하지 못했고, 코덱스 역시 〈볼루멘〉이라고 불리는 파피루스 두루마리의 교류를 중단시키지 못했듯이. 관행과 관습은 공존하게 마련이며, 가능성의 영역을 확장하는 것만큼 우리가 좋아하는 것은 없다. 영화가 회화를 죽였는가? 텔레비전이 영화를 죽였는가? 결코 그렇지 않다……. 그러므로 단 하나의 화면을 통해 우리를 디지털화된 전 세계의 모든 도서관에 접근할 수 있게 해주는 전자 태블릿과 기타 주변 기기를 우리는 환영하는 바이다.

사실 문제는 다른 것이다. 그것은 화면을 통한 독서가 지금까지 우리가 책장을 넘기며 접근해 왔던 것에 어떤 변화를 가져올 것인지 아는 것이다. 이 새로운 작고 하얀 책들로 인해 우리는 무엇을 얻을 것인가? 또 무엇을 잃을 것인가? 잃게 될 것, 그것은 아마도 해묵은 습관이리라. 책을 숭배의 제단에 올려놓는 문명이 책에 부여한 모종의 신성함이리라. 하이퍼텍스트의 개념에 의해 필연적으로 흔들

---

[94] 볼루멘(두루마리 책) 이후에 나온 책의 형태로, 낱장을 묶어 표지를 싼 것이다. 로마 시대에 발명되었으며, 현대의 책과 같은 형태라고 할 수 있지만, 일반적으로는 로마 시대 후기부터 중세 시대까지의 필사본을 지칭한다.

릴 수밖에 없는 저자와 독자 간의 어떤 특별하고도 내밀한 관계이리라. 책으로 상징되는 〈완결성〉의 관념이요, 따라서 어떤 종류의 독서 관행들이리라. 로제 샤르티에는 콜레주 드 프랑스에서의 첫 강의에서 이렇게 선언했다. 〈담화들과 그것들의 물질성 사이에 맺어져 있던 기존의 관계를 파괴함으로써, 디지털 혁명은 우리가 글과 결부하고 있는 행위와 개념에 대한 근본적인 재검토를 강요하고 있습니다.〉 그리하여 아마도 심각한 변화들이 일어나겠지만, 우리는 그 충격에서 다시 일어서게 되리라.

여기서 장클로드 카리에르와 움베르토 에코가 나눈 대화의 목적은 전자책의 광범위한 채택이 초래할 수 있는 변화와 혼란의 성격을 규정하는 데 있지 않았다. 애서가, 희귀 고서 수집가, 그리고 인큐내뷸러 사냥꾼으로서 경험은 그들로 하여금 책을 상상력의 영역에 있어서의 — 바퀴와도 같은 — 일종의 뛰어넘을 수 없는 완벽성으로 간주하게 한다. 문명이 바퀴를 발명했을 때, 그것은 지겹도록 반복되어야 할 숙명을 부여받았다. 우리가 책의 발명을 최초의 코덱스들(서기 2세기경)로 잡든, 아니면 그보다 오래된 파피루스 두루마리들로 잡든 간에, 이 도구는 이후 수많은 탈바꿈을 거쳐 오면서도 놀라운 자기 충실성을 보여 주었다. 이 대담 가운데서 책은 예고된, 혹은 우리가 염려하는 기술 혁명들이 결코 멈추게 할 수 없는 일종의 〈지식과 상상의 바퀴〉로 파악되고 있다. 이처럼 우리를 안심시키는 시각 조정이 이루어진 다음, 본격적인 토론이 시작된다.

바야흐로 책의 기술적 혁명이 일어나려 하고 있다. 그런데 한 권의 책이란 무엇인가? 우리들의 서가 위에, 전 세계의 도서관 서가 위에 놓여, 인류가 자신을 글로 표현할 수 있게 되었을 때부터 축적해 온 지식과 몽상을 담고 있는 책들이란 과연 어떠한가? 그것들을 통해 이뤄져 온 정신의 편력은 어떤 모습을 보여 주고 있는가? 즉 그것들은 우리에게 어떤 거울을 내밀고 있는가? 이 산물의 화려한 거품이라 할 수 있는 부분에만, 즉 그 주위에 문화적 합의들이 수립되는 걸작들에만 시선을 두려 하는 우리는, 그것들의 본질적인 기능, 즉 무언가를 망각과 소멸의 위협으로부터 안전하게 보존하는 그 단순한 기능에 과연 충실하다고 말할 수 있는가? 또는 이 넘쳐 나는 글들의 역설적인 특징이라 할 수 있는 그 끔찍스런 빈곤함을 들여다봄으로써 우리 자신의 초라한 이미지를 받아들여야 할 것인가? 책이란 반드시 진보의 상징이라고만 말할 수 있는가? 다시 말해서 끊임없이 우리 자신을 뛰어넘는 진보의 상징, 우리가 이제는 영원히 벗어났다고 믿고 있는 어둠을 잊게 해주는 진보의 상징이라고만 말할 수 있는가? 책은 정확히 우리에게 무엇을 말해 주고 있는가?

우리의 도서관들이 비춰 주는 우리의 실상은 생각만큼 훌륭한 것이 아닐 수도 있다. 우리 자신에 대한 도서관들의 증언은 몹시도 불안한 진실을 드러낼 수 있는 것이다. 이러한 불안감에 덧붙여, 과거로부터 우리에게 전해진 것은 정확히 무엇인가라는 질문도 제기될 수 있다. 우리가 물려받은 책들은 유사 이래 〈고귀한 인간성〉이 만들어 낸 것을 온전하게 반영하고 있다고 말할 수 있는가? 이러한 질문이 제기되는 순간, 우리는 당황하지 않을 수 없다. 그 불더미들, 지금도 숱한 책들이 타오르고 있는 그 불더미들에 대한 기억이 문득 떠오르기 때문이다. 마치 책들과 — 이 책들이 곧바로 상징하게 된 — 표현의 자유가 그것들의 사용과 확산을 통제하려 드는, 또는 때로는 그것들을 영원히 압수하려 드는 검열관들을 낳듯이 말이다. 특정 부류의 책들에 대한 조직적인 파괴도 있었지만, 단지 책들을 불태우고 재로 만들어 버리려는 맹목적인 열정이 작용하는 듯, 도서관 전체가 화염 속에 사라지기도 했다. 불더미를 향하는 책들의 끝없는 행렬은, 그것들이 통제하기 힘들 만큼 넘쳐나기 때문에 이런 방법의 규제가 정당화된다는 생각이 들게 할 정도였다. 이처럼 책의 탄생의 역사는 항상 분서(焚書)의 역사와 불가분의 관계에 있다. 검열, 무지, 어리석음, 종교 재판, 아우토다페,[95] 부주의, 그리고 화재……. 책의 도정에는 숱한 — 때로는 치명적인 — 암초들이 놓여 있다. 바로 이런 이유 때문에, 그 모든 문헌 보존 노력에도 불구하고 『신곡』 같은 걸작들이 영원한 망각 속으로 사라져 버리는 것을 막을 수 없는 것이다.

파리에 있는 장클로드 카리에르의 거처와 몬테 체리뇨네에 있는 움베르토 에코의 집에서 자유롭게 펼쳐진 대담

---

[95] 중세의 종교 재판에 따른 화형.

의 주제가 된 두 개의 개념은 바로 책과, 이 모든 파괴의 충동에도 불구하고 우리에게까지 전해진 책들에 대한 이러한 성찰에서 나온 것이다. 우리가 문화라고 부르는 것은 사실은 선택과 여과의 긴 과정이다. 무수한 서적, 그림, 영화, 만화, 그리고 기타 예술 작품들이 검열관에게 압수되거나 화염 속에 사라졌고, 혹은 단순한 부주의로 소실되기도 했다. 그렇게 사라진 것들은 지난 세기들이 남긴 엄청난 양의 유산 중에서 최상의 부분일까? 아니면 반대로 최악의 부분일까? 어떤 창조적 표현의 영역에서 우리가 물려받은 것은 금 조각일까, 아니면 개흙일까? 우리는 여전히 에우리피데스, 소포클레스, 아이스킬로스를 읽고 있으며, 이들을 〈가장 위대한 세 그리스 비극 작가〉로 여긴다. 하지만 아리스토텔레스는 비극을 다룬 저서인 『시학』에서 더 위대한 비극 작가들의 이름을 거론하면서, 위의 세 사람은 아예 언급조차 않는다. 우리가 잃어버린 것은 우리가 보존한 것보다 그리스 연극을 더 잘 대표할 수 있는 것, 한마디로 더 뛰어난 것일까? 이런 의혹은 떨칠 길이 없게 된 것이다.

  알렉산드리아 도서관 화재 때, 아니 연기로 사라진 그 모든 도서관의 화재 때 소실된 파피루스 두루마리 가운데에는 형편없는 취향과 어리석음이 가득한 작품들이 잠들어 있었으리라고 생각하면서 스스로를 위로해야 할 것인가? 우리의 도서관들이 보물처럼 보관하고 있는 많은 작품들이 사실은 아무런 가치도 없는 것들이라는 사실을 생각하면서, 과거의 엄청난 부분이 소실되었지만, 또 우리의 기억이 의도적으로, 혹은 비의도적으로 학살되어 왔지만, 이러한 사실들은 그렇게 중요한 것은 아니라고 치부할 수 있을 것인가? 그러면서 우리가 보존할 수 있었던 것들, 우리 사회가 세상의 모든 신기술로 무장하고서 어떤 안전한 장소에 보관하려고 다시금 애쓰고 있는 것들로 만족할 것인가? 우리가 아무리 과거에 대해 알아보려 애를 쓴다 할지라도, 우리는 도서관과 박물관과 영화관에서, 시간이 사라지게 할 수 없었던 것들만 볼 수 있을 따름이다. 문화란 모든 것이 잊혔을 때 남아 있는 것이라는 사실을 그 어느 때보다도 이 시대에 우리는 절감하고 있다.

하지만 이 대담들 가운데 가장 맛깔스런 부분은 인간의 어리석음에 바쳐진 경의(敬意)일 것이다. 그렇다. 인류로 하여금 그 어마어마한 노역(勞役)을 끈덕지게 계속하게 하고, 때로는 그토록 단호하면서도 결코 변명하는 법이 없는 그 어리석음 말이다. 애서가요 고서 수집가인 이 기호학자와 시나리오 작가의 만남이 어떤 의미를 가질 수 있다면, 그것은 바로 이 부분에서이다. 전자가 지금껏 가짜와 오류에 대한 희귀본들을 수집해 왔다면, 그것은 이것들이야말로 진리 이론을 수립하려는 모든 시도의 조건을 이루기 때문이다. 움베르토 에코는 이렇게 설명한다. 「인간은 정말이지 굉장한 존재입니다. 불을 발견했고, 도시들을 세웠고, 눈부신 시들을 썼고, 세계를 해석해 냈으며, 신화적인 이미지들을 만들었습니다. 하지만 동시에 인간은 끊임없이 자신의 동류(同類)들을 상대로 전쟁을 벌였고, 오류를 범했고, 또 자신의 환경을 파괴해 왔습니다. 이 드높은 지적 미덕과 하천한 짓거리를 서로 견주어 보면 거의 비등비등하다고 할 수 있어요. 따라서 우리가 바보짓에 대해 얘기하는 것은 어떤 의미에서는 이 반은 천재이고 반은 바보인 존재에게 바치는 경의라고 할 수 있지요.」 만일 책들이 보다 낫고 보다 큰 존재를 추구하는 인류의 열망과 소질을 정확히 반영하고 있는 것이라면, 그것들은 필연적으로 이러한 과도한 영예와 이러한 형편없음을 표현하고 있으리라. 따라서 우리가 이러한 거짓과 오류로 얼룩진 책들, 혹은 너무도 멍청한 책들로부터 벗어날 수 있다는 희망 또한 버리기로 하자. 이러한 책들은 우리의 시간이 끝날 때까지 충직한 그림자처럼 우리를 따라올 것이며, 우리가 과거에 어떠했는지를, 그리고 지금 어떠한지를 거짓 없이 말해 줄 것이다. 즉, 열정적이고도 끈덕진, 하지만 진정 그 어떤 것도 거리끼지 않는 탐구자인 우리들에 대해서 말이다. 오류란 무언가를 탐구하고 또 그러는 과정에서 틀리기도 하는 자들에게만 일어나는 것이라는 점에서 지극히 인간적인 것이다. 하나의 방정식이 풀리기 위해서, 하나의 가설이 확인되기 위해서, 하나의 트라이가 골로 연결되기 위해서, 하나의 비전이 공유되기 위해서, 얼마나 많은 헛된 시도들이 있어야 하는가? 이처럼 책들은 우리로 하여금 피곤스러운 비천한 짓거리들에서 마침내 해방된 인류를 꿈꾸게 하며, 동시에 그런 꿈이 얼마나 허망한 것인지 절감하게도 한다.

저명한 시나리오 작가이자 연극인이며, 문필가이기도 한 장클로드 카리에르는 잘 알려지지 않은, 그리고 그의 말에 의하면 우리가 충분히 방문하지 않은 이 정신적 기념비에 대해 움베르토 에코 못지않은 호감을 표시하고 있다. 바로 바보짓, 그가 책으로 출간한 적이 있는 인간의 바보짓 말이다. 「1960년대에 나는 기 베크텔과 함께 『바보 같은 말 사전』을 쓴 일이 있어요. 그 후에도 판을 달리하여 여러 차례 재출간되기도 한 이 책을 기획하면서 우리는 이렇게 말했었죠. 〈왜 지성과 걸작들과 정신의 위대한 기념비들에만 집착해야 하는가?〉 우리가 느끼기에, 플로베르에게도 소중한 개념이었던 이 〈바보 같은 말〉은 〈똑똑한 말〉보다 훨씬 더 광범위한 현상이었을 뿐만 아니라, 더 풍요롭고, 숨은 진실을 드러내는 힘이 있으며, 어떤 의미에서는 더 옳은 말이기도 했기 때문이었죠.」 그리고 이처럼 바보짓에 대한 관심이 있었기에 카리에르는 오류를 향한 맹목적인 열정의 가장 눈부신 예들을 수집하고자 했던 에코의 노력을 너무도 잘 이해할 수 있다. 어쩌면 오류와 바보짓 사이에는 일종의 유사성이, 혹은 수 세기 동안 그 무엇도 분쇄할 수 없었던 일종의 은밀한 공모 관계가 숨어 있는 것인지도 모른다. 하지만 이보다 더욱 놀라운 것은, 이 대담들을 통해 드러나는 바이지만, 『바보 같은 말 사전』의 저자의 성찰과 『가짜 전쟁』의 저자의 그것들 사이에 선택 친화적이고도 동병상련적인 유사성이 존재한다는 점이다.

인간 정신의 도정 가운데 일어나는 사고들을 흥미 있는 눈으로 관찰하고 논평하는 이 두 사람, 인간의 모험을 이해하기 위해서는 그것의 영광뿐 아니라 실패도 알아야 한다고 확신하고 있는 장클로드 카리에르와 움베르토 에코는 여기서 기억을 주제로, 그리고 걸작만큼이나 그것을 구성하는 실패, 구멍, 망각, 그리고 돌이킬 수 없는 상실 등을 화제로 삼아 눈부신 즉흥 대화를 벌인다. 그들은 어떻게 책들이 여과 작용으로 인한 끊임 없는 파손에도 불구하고, 결국에는 그 모든 그물들을 통과하여 최상의, 또는 때로는 최악의 결과에 이르게 되는지 보여 준다. 문서가 디지털화되고, 전자책 같은 새로운 독서 도구들이 채택되고 있는 이 시점에서, 이러한 책의 행복과 불행의 이야기는 우리로 하여금 예고된 변화들을 담담히 받아들일 수 있게 해준다. 구텐베르크의 우주에 대한 정겨운 오마주인 이 대담들은 모든 독자들과, 책이라는 오브제를 사랑하는 모든 이들을 매혹시킬 것이다. 또한 전자책 사용자들로 전환한 이들의 향수를 자극하는 것도 전혀 불가능하지만은 않으리라.

장필리프 드 토낙

찾아보기

『가미아니Gamiani』 351, 352
『가짜 전쟁』 150, 377
『거기Là-bas』 95
『고도를 기다리며』 173
『고리오 영감』 181
『구아라니Guarani』 152
『궁정인L'homme de cour』 97
『규방 철학』 363
『그리스도를 본받아L'imitation de Jésus-Christ』 342
『기암성L'Aiguille creuse』 363
『기억왕 푸네스Funes ou la mémoire』 68

『나는 기인이다Je suis un phénomène』 22
『나의 투쟁』 225
『네 멋대로 해라』 46

『노스페라투Nosferatu』 23
『노아의 방주Arca Noe』 148
『녹야원 설법Sermon de Bénarès』 35
『논문 잘 쓰는 방법』 64
『농경시Georgica』 31
『뉘른베르크 연대기Chronique de Nuremberg』 144, 192, 195
「니벨룽겐」 299

『다빈치 코드』 312
『달콤한 인생』 118
『대장 몬느』 309
『돈키호테』 179, 180, 346
『동물농장』 222

『라틴 교부 집성Patrologie latine』 17, 18

「레 미제라블」 54, 57, 58
「로아나 여왕의 신비한 불꽃」 189
「로즈메리의 아기」 277
「리어왕」 25

ㅁ

「마부제 박사」 115
「마술 부적La peau de chagrin」 155
「마오쩌둥 어록」 284
「마지막 황제」 285
「마하브하라타Mahabharata」 61, 62, 295, 325, 326
「말레우스 말레피카룸Malleus Maleficarum」 126
「메꽃Belle de jour」 277, 278
「모비 딕」 222
「모호한 욕망의 대상」 264
「무덤 저편의 추억Mémoires d'outre-tombe」 120
「무방비 도시」 119
「문맹의 쇠락La décadence de l'analphabétisme」 342
「문학적 광인들Les fous littéraires」 216
「물의 신Dieu d'eau」 137
「미켈란젤로의 시선」 117

ㅂ

「바가바드-기타Bhagavad-Gita」 325
「바다의 약탈자들Les ravageurs de la mer」 323
「바벨탑Turris Babel」 148
「바보 같은 말 사전Dictionnaire de la bêtise」 229, 235, 240, 377
「바우돌리노」 150
「발랑틴Valentine」 319
「백과전서」 18, 338
「벚꽃 동산」 67
「보라트Borat」 205
「보바리 부인」 222
「보이지 않는 것에 대한 대화Conversations sur l'invisible」 59
「빛과 그림자의 위대한 마술Ars magna lucis et umbrae」 147

ㅅ

「사랑의 기술」 347
「상상력의 백내장, 글쓰기 광중의 홍수, 문학적 토악질, 백과사전적 뇌일혈, 괴물 중의 괴물」 216
「성」 301
「성지 순례Peregrinatio in Terram Sanctam」 39
「세계 화합에 관하여De harmonia mundi」 156
「세발자전거가 미풍양속에 미치는 영향」 239
「시간의 종말Entretiens sur la fin des temps」 143
「시나」 120
「시라노」 92
「시학」 171, 176, 374
「신곡」 149, 151, 373
「신의 위엄의 계시Offenbarung

『göttlicher Mayestat』 156
「신조」 212
『신중함의 기술Oraculo manual y arte de prudencia』 97
『신화학Mythologiques』 85
『십자가 생명의 나무Arbor vitae crucifixae』 144

ㅇ
『아담 이전의 인류Prae-Adamitae』 226
『아르스 마그네시아Ars magnesia』 145, 151
『아이네이스』 59, 60, 120, 289
『아틀란티카Atlantica sive Mannheim vera Japheti posterorum sedes ac patria』 213
『아프리카』 120
『악마의 시』 255, 256
『악의 꽃』 162
『안네의 일기』 223
「앙드로마크」 178
『약혼자』 55, 100
『어느 이탈리아인의 고백Confessions d'un Italien』 100
『언어 기원론De linguarum origine praefatio』 213
「예수의 광증」 210
『오디세이』 187
『올바른 숨기기De l'honnête dissimulation』 97
『웅변론De oratore』 22
『위뷔 왕Ubu Roi』 84, 85

『율리시스』 296, 362
「은하수」 227
「이렌느의 보지」 351
『이집트의 오이디푸스Œdipus aegypiacus』 148
「인디언 코스탈」 323
『일리아드』 187
『읽지 않은 책에 대해 말하는 법』 294
『잃어버린 시간을 찾아서』 65, 222

ㅈ
「자전거 도둑」 119
『작은 과학, 큰 과학Little Science, Big Science』 55
『잡기장Zibaldone』 100
『장미의 이름』 26, 126, 132, 144, 170, 303, 311, 334, 359
「전날의 섬」 94
『전쟁과 평화』 10, 57, 295
「조로」 23
『존재와 무』 59
『주홍 글씨』 315
『죽음과 불멸성La mort et l'immortalité』 243
『중국도설China monumentis illustrata』 146
『중세 철학』 10
『지구의 부동성에 대한 논증Démonstration de límmobilité de la Terre』 217
『지옥에서 보낸 한 철』 289

ㅊ
「책의 철학」 331
「책 파괴의 세계사」 287, 328
「천사들의 반란La révolte des anges」 309
「천일야화」 295
「추의 역사」 226
「취한 배」 323

ㅋ
「카마수트라」 295, 348, 349
「카비리아Cabiria」 24
「카사블랑카」 27
「클레브 공작부인La princesse de Clèves」 113
「타잔」 23
「탤런트 스카우트」 223

ㅍ
「파르살리아」 136
「파리」 119
「파리의 노트르담Notre-Dame de Paris」 230, 369
「파리의 밤Les nuits de Paris」 37
「파리의 혼잡함Les embarras de Paris」 29
「파멜라Virtue Rewarded Famela」 105
「페드르」 102, 103
「페루 여인의 서한집Lettres d'une péruvienne」 328
「폴리스카 혹은 현대적 도착증 — 한 폴란드 여인의 최근의 추억들을 모은 회고록」 314
「폴리왹트Polyeucte」 290
「폴리필레의 꿈Songe de Poliphile」 151
「표범Il gattopardo」 300
「푸코의 진자」 81, 150, 203, 217, 240
「피네건의 경야」 295
「피에르 메나르, 돈키호테의 저자」 178

ㅎ
「학교에 간 클로딘Claudine à l'école」 222
「학살해 마땅한 것들Bagatelles pour un massacre」 225
「해석의 한계」 150
「햄릿」 181
「허영의 시장Vanity Fair」 298
「현대 이탈리아인 인명 사전」 219
「호랑이 가죽의 사내」 175
「화씨 451」 269
「히프네로토마키아 폴리필리Hypnerotomachia Poliphili」 144, 151

책의 우주

옮긴이 임호경은 서울대학교 불어교육과와 동대학원 불문학과를 졸업하고 파리 제8대학에서 마르셀 프루스트의 소설에 대한 연구로 문학 박사 학위를 받았다. 옮긴 책으로는 『카산드라의 거울』, 『신』(베르나르 베르베르), 『승자는 혼자다』(파울로 코엘료), 『여자를 증오한 남자들』(스티그 라르손), 『번역의 윤리』(로렌스 베누티), 『도끼와 바이올린』(알랭 플레셰르), 『조르조 바사리』(롤랑 르 몰레), 『움베르토 에코 평전』(다니엘 살바토레 시페르), 『중세의 기사들』(에마누엘 부라생), 『들라크루아』(뱅상 포마레드 외), 『작은 물건들의 신화』(세르주 티스롱), 『신비의 사기꾼들』(조르주 샤르파크) 등이 있다.

지은이 움베르토 에코 **옮긴이** 임호경 **발행인** 홍예빈·홍유진 **발행처** 주식회사 열린책들 **주소** 경기도 파주시 문발로 253 파주출판도시 **대표전화** 031-955-4000 **팩스** 031-955-4004 Copyright (C) 주식회사 열린책들, 2011, *Printed in Korea.* ISBN 978-89-329-1084-0 03880 **발행일** 2011년 4월 10일 초판 1쇄 2023년 5월 10일 초판 8쇄